人生は選べる

Choose Your Life

「ハッシャダイソーシャル」1500日の記録

篠原匡 Shinohara Tadashi

朝日新聞出版

人生は選べる

Choose Your Life「ハッシャダイソーシャル」１５００日の記録

篠原　匡

プロローグ

――ふたりの伝道師

深い雪に覆われた冬もようやく終わり、緑の草花が一斉に芽吹き始めた4月のある日。勝山恵一は簡単な自己紹介を済ますと、30人ほどの若者に語りかけた。

ここにいるみなさんに、一つ質問をします。「なぜ学び、なぜ働くのか」。この問いに、どう答えるでしょうか。これは、僕が19歳のときに「恩師」と言える人から投げかけられた問いです。

そのときはうまく答えられませんでしたが、いまはこう考えています。「自分の人生を豊かなものにするために、幸せに生きるために学び働く」と。

人間、誰しも生まれ、死んでいく。これは誰にも当てはまることです。そんな一度きりの人生を、つらく、苦しみながら生きたいという人はいないでしょう？　人生を豊かに、幸せに生きる。そのために、学び、仲間を作り、働く。僕は、そう考えている。

でも、まわりをみれば、豊かでも幸せでもないという人はたくさんいます。それはなぜなのか。

勝山の目の前には、パイプ椅子に座った丸刈りの〝少年〟が並んでいた。メモを手に、背筋を伸ばして座っている子もいれば、退屈そうに背中を丸めている子もいる。一様に硬い表情をしているのは、こうした講話に慣れていないからか、私語が禁じられているからか。数多くの修羅場をくぐっている勝山も、今日は183㎝の体がすこし小さく見える。いつもと違う聴衆に、すこし緊張しているようだ。

少年たちの反応を見極めながら、勝山は言葉をつなぐ。

豊かでも幸せでもないという背景には、さまざまな事情があると思いますが、突き詰めれば、「選択格差」が根底にあると僕たちは考えています。

世の中にはいろいろな格差があるけれど、「その選択肢を自分が主体的に選んでいるのか」「そもそも選択肢があるのか」という選択の有無が人生の豊かさに直結する。

例えば、松岡亮二さんの『教育格差』によれば、4年制の大学を出た男性の割合は父親が大卒かそうでないかで2倍の差が出ます。地域による格差も大きく、大都市に住んでいる人の方がそうでない人よりも高い。

この進学を巡る差は、本人の能力によるものなのでしょうか。僕は違うと思います。それでは、何が両者をわけているのか。それが、選択格差だろう、と。

いまの日本には、結果の平等はありません。であるならば、機会は平等に与えられるべきです。でも、現実を見れば、家庭環境や住んでいる地域によって、目の前に現れる選択肢は異なっている。

目の前に現れる選択肢に気づき、その中から最適な選択肢を選ぶかどうかはその人自身の問題です。ただ、その選択肢が限られている人が少なからずいる。ここに、問題があると僕たちは考えています。

パイプ椅子に座っている若者の多くは、限られた選択肢の中で小さな選択ミスを繰り返し、この場にいる。少年院に送られたという現実を踏まえれば、彼らの前に現れる選択肢はそれほど多くないのかもしれない。

だが、そんな若者でも自分の人生を選択することができる。そのためにも、人との出会いやきっかけを大切にしてほしい。そう訴えて、勝山は60分の講話を終えた。

「すべての若者が自分の人生を選択できる社会にしたい。すべての若者が自分の置かれている環境の中で、自分の人生を最大限に選択できる社会にしたい」

そう訴えかけて。

この日、新潟県長岡市にある新潟少年学院では、ハッシャダイソーシャルによる講話が開かれていた。テーマは「Choose Your Life」。人生における自己選択と自己決定、その重要性を語りかける講話である。

ハッシャダイソーシャルは、全国の高校や児童養護施設、少年院などの若者に、無償でキャリア教育を提供している一般社団法人。行く先々の学校や施設で彼らが繰り返し語っているのは「Choose Your Life」、自分で自分の人生を選択するということの重要性だ。

勝山が講話で語ったように、人生における選択肢は平等ではない。学歴、勤務先、雇用形態、経済状況、性別、居住地、所属しているコミュニティなどによって、目の前に現れる機会は大きく異なる。

こういった選択格差の影響を強く受けるのが、若者である。大人になって何をするかは別にして、幼少期から学生時代に何を学び、何を体験したのかということは、その後の成長に大きな意味を持つ。その機会が多様であればあるほど人生の選択肢は広がり、人生は豊かなものになる。

ところが、厳しい環境に置かれている若者は、教育や体験、出会いなどの「機会」などが限られている。

ハッシャダイソーシャルは、そんな若者に対して、選択と自己決定の重要性を説く。不安や悩みを抱える若者の相談に乗り、人生を楽しく、希望をもって切り拓《ひら》いている大人の姿を見せる。将来に不安を感じている若者に寄り添い、彼らの可能性を解き放つ。

新潟少年学院には、主に18歳から19歳の若者が収容されている。ここに送られてきた理由はさまざまだが、最近は違法薬物や「振り込め詐欺」と呼ばれる特殊詐欺の比率が高い。

令和2年の「犯罪白書」によれば、少年院を出院した後、少年院や刑務所などの刑事施設に送られた人の割合は、出院5年以内で22・7％に達している。この数字を高いとみるか、そうでもないと見るかは判断が分かれるところだが、少年院を出た後も社会に適応できず、犯罪行為を重ねる人は一定数いる。

その背景には、本人の気質もあるだろうが、少年院を出たあとの選択肢という問題もある。自らの可能性を閉ざすような生き方をしてきたうえに、「少年院を出た」という事実が、さらに可能性を閉ざしているのだ。

ここで述べた少年院は、ある種、特殊な事例だが、家庭環境や経済事情のために選択肢が限られている若者は少なくない。そして、日本が相対的に貧しくなる中で、貧困状態に置かれている若者は増えている。

今回、新潟少年学院の壇上に立った勝山は、相棒の三浦宗一郎《そういちろう》とともに、ハッシャダイソーシャルの代表理事を務めている。彼らもまた、限られた選択肢の中で自らの生き方をつかみ取り、いまの活動にたどり着いた。

いまでこそ人なつっこい笑顔で誰からも好かれる勝山だが、10代のころは京都のヤンキーで、すれ違う誰にもメンチを切っていた。

コンテンツの企画やファシリテーションに天才的な才能を発揮している三浦も、家庭の事情で、15歳から自動車工場の製造ラインで働きながら学校に通った。

ともに非大卒の若者だが、恩師の死や仲間との出会い、人生を変えたい、変わりたいという想いを通して、現状維持の人生、言い換えれば「なりゆきの未来」を打破し、自らの可能性を広げていった。まさに「Choose Your Life」を体現している存在である。

二人はともに1995年生まれの28歳と、彼ら自身が若者と言える年齢だが、同世代の仲間とともに、10代、20代の若者の前に立ち、自己選択と自己決定の重要性を訴えている。格差の拡大と、それに伴う選択格差に疑問を感じた20代の若者が、社会を変えようとしているのだ。

そんなハッシャダイソーシャルの活動は多岐にわたる。

教育困難校や進路多様校、定時制高校、通信制高校、児童養護施設、少年院などの施設を回る講演活動に加えて、高校生や高校中退者などを対象にしたオンラインプログラムや対面でのワークショップ、さらには18歳の新成人や全国の教職員に向けたイベントなどを開催している。

また、最近では詐欺などの消費者トラブルに合う若者を減らすため、『騙されない為の教科書』という冊子を作成。全国の高校に配布するというプロジェクトも始めた。

こういった講演やワークショップ、教科書の配布などはすべて無料。その原資は、彼らの活動に共感した人々の寄付である。

勝山と三浦がハッシャダイソーシャルを立ち上げたのは、二人が24歳だった2020年3月のこと。もともとは「ヤンキーインターン」を手がける株式会社ハッシャダイの一員として全国の高校を回っていたが、ハッシャダイがスクール事業を縮小するのに伴って、一般社団法人という形でスピンアウトした。

ヤンキーインターンとは、半年間にわたる東京での営業研修を通して、地方で暮らす中卒や高卒の〝ヤンキー〟がビジネススキルを習得することを支援するプログラム。高卒→大卒→就職というルートを外れた若者にとっては自身のキャリアを再構築する機会に、企業にとってもテレアポや飛び込み営業など泥臭い営業を厭《いと》わない人材を採用する機会になる。

そのインパクトのあるネーミングとともに、支援の手が届きにくい非大卒の若者に対する実践的なキャリア支援として、ヤンキーインターンは大きな注目を集めた。

ただ、ヤンキーインターンに参加してくるのは、ネットで検索する意欲とリテラシーを持った若者が中心で、彼らが本来、手を差し伸べたい若者、すなわち選択の機会が限られている若者にリーチできない。

そこで、2018年ごろから全国の高校や施設を回り、自分たちの言葉で伝えるというアウトリーチ的な活動を始めた。それが、ハッシャダイソーシャルの源流である。

それから6年。ハッシャダイソーシャルは若者だけでなく、教育問題や貧困問題に関心を持つ同世代、教育現場で苦悩している教職員など、彼らの活動に共感する人々から支持を集めている。

僕たちは、自分の人生を選択できているのだろうか。そもそも、僕たちの人生には選択肢があるのだろうか——。二人が社会に投じた小さな波紋は、さまざまな人を巻き込みながら、大きなうねりになりつつある。

勝山と三浦はなぜ語るのか。
なぜ若者は二人の言葉に耳を傾けるのか。
勝山と三浦の向こう側にいる若者はなぜ悩み、苦しんでいるのか。
そもそも二人は何者で、なぜ人々はその輪に加わるのか。

これから始めるのは、札付きのワルだった男と自動車工場の元工員、その仲間たちが巻き起こしている「挑戦」の記録である。

目次

第4章　広がる波紋　223

第6章　共感の連鎖　359

本書の内容や登場人物の肩書きは取材（2023年1〜10月）時点のものである。個人が特定できないよう、細部を一部改変している。敬称は省略した。

ブックデザイン　小口翔平＋畑中茜＋須貝美咲（tobufune）

第 1 章

勝山と三浦

1 地元の呪縛

勝山恵一

「自分の人生を自分で選択する」。こう口で言うのは簡単だけど、現実を見れば、進学や就職のような人生の大イベントだけでなく、日々の生活のあらゆる場面で小さな選択を積み重ねている。

その選択が「今日のお昼はどうしよう？」というような無害なモノならいいけれど、ふとした決断が後の人生を台無しにすることもある。

目の前にいる彼らがそうだ。彼らは特殊詐欺や違法薬物、暴行などの罪を犯してこの場所にいる。

でも、生まれついての悪党なんて、そうそういるものじゃない。犯罪に手を染める人の多くは地元の友人関係や家庭の事情など、置かれた環境の中での、小さな選択を積み重ねて人生を狂わせた人ばかり。裏を返せば、意思を持って新しい人生を選択すれば、新しい人生を切り拓くこともできるはずだ。そう、かつての僕のように。

――全国の学校を訪ねる理由

新潟少年学院――。

少年院と聞くと、高い塀に囲まれた閉鎖的な空間という印象があるけれど、ここは周囲を田んぼに囲まれた小高い山の上にある、自然豊かなのんびりした場所だ。高いフェンスはあるものの、明るく、開放的な雰囲気が漂っている。

新潟少年学院は、心身に著しい障害がなく、非行傾向が進んでいない若者を収容する「第一種少年院」と呼ばれる施設。法務教官のヤマさん（山本一成）によれば、標準の収容期間は11カ月で、18歳、19歳の若者が中心だ。いまは30人弱の若者が収容されている。

2023年4月、僕は新潟少年学院を訪ねた。別にここのOBじゃないよ。少年院を出たあと、社会の中で彼らが前向きな人生を築けるように、僕たちなりのやり方でお手伝いに来ただけだ。

何のお手伝いかって？　言葉を選ばずに言えば、どうしようもなかった僕の過去を彼らに語り、そんな僕でも人との出会いや学びの重要性に気づいたことで、こうして変わることができたということを僕の言葉で伝えることだ。

僕は2020年3月、相棒の宗ちゃん（三浦宗一郎）と、ハッシャダイソーシャルという一般社団法人を設立した。株式会社ハッシャダイについてはおいおい話していこうと思うけど、いまはハッシャダイソーシャルの仲間と、若者のキャリア支援やキャリア構築のお手伝いをしている。

講演などで回った高校や施設はこれまでにのべ450カ所。もちろん、すべて無償だ。

人の話を聞いただけで変われるほど人間が単純ではないということは、僕たちにもわかっている。ワークショップやイベントを開いても、その直後はやる気になるけど、すぐに三日坊主になるということもね。

「バカの壁」という言葉があるように、聞く耳を持たない人に話したところで何も変わらない。でも、一流大学や大学院を出たような人だけでなく、彼らのように、ひょっとしたら彼ら以上に道を踏み外していた僕が話すことで、彼らの胸に刺さるものもあるんじゃないか。僕の話をきっかけに、30人の中の一人でも新しい道を歩むことができれば意味があるんじゃないか。そう信じて、全国を回っている。

ロクでもなかった僕

「僕」こと勝山恵一は京都市内で生まれ育った。僕の住んでいた地域は、京都市内の中でも貧しい人たちが住んでいるエリアで、周囲には児童養護施設などが点在している。

28歳になったいまの僕を見て、19歳までの荒れに荒れていた僕の姿を想像するのは難しいかもしれない。いまは敬語も話せるし、ムカッとすることがあっても、殴るのではなく言葉でちゃんと説明することができる。

でも、若い頃の僕は言葉で説明するということがまったくできなかった。いま思えば、自分の気持ちを説明する言葉を知らなかっただけなんだけど、当時の僕はネガティブな感情が芽生えると、その瞬間に手が出ていた。

僕は中学時代から、地元のやんちゃ仲間とケンカやバイクの窃盗を繰り返していた。僕の地元ではあまり使わないけれど、「ヤンキー」という言葉が一番しっくりくるのかもしれない。

それでも、中学の時は大好きな野球があったので、プロ野球選手を目指してそれなりに頑張っていた。僕はガタイも大きく、左投げだったので、京都八幡リトルシニアの勝山といえば、京都でも知られた存在だった。

ただ、野球推薦で進学した高校を半年ほどで退学することになって。目標を失った僕は、中学の時以上に暴走とケンカに明け暮れるようになった。

あの頃の僕は人生に希望を感じるなんてことはみじんもなく、いつ死んでもいいと本当に思っていた。

なぜそんな無茶をしたのか？　うーん。たぶんそれがかっこいいと思っていたということだと思う。

小学1年の時に6年生の先輩がタバコを吸っているのを見て、「かっこええなあ。オレもタバコ吸いたいなあ」と思ったし、まわりのお兄さんが着ていた特攻服にも憧れた。バイク泥棒も仲間内で流行っていたというのもあるけど、盗んだバイクを乗り回すのが、単純にかっこいいと思っていたから。

小学生や中学生にとっては自分のまわりのコミュニティがすべて。本当にくだらないことをしたといまは後悔しているけれど、当時は遊びの延長で、悪いことをしているという感覚はまったくなかった。

「環境のせいにするな！」というお叱りの声はもちろんあると思う。でも、昔の自分を振り返ると、自分が所属しているコミュニティがすべてだった。

自分がしてきたこと、あるいは自分のコミュニティの常識がおかしいと思えるようになったのは、コミュニティを離れて外の世界を知ったから。そのまま地元に居続ければ、大人になった後も地元の常識から抜け出せず、悪事を働いていたかもしれない。

貧困地区の現実

いま思えば、僕の地元は典型的な貧困エリアだった。

僕の家は母子家庭で、母が印刷関連のビジネスを立ち上げるまではだいぶ生活に苦労したようだ。僕は小さかったからあまり覚えていないけど、父と離婚したあとはかなり生活が苦しかったらしい。母親はずっと働いていたので、家に母親がいた記憶はあまりない。学校から帰ったあとは、いつも弟か友達と一緒にいた。

すぐ下の弟は誰もが知る大手金融機関に勤めている。僕の姿を見ていたから、反面教師にしたのだろう。ちなみに、両親はそれぞれ再婚していて、僕たち兄弟には年の離れた弟や妹が3人いる。

小学校の頃の友達も、大半が母子家庭か、両親のいない児童養護施設の子どもたちだった。変な話、19歳で東京に出てくるまで、両親がそろっている方が世間では一般的だということを知らなかった（最近はそうでもないみたいだけど）。

当然、生活保護を受給している世帯もたくさんあった。中学を卒業したあと、働かずにぶらしていた地元の友達に「働かへんの？」と聞いた時も、「母親が生活保護を受給していて、自分が働くと保護から外れてしまう」と話していた。

彼らは自由に使えるお金がないから、特殊詐欺のような仕事に誘われると、簡単に向こう側にいってしまう。実入りのいいバイトだとしても、パクられたら終わりなのに。

小学校や中学校の頃は、よく友達の家や児童養護施設に行って夜通し遊んでいた。親のいない友達や、お母さんが水商売の友達の家に行って夜通し遊ぶんだ。夜中に抜け出す僕を見て、母はいい顔をしなかったけど、気にせず毎晩遊びに行っていた。

児童養護施設の友人の中には、高校に進学したヤツももちろんいたけど、中学卒業とともに働く人間も多かった。とはいえ、中卒で雇ってもらえるようなところなんてほとんどないから、彼らが働くのは土木業界のような肉体労働か、水商売みたいな夜の仕事ばかりだった。

本人がいろいろな選択肢の中からそういう仕事を選んでいるのであれば構わないけど、それしかないというのはやはり問題だよね。

ほかにも、少年院や刑務所に行った友達もいるし、奨学金をもらって大学に進んだのはいいけれど、将来に絶望して自ら命を絶ったヤツ、ヤミ金にカネを借りて首をつったヤツもいる。

児童養護施設を出てちゃんと働いている人はたくさんいる。でも、彼らの「その後」を聞くにつけ、頼れるものがない人が社会を生き抜くのは大変だということを痛感する。

日本の高校進学率は、通信制を含めると98・8%と100%近い。この数字を見ると、僕がいたコミュニティが「外れ値」だということがよくわかる。でも、こういう地域があるということを頭の片隅に入れておいてもらえるとうれしい。大学に進学し、大企業で働いている人にとって、こういう世界はあえて見ようとしない限り、まず見えないと思うから。

暴力と育児放棄

貧困と暴力はコインの裏表のようなもの。人間、誰しも完璧ではないから、日々の生活でためた怒りやフラストレーションはすぐに弱い人間に向かう。僕の地元でもしばしばあった親の暴力やネグレクト(育児放棄)、それも、未来に希望のない大人がたくさんいたからだろう。

いまから思えば、本当にビックリすることがいろいろあった。

ある時、友達が眼帯をつけて小学校に来たので、「どうしたん?」と聞くと、「お父さんにやられた」と言うんだよ。眼帯の中を見ると、目がつぶれていた。「エグいなあ」と普通に言葉を返したけど、いま振り返れば、親に目をつぶされるなんて常軌を逸している。

殴られたか何かで、耳がちぎれかけているヤツもいた。

僕のまわりは、そんな話ばかりだった。

近所の児童養護施設に引っ越してきたリュウジも、父親の虐待から逃れてきたクチだった。酒癖の悪い父親だったらしく、母親や子どもにたびたび暴力を振るっていた。その父親が、ある時、包丁でリュウジの腹を刺した。それがきっかけで、リュウジは親から引き離され、はるばる京都の児童養護施設に越してきたんだ。

リュウジは成人してまともに社会生活を送っているみたいだけど、暴力のトラウマは一生残る。

こんな事件もあった。

中学の時に仲がよかった友達の兄貴が、コツコツとお金を貯めていた。ところが、あろうことか、母親がその金を使い込み、怒り狂った兄貴が母親や弟たちに暴力を振るうようになったという事件。

大人しい兄貴だったんだけど、ショックと怒りでどこかがぶっ壊れてしまったんだろうね。そして、たび重なる暴力に耐えかねた母親は蒸発。残された弟に暴力が向かった。

その状況があまりにひどいから、仲間とボコボコにされている友達を助けに行ったこともある。「自分、いい加減にせえよ」とあの時は思ったけど、いまにして思えば、あの兄貴も被害者だった。

ウチの家庭環境？　母親はメチャクチャ厳しかったけど、親子関係は悪くなかったと思うよ（もちろんいまも）。ただ、地元の人間関係の中ではいろいろなことがあった。特に、中2の時のことは、いまもトラウマとして残っている。思い出したくないくらいに。

例のごとく、バイクをパクって遊んでいたところ、二十歳《はたち》を超えた半グレの先輩に、「お前がパクったバイクはオレのだ」と因縁をつけられた。「ボコられたくなければ、いますぐ70万円を払え！」と言われて。

「身から出た錆」と言われればその通り。でも、相手が22歳の半グレだから頭の中はもう真っ白。友達が持っていた任天堂「Wii」をもらって換金しようとしたけどぜんぜん足りず、最後はボコられるのを覚悟で払うのをあきらめた。

結局、その先輩にボコられることはなかったけど、「勝山を見かけたら連絡するように」と地元の不良連中におふれまで出されたから、中2の一時期は「殺されるかもしれない」と、いつもざわざわした気持ちで過ごしていた。

その後、ケンカして病院送りになったり、警察沙汰になったりしたことはあるけれど、あれほどのざわざわ感を覚えたことは中2の時以来、一度もない。

念のため断っておくけれど、貧困や暴力が存在するのは、僕の地元だけではないと思う。東京にも大阪にもそういうコミュニティはあるだろうし、厳しい状況に置かれている人はたくさんいる。可視化されていないだけで、貧困や暴力は至るところに存在している。特に、家の中にね。

——あきらめている大人

ただ、僕の地元に関して言うと、貧しいだけでなく、何をするにもあきらめが先に立っていた。何かをやろうとしても、周囲は「どうせ失敗するからやめとけ」「そんなんしても、ろくなことないから遊んどけ」という反応ばかりで、端《はな》から人生をあきらめている大人が大半だった。

そんな大人たちばかりだから、子どもたちも未来に希望など持たないし、持とうともしない。そういう僕も、野球選手という夢はあったけれど、未来への希望よりもこの瞬間の刺激がすべてだったから、ケンカや暴走などに明け暮れていたわけで。そういった感情は高校を中退したあと、さらに増幅していったように思う。

僕はいま、若い人たちに夢を持つこと、なりたい自分を思い描くことが大切だと話している。でも、16歳の頃の僕は、そのことにまったく気づいていなかった。

2 閉ざされた未来

三浦宗一郎

これまでの28年を振り返れば、それなりにいろいろなことがあったと思いますが、恵ちゃん（勝山恵一）の話を聞いてしまうと、自分の人生なんてまだまだだなと感じますね。恵ちゃんの昔の写真、マジで怖いから。10代の時に会ってたら、怖くて絶対に話しかけなかったと思う。

ああ、僕は三浦宗一郎と申します。恵ちゃんと一緒にハッシャダイソーシャルで活動している相方。出身は愛知県豊田市。あのトヨタ自動車が本社を置く日本有数の企業城下町です。もっとも、同じ豊田市でも僕の実家のまわりは田んぼばかりの田舎。小学校や中学校までは田んぼの中を歩いて通っていました。

小中学校の同級生の親は、その多くがトヨタ自動車やその関連会社で働いている〝トヨタ村〟の住民。その中にあって、僕の家は祖父の時代から続く小さな土木会社を営んでいました。トヨタ村では珍しい自営業の家の子どもです。

小さい頃は裕福でもなければ貧乏でもなく、ごく普通の家庭だったように思います。恵ちゃんのところとは違って、父親と母親、姉、弟の家族5人で平凡に暮らしていましたから。

ただ、中学に上がった後にリーマンショックが起きて、親父の経営する会社が傾いたんです。リーマンショックに伴う景気悪化で建設工事がなくなり、多額の借金を抱えていた親父の会社はにっちもさっちもいかなくなった。

もともと親父の会社はたいして儲かっていなかったから、管理栄養士の資格を持っていた母は地元の給食センターで働いていました。ただ、給食センターのパートなんて稼ぎはしれている。生活を支えるため、母は朝から晩まで働くようになりました。

それこそ朝の4時からパートに出て、給食センターの仕事が終わった後も別のパートをかけ持ちして。本当に大変だったと思います。それでも、親父の稼ぎがなくなった影響は大きく、生活は一気に厳しくなりました。

実際、給食センターで余った食材が晩ごはんに並ぶこともよくありましたから。「あ、お昼の給食でも食べた」みたいな（笑）。

先ほどは「ごく普通の家庭」と言いましたが、実際は両親が一緒に暮らしているというだけで、両親の仲はあまりよくありませんでした。いつも言い合いばかりしているというのが子どもの頃の記憶です。

その後も両親はだましだまし暮らしていましたが、僕が20歳の時にとうとう離婚しました。親父が母に手を上げたことが直接の原因ですが、あとから母に聞くと、ずっと離婚を考えていたようです。

僕は父とも母とも仲がよく、それぞれの選択を尊重しています。特に母については、女性が一人で耐え忍ぶような時代ではありませんから、正しい選択だと思っています。その後、母は保育園の栄養士として働き始めましたが、本当に楽しそうです。

親父は……、たまに会うと寂しそうな顔をしていることもありますが、たぶん大丈夫なんじゃないかな。ダメだなと思うところもたくさんある親父ですが、遊び心にあふれた人で、人生の楽しみ方を教えてもらったと思っています。

――「教師になる」という夢

恵ちゃんは「未来に希望などなかった」と話していますが、僕は逆で、「先生になりたい」という大きな夢がありました。

他の人に元気やパワーを与えるような存在になりたい、人の人生にかかわるような仕事をしたいとずっと思っていて。そんな自分の想いに近い職業は何だろうと考えた時に、教師が一番しっくりきたんです。

学校の先生やサッカーのコーチなど、それまでの学校生活で素敵な大人と出会ってきたというのも大きかったと思います。14歳、中学2年の時には、教師になりたいと思うようになっていました。

それでは、なぜ人を元気づけたいと思ったのか。もともとの性格もあると思いますが、家庭の状況も一因だったと感じています。

両親がケンカばかりしていることもあって、家の中の雰囲気はいつもよくありませんでした。ふたつ上の姉はケンカする両親を見て落ち込んでいるし、4つ下の弟はワケもわからずとまどっている。その中で、自分がみんなを元気にしたい。そう思ったんです。

小学校でも、常にみんなを盛り上げる側でしたし、小学3年から中学3年まで、ずっと学級委員を務めていました。体育祭の時には誰よりも張り切ってみんなを引っ張ったし、サッカー部でもキャプテンを務めていました。

よくクラスに元気でみんなをまとめたがる生徒っているじゃないですか。まさにそんな感じの子どもでした。

学級委員のようなポジションに積極的に手を挙げていたのは、コンプレックスもあったと思います。

僕は高校に入るまで背が低く、小学校の時はいつも一番前でした。でも学級委員になれば、背の大きさは関係なくいつも一番前。「一番前にいるのは学級委員だから。背が小さいからじゃねえ」と言い張っていたから(笑)。

最初に学級委員になった時に、母がものすごく喜んでくれたので、ずっと手を挙げたというのも、理由の一つかもしれない。

ざわざわとした時を過ごしていた恵ちゃんとは違って、14歳の僕は夢も希望もありました。でも、その夢が叶《かな》いそうもないということも、実はわかっていました。

担任の先生との進路面談の時に、「学校の先生になりたい」という話をしました。担任の先生はすごく喜んでくれて、進学先としていくつかの高校を薦めてくれました。

ただ、進路を考え始めた頃には親父の会社が傾き始めていて。家がお金に困っているのに、進学していいのだろうかと迷うようになったんです。

学校の先生になるには、大学に行かなければならない。でも、大学に行くにはたぶん予備校に通わなければならず、お金がかかる。それ以前に、高校の授業料や交通費をどうするかという問題がある。

大学に行かなければ先生になれない。

でも、そのお金がない。

でも、先生になりたい。

でも、お金がない――。

進路に迷った僕は母に相談しました。「先生になりたいんだけど、ウチは無理だよね」と。すると、母がある〝学校〟のパンフレットを持ってきてくれました。それが、トヨタ工業学園です。

――トヨタ工業学園という選択

トヨタ工業学園はトヨタ自動車が運営する教育機関。学校教育法で定められた一般的な高校ではなく、職業能力開発促進法に基づく職業能力開発校という位置付けです。入学した生徒は日々の授業を受けながらトヨタの工場で働き、高卒資格を取ります。

いわゆる普通の高校ではありませんが、学費や生活費がかからず、毎月の給料をもらえるうえに、卒業後はトヨタ自動車に正社員として就職できるというちょっと変わった学校です。

本当は国立の愛知教育大学附属高校を受験したいと思っていましたが、国立に進んでも、大学進学を目指せば予備校や大学の学費はかかります。その点、トヨタ工業学園であれば働きながら勉強ができるし、トヨタに就職できれば親にも迷惑をかけないで済む。それで、トヨタ工業学園を受けることにしました。

実のところ、トヨタ工業学園に決めたのは、大学に行かなくても教師になれるかもしれないと思ったことが一番の理由でした。学園の教師はトヨタから出向で来ている社員も多く、トヨタに行けば、将来、トヨタ工業学園の教師になることも可能だと考えたから。学園の教師になれるのであれば、それも悪くないと思いました。

トヨタ工業学園に行く――。そう担任の先生に伝えると、「働きながらは大変だぞ」と最初は反対されました。でも、自分でお金を貯めれば大学にいけるかもしれない。学園の先生にはトヨタの社員もいるので、いつか自分も先生になれるかもしれない。そう話すと、先生も納得し、応援してくれました。

そして無事合格し、トヨタ自動車の一員になることが決まりました。校舎は豊田市郊外の小高い丘の上。全校生徒は僕の代で105人でした。

高校に進学して大学を目指すというルートをあきらめたという経緯があったので、何とも言えない悔しい気持ちは残りました。家が貧乏でなければ、こんなことに悩む必要もないのに、と、環境を恨めしく思ったこともあります。まわりの友達を見て、「なんでウチのクルマはレクサスじゃないんだよ」「なんでウチのクルマはアルファードじゃなくて軽自動車なんだよ」と心の中で叫んだり、ね。

でも、生まれた環境は選べません。最後は自分自身の決断に誇りを持ってトヨタ工業学園の門を叩きました。「あの世界のトヨタの養成校に入るんだ」という希望と気合いを胸に秘めて。2010年4月のことです。

ここで、トヨタ工業学園がどういう学校かを少しご説明します。

トヨタ工業学園は働きながら勉強する学校ですが、1年生の時は勉強中心で、実際に工場の製造ラインに立つのは2年生からです。

実際の授業は「知識教育」「技能教育」「心身教育」の3つから構成されています。

もの作りの会社が作った学校らしく、知識教育では数学や物理、英会話に加えて、トヨタ生産方式や品質管理などの工業管理技術について学びます。もう一つの技能教育では、機械加工や塑性加工、精密加工など、実際の現場作業で必要な技能を身につける。

最後の心身教育というのは、要するに体力作りと団体行動の訓練です。週3〜4回、クロスカントリーのような起伏のあるコースをタイムトライアルで走ったり、団体規律行動と言って「右向け右」というような練習をやったり、そういう授業ですね。

文化祭や体育祭がありませんので、その代わりに御嶽山《おんたけさん》に登山訓練に行ったり、中部国際空港のそばの海で遠泳したり、ということもしました。基本的にはよき社会人、よきトヨタ人を育成するための訓練です。

これは僕の時代のカリキュラムなので、最近は変わっているかもしれません、念のため。

そして2年生になると、カローラやハリアーを生産する高岡工場に配属されました。「組立部」という車の組み立て工程です。1週間ごとに勉強と組立ラインでの作業が交互に変わるんです。3年生の時には夜勤もありました。

どこにもなかった居場所

振り返れば、学校時代の3年間は充実していましたが、しんどいと思うこともありました。トヨタ工業学園はほとんど男子で、学園祭や体育祭のような行事はありません。門限は午後9時で、普通の高校生が経験するようなイベントもほとんどない。

選手目当てに学校の真向かいにある名古屋グランパスの練習場に来る女子高生を見ながら、「オレ、何でここにいるんだろう」と思ったことは一度や二度ではありません。正直、まわりの高校生がうらやましくて仕方がなかった。

戦後の日本の発展を支えたのはトヨタを筆頭にした製造業。その製造業を支えたのは全国から集まった若者でした。それこそ、僕の祖父やその少し後の世代は地元の中学や高校を出た後、そのまま国内の製造現場に〝就職〟しました。彼らが汗水流してもの作りやカイゼン（製造業用語で「現状をより良く変化させる取り組み」の意）に取り組んだからこそ、メイド・イン・ジャパンが世界で高い評価を得たのだと思います。

ただ、大学進学率が60%近いいまの時代、16歳で働きながら勉強するというのはかなりのレアケース。自分で決めたことなので前向きに捉えていましたが、寮から工場に行くバスに乗りながら、他の高校生のように、カラオケに行ったり、合コンしたりして遊びたいなあと思っていました。

もう一つは、個人的な話ですが、1年生の時にいじめにあったんです。半年ぐらいは完全にハブられていました。

自分で言うのも何ですが、3年間、各教科と技能スキルをしっかりと学び、お金を貯めて、大学に行くという選択肢も考えていたので、僕は高いモチベーションを持ってトヨタ工業学園に進学しました。

ただ、みんながみんな、高いモチベーションを持っているわけではありません。親がトヨタで働いているから何となく来た人もいれば、他にやりたいことがないから仕方なく来たという人もいて、学園に来た動機はさまざまです。

でも、なまじ自分のモチベーションが高いから、そういう同級生を見て「そんな意識じゃダメだろ」「何のためにこの学校に来たんだよ」「将来やりたいことはないのかよ」とガンガン言っていたんです。「何だお前?・」「意識高い系だな」と笑われても、「それはそうでしょ。当然だよ」と。

そのまま最初の1カ月が過ぎ、ゴールデンウィークで帰省して、少しでも成長した自分を見せたいと初任給で家族をファミレスに連れて行き、もっと頑張ろうと思って寮に戻ると、僕は完全にまわりから避けられるようになっていました。

話しかけても無視されるし、近づいていくと離れていく。自分がみんなの前で発表すると笑われたり、僕がいるのをわかっていながら「三浦のことどう思う?」「マジ、ウザいw」と言われたり。ついこの間まで一緒にいた人間がみんな離れていった。

なぜそんな状況になったのか、全然わからなかったし、正直、いまも理由はよくわかりません。確かなことは、学校でも寮でも居場所がなくなったということ。朝起きて、スクールバスで校舎に行き、寮に帰って寝るまでどこにも居場所がありませんでした。

あの頃のことを思い出すといまも胸がざわざわしますが、とにかく起きている時間を減らそうと、ギリギリまで寝て、夜は点呼が終わった21時過ぎには寝ていました。昼メシも3分で食べて、残りの時間はずっと寝ていた。身長は180㎝まで伸びましたが、この時に寝まくったから背が伸びたと思っています。

期待感を持って学園に来ただけに、かなり落ち込みましたし、腹も立ちました。


オレは頑張ろうとしているだけなのに、なんでオレをいじめんだよ。

オレは人生を変えたいと思ってここに来たのに、なんで邪魔をすんだよ。

なんで一生懸命な人間のことを笑うんだよ。

なんでこんな連中のせいでつらい目にあわなきゃいけないんだよ。

ふざけんな、ふざけんな、ふざけんな。

いじめに気づかない先生もふざけんな。


当時の僕は、先の見えないトンネルの中にいる気分でした。その中で救いになったのは、サッカー部の監督だった杉浦大輔先生です。

――暗闇の中の希望

ある時、練習が終わった後、杉浦先生に呼ばれました。

「おい、宗一郎。ちょっと来いよ」

何かなと思って先生のところに行くと、「お前、オレに何か言いたいことがあるんじゃないか？」と言われたんです。

ドキッとしました。でも、みんなからいじめられているなんて話は、恥ずかしいし、かっこ悪くてとても言えない。心配をかけたくなかったのもあって、「何もないっす」と言って戻ろうとしました。

そうしたら、僕の右足を踏むんですよ。それから、ずっと問い詰められました。帰りも、杉浦先生の車でドライブ。その道中で、自分の胸の中にあったことをすべてぶちまけました。

なんでいじめられているかわからない。なんで頑張っている僕がこんな目にあわなければならないのか。あいつら許せねえ——と。

すると、杉浦先生はこう言いました。

「お前、いまのままでいいのか？」

「ぜんぶ変えたいです」

「でもな、宗一郎。まわりは変わんねえよ。変えたいのであれば、お前が変わるしかないぞ」

この言葉を聞いた時、最初は腹が立ちました。ふざけんなって。どう見たっていじめているヤツの方が悪いでしょう。なんでいじめている側ではなく、オレが変わるのかって。

でも、よくよく考えれば、自分の手で変えられるものは自分しかないいんですよね。いくら相手が悪いと言っても相手は変わらない。やめろと言ってもやめてくれない。であれば、自分が変わるしかない。

そこから、僕は少しずつ変わりました。いろんな本を読んで、本から学んだことを実践しました。自分の価値観を押しつけるのではなく、人の話をまず聞こうと意識しました。するとと、不思議なもので、自分が変わると周囲も変わり始めたんです。気がつくと、僕のことを無視する人はいなくなっていました。最終的に、サッカー部のキャプテンにもなりましたし、卒業式での生徒代表にも選ばれました。

もう一人、僕の救いになったのは母親です。暗いトンネルも、「いつかは抜けるはずだ」と信じて耐えることができたのは、母親の存在が大きかった。

週末に時間ができると、逃げるように実家に戻っていました。とにかく学校や寮から逃げ出したかったんです。実家で何をしたというわけでもありませんが、実家に帰って母と話をする。それで、心がすこし軽くなりました。

家では心配をかけないように何もないフリをしていましたが、卒業の時に母からもらった手紙には、「いつも送り出すのに涙をこらえていた」と書いてありました。僕の様子がおかしいことに気づきながらも、何もなかったように振る舞ってくれていたんですね。

思えば、小学校の時、自宅から学校に向かう田んぼの中の一本道を僕が見えなくなるまで毎朝、見送ってくれたのが母でした。いつでも母は僕のことを見守ってくれました。母には感謝の気持ちしかありません。

15歳の時にいじめられたのは、本当につらい経験でした。でも、あの時に「まわりのせいにしない」ということに気づくことができて、逆によかったとも思っています。あのままなら、ただの意識高い系で、誰にも共感できない人間になっていたかもしれません。

3 自暴自棄

勝山恵一

しっかりと目的意識を持ってトヨタ工業学園に進んだ宗ちゃんとは対照的に、高校をやめた16歳の僕は、何のあてもなくぶらぶらしていた。ただ、野球は人並み以上にうまかったので、ある社会人チームから、すぐに「野球せえへん？」と誘いがかかった。

僕自身、無意味な長時間練習やしごきが横行する高校野球にはうんざりしていたけれど、野球自体は大好きだし、ほかにやることもないので社会人チームに参加させてもらった。

ただ、案の定というか、すぐに行かなくなってしまった。チームの練習は朝7時から始まるのに、僕は夜中まで遊んでいるから起きられなくて……。

社会人チームのメンバーはみんな年上で、プロ野球に行きたい、プロ野球で活躍したいという目的意識を持って野球を続けていた。その中にあって、僕はサウスポーで速い球が投げられるという強みはあったけれど、練習もロクに来ない意識の低い若造。正直、チームの中でもかなり浮いていた。

僕は中学の頃から悪いことばかりしていたけれど、野球は大好きだった。中学の時はプロ野球選手になりたかったし、間違いなくなれると思っていた。実際、高校に進学する時は野球推薦のお誘いが20以上の高校から来たから。中には入学金、授業料、寮費もすべて免除の特待生扱いの学校もあった。

でも、高校野球に行ってわかったけど、僕が好きだったのは、あくまでも野球というスポーツであって高校野球ではなかったんだよね。河川敷のグラウンドで仲間とやる野球は大好きだけど、朝から晩まで、盆と正月を除いてひたすら練習するような強豪校の野球は合わなかった。

もちろん、高校を中退したあと、僕のいた高校が甲子園に出た時には、「あのまま続けていれば、僕もあそこで投げたかもしれないな」と思ったことはある。京都のやんちゃ仲間がドラフトで指名された時も、「おめでとう」という気持ちと、「オレだって」という微妙な気持ちがない交ぜになった。

でも、あのまま続けていれば、野球自体を嫌いになったことは間違いないし、こうしていま、若い人たちの前で話す機会もなかった。そう考えると、野球をやめるという決断も、悪くなかったのかもしれない(やめざるを得なかったのだけど)。

地下格闘家をどついた顚末

それでは、社会人チームの練習にすら出ない僕が何をしていたのかというと、バイク、クラブ、ケンカ、パチンコの繰り返しだった。

僕が乗っていたバイクは3万円ぐらいで譲ってもらった中古のバリオス。改造バイクによくあるロケットカウルと三段シートを装着して、京都市内を夜通し走り回っていた。あの時は、地元の友達と走り回ることがただ楽しかった。こんな毎日だから、社会人チームの朝練なんて行けるわけがない（笑）。

クラブにも毎日のように通っていた。クラブには似たような連中が集まるから、行けば必ずケンカになる。いま思えば本当にタチが悪いと思うけど、友達とテキーラを飲んでべろんべろんに酔っ払って、目が合えば「何見とんじゃコラ」と誰彼なしにケンカを売っていた。

当時、京都で知られていたヤツとも、鴨川の河川敷で殴り合った。そいつともタイマンの後に仲良くなって一緒に遊ぶようになった。

彼の母親は祇園のホステスで、お金は入れてくれていたみたいだけど、小学校の時から団地の部屋で一人暮らし。だからグレていいという理由にはならないけど、僕から見ても、なかなか気の毒な境遇だった。

僕の仲間は、僕を含め180㎝以上のガタイのいい男ばかりだから、ケンカしても基本的に負けることはなかった。ただ、そうは言っても上には上がいて、地下格闘技を取り仕切っている若手経営者をクラブでどついた時は、取り巻きの地下格闘家連中にボコボコにされて高瀬川に放り込まれた。

その後、血まみれでタクシーに乗って「家に連れて行ってください」と行ったら、そのまま病院に連れて行かれて。この時はおでこの骨が折れるなどけっこうな重傷だったけど、「いつ死んでもいい」と本気で思っていたので、殴られていても怖いという感覚はほとんどなかった。

――大切な人との出会いと別れ

こんな僕にも、将来を心配してくれる人はいた。17歳の時から働いていた串カツ屋の大将がそう。「人はなぜ学び、働くのか」という問いを投げかけてくれた恩師のような存在だ。

大将は40代前半で、二十歳《はたち》前後の山科《やましな》の不良連中の面倒を見ていた。

実は、結婚する前の彼女がここでバイトしていたので、僕も客としてよく行っていた。その時に、「ちょっと手伝ってくれへん?」とバイトに誘ってくれたんだ。僕が学校にも行かずぶらぶらしているのを知って、気にかけてくれたんだと思う。

僕は大将の人柄と懐の深さに惹かれていたし、遊ぶカネもなかったので、二つ返事で働かせてもらうことにした。

わずか1年ちょっとだったけど、大将のところで働くのは本当に楽しかった。20席くらいしかない小さな店なのにいつも満席で、一晩で50万円も60万円も稼ぐすごいお店だった。

大将は豪快な人で、店を閉めると、その日の稼ぎを握りしめて、そのまま僕らを祇園に連れて行ってくれた。大人の遊びの大半は、大将に教えてもらったんじゃないかな。

もちろん、遊びだけでなく「働く」ということの価値も教わった。それまでの僕はたまに日雇いのバイトをするくらいで、ちゃんと働いたことなんて一度もなかった。ツレとバイクで走り回るのも楽しいけど、「働いて稼ぐことがこんなにも楽しいことなんだ」ということを体感できたのは、17歳の僕にとってとても大きなことだった。

父親と過ごした経験があまりなかった僕にとって、大将は父親のような存在だった。できることなら、ずっと大将と一緒にいたいと思っていた。でも、楽しい時間ほどはかなく終わってしまうもの。大将との関係も、ある日突然、終わってしまった。人生で一番頼りにしたいタイミングだったのに。

ある晩、大将とうどん屋に行った後、コンビニに寄ったのだけれど、大将がいつまでたってもトイレから出てこない。「どうしたんだろう？」と思って様子を見に行くと、「救急車を呼んでくれ」という蚊の鳴くような声が聞こえる。すぐに店員さんに話して救急車を呼んでもらった。

ただ、この時はちょっと体調が悪くなっただけだろうと思ったので、翌日、着替えを持ってお見舞いに行くと、大将は既に亡くなっていた。親族以外は病院には入れず、顔を見ることもできなかった。

救急搬送された時は急性アルコール中毒と聞かされたけど、大将はごはんの時に瓶ビール2本しか飲んでいない。「そんなわけない」と思って後日、親族に聞くと、くも膜下出血という話だった。

直前まで一緒にいたのに、一番好きだった人の死に目に会えないなんてね。あの時は本当に悔しかったたし、自分の無力さを痛感した。

――そして、19歳の絶望

もう一つ、19歳の僕の人生に決定的な影響を与えた出来事が起きた。ヨメさんの妊娠だ。

彼女とは、コンビニでたむろしていて偶然、知り合って付き合い始めた。たまたま向こうが僕のことを知っていて、それでトントン拍子に付き合うことになった。

以来、彼女とは楽しく遊んでいたけれど、妊娠を聞かされた時は地面の底が割れて、どこまでも落ちていくような感覚だった。子どもが嫌いなわけじゃない。いまの自分に、ヨメさんと子どもを養うことができるのかという漠然とした不安だ。

高校中退という学歴で働けるところなんてしれている。体を動かす以外にできることは何もない。その僕が、どうやって家族を養えばいいのか。

もちろん、「頑張りたい」という気持ちはあるけれど、何をどう頑張ればいいのかがわからない。勉強の仕方も、仕事の仕方も、誰に相談すればいいのかもわからない。何もかもがわからない。本当に絶望的な気分だった。

実は、彼女の妊娠がわかった後、大将に報告に行った。そうは言っても子どもができたのは嬉しかったから、大将に真っ先に伝えたくて。

そして、一緒に入ったうどん屋で、「大将のところで正式に働かせてもらえませんか」とお願いしたんだ。あの時の僕にとって、大将の串カツ屋で働くこと以外に現実的な選択肢はなかったから。

すると、「お前、自分のやりたいことはないのか?」「情熱を注げるものはないのか?」と大将が僕に聞いてきた。「ないです」。そう答えると、「だったら少し考えてみたらどうだ」と言って、こんな話をしてくれた。

いまの日本には企業が400万社ある。職種も1万7000種類。その中の仕事をどれだけ知っているのか。そもそも仕事を知らないのに、頭の中の数少ない選択肢からやりたいことを見つけようとしても無理だろう。その前に、いろいろな人に会って、自分のやりたいことを見つけるべきではないか——。

「すこし考えます」。そう言って別れたあと、すこし経って大将は死んでしまった。絶望の中、一番頼りにしたかった人がいなくなってしまったんだよね。あの晩の大将の言葉は、遺言のように僕の中に残った。

ただ、そんな僕に救いの手を差し伸べてくれた人がいた。ヨメさんの兄貴、久世《くぜ》大亮《だいすけ》だ。甲斐性のない男の子どもを産んで妹が不幸になると心配したんだと思う。ただ、「一緒に営業せえへん?」という義兄の言葉は、僕の想像を超えていた。

4 広がる視界

三浦宗一郎

トヨタ工業学園の3年間にはつらいこともあったけど、高校に行かず、働きながら勉強するという14歳の決断は間違っていなかったと思います。学費も寮費も無料にもかかわらず、ちゃんとした教育や社会人としての礼儀を身につけることができましたし。逆に、学園に行っていなければ、自分の人生がどうなっていたのか、想像もつきません。

ただ、「教師になりたい」という夢は、学園の3年間できれいさっぱりなくなりました。「あれだけこだわっていたのになぜ?」と思うかもしれませんが、目指すべきは職業ではなく、自分自身の「あり方」だということに気づいたから。

それは、「変えたいのであれば、お前が変わるしかないぞ」と僕に言ってくれた、サッカー部の杉浦先生の影響です。

――人生の価値

サッカー部の監督だった杉浦先生はトヨタ自動車の社員で、ちょうど僕たちが学生の時に出向というかたちで学園に教えに来ていました。

トヨタ自動車のような大企業で働く大人はカチッとしたイメージがあると思います。僕も、そう思っていました。でも杉浦先生は、そんなトヨタのイメージとは正反対の方でした。

まず、見た目からして普通ではありません。

頭はスキンヘッドで、鍛えているため体はバキバキ。何より、杉浦先生は海外でも有名なハードコアバンド「NOT A NAME SOLDIERS」のボーカルでした。平日は学園の先生、休日はライブハウスでライブ生活。もちろん、仕事もメチャクチャできる人ですが、やっぱり見た目とキャリアに目が行ってしまいますよね。

杉浦先生がトヨタに入ったのは大好きな音楽をずっと続けるため。社会に出た後もライブ活動が可能な仕事は何かと考えた時に、土日が休みで長期休暇が取れる工場で働くのが一番いいと考えてトヨタに入社されたそうです。ちなみに、杉浦先生のお父様もトヨタの社員でした。

サッカー部の3年間、杉浦先生には自分の中の美学、かっこよさを追求しなさいと常々言われていました。「男にとっての一番のファッションは生き方だぞ」と。

実際、僕から見ても杉浦先生の生き方はかっこよかった。ハードコアバンドだからということではなく、ぶれない自分の軸があり、その軸に沿って生きているからだと思います。

そんな杉浦先生を見ていて、「どう生きるか」という人間としてのあり方のほうが「職種」よりもはるかに重要だということに気がつきました。他の人を元気づけたいのであれば、自分がそういうふうに生きればいいだけだ、と。

それ以来、教師という夢はどこかに吹き飛び、自分らしく、前向きに生きようとシンプルに考えられるようになりました。

僕は家庭の事情でやむなく職業能力開発校に進みましたが、杉浦先生をはじめ、かけがえのない出会いを得ることができました。未来を見通すことはできないので、決断した瞬間は、その選択が成功なのかどうかはわかりません。僕も、決めた時は期待半分、不安半分でした。ただ、どんな道を選んだとしても、必ず自分の人生に影響を与えるような出会いはある。重要なのは、そういった価値ある出会いに気がつくかどうかであり、その出会いを受け止めるだけの準備があるか。もっと言えば、仮に選択に失敗したと感じても、自分が選んだ以上は実りのあるものになるように、何度も選び直していけばいい。

人生は不可逆的なものだけど、どんな道を選んだとしても、リカバリーできるチャンスはたくさんあると僕は信じています。

恵ちゃんと全国の学校を回るようになって、困難な状況に置かれている生徒を見る機会が増えました。恵ちゃんが言うように、人が育った環境は人それぞれで、親の愛情や社会の支援を十分に受けられずに育った人も大勢いる。その意味では、環境でハンデを負っているのは間違いない。

僕も恵ちゃんにも、そういう環境から抜け出す機会がありました。だから、そこから抜け出す機会を作ってあげたい。そう思って、全国の若い人たちを支援しています。

「楽しい」と「楽しむ」の彼我の差

すこし話がそれましたが、学園の3年間を終えた僕は、2014年にトヨタの正社員となり、正式に高岡工場で働き始めました。ただ、正直なことを言うと、トヨタに配属される段階で、トヨタをやめたいと思うようになっていました。仕事が自分にはつまらなく感じたから。

高校2年になり、自動車工場の花形の「組立部」に配属された時は「自分が作った車が町を走るんだ」とワクワクしていました。ところが、実際に現場に行くと、ひたすら流れてくるクルマに同じ部品をつけるだけ。実習を始めてすぐ、「ここでは働きたくないな」と感じました。

トヨタ工業学園を卒業して本配属される頃には、「トヨタをやめたい」と母親に打ち明けたり、同期に「オレ、将来は絶対に起業するから」と冗談交じりに話したりするようになっていました。ただ、「トヨタで働く機会はなかなかないことだし、3年間は働いてみたらどう?」という母親の言葉もあり、3年間は働こうと決めました。

もっとも、実際にフルタイムで働き始めると、すぐに精神的にしんどい状況になりました。毎日同じ作業の繰り返し。夜勤や残業のなかなか取れない疲れもあって、変わらない日常から逃げ出したくなったんです。

オフィスでパソコンを使って仕事しているドラマの場面を見て、「オレもああいう仕事がしたいな。でも、学歴がないから無理だろうな」と落ち込む。通勤に向かうバスも、地獄に向かうバスにしか見えない。

あまりのつらさに、職場の先輩に「仕事が楽しくないです」と相談しましたが、「仕事ってそんなもんだよ」「仕事に楽しさを求めんじゃねえよ」と諭されて。「それでも楽しい方がいいじゃん」と思っていた僕も、働き始めて3カ月もたつと、つまらないとさえ思わなくなり、惰性で生きられるようになっていました。


そんな時に、僕の職業観を大きく変える出会いがありました。期間従業員として3カ月だけ働きに来た門口さんというおじさんです。

「門口と申します！ 沖縄から来ました！ よろしくお願いします!!」

こちらがビックリするような挨拶をした後、門口さんは、ラインの組み立て作業をニコニコしながら、本当に楽しそうに始めました。同じ仕事をしているのに、心底楽しそうなんです。

衝撃を受けた僕は、仕事終わりの門口さんを捕まえて、ごはんに誘いました。突然の誘いに、門口さんは驚いていましたが、嬉しそうに「行きましょう！」と言ってくれて。そのまま深夜2時のファミレスに向かいました。

門口さんには、たくさんのお話を伺いました。消防士になるという夢をあきらめた話、猛勉強して公務員になった話、コーチとして中学校の野球部を全国2位に導いた話、居酒屋を開くために35歳で公務員をやめた話——。工場での仕事にモヤモヤしていた僕には、すべての話が刺さりました。

そして最後に、一番聞きたかった話を聞きました。

「この仕事って、楽しい仕事ですか？」

すると、門口さんはすこし考えてこう答えました。

「この仕事が楽しいかどうかは僕にはわからないけど、どうせやるなら全部を楽しくやりたいと思っているんですよね」

衝撃でした。これだけ聞くと、なんてことのない話かもしれませんが、当時の僕には衝撃でした。それまで、仕事はつまらないものであり我慢するものであって、目の前の仕事を楽しむという感覚はなかったから。

それから、僕は「目の前の仕事を楽しむにはどうすればいいのか」「この職場に行くのが楽しみだと思うにはどうすればいいのか」ということをひたすら考えるようになりました。

「まずは挨拶からだよね」と職場で元気よく挨拶したり、少しでも仕事が楽になるように工夫したり、先輩をごはんに誘ったり、トヨタ本社の人事部の方に掛け合って大卒社員と学園卒の社員が交流する場を作ったり……。

すると、不思議なもので、仕事がどんどん楽しくなるんですね。いつの間にか、僕の職場は高岡工場の中で一番明るいと言ってもいいくらいの職場になっていました。

僕の意識を変えてくれた門口さんは3カ月の契約期間を終えると、沖縄に帰っていきました。ボロボロだけど最高においしいサーターアンダギーと、「あなたの笑顔がいちばんです」という言葉を僕に残して。あのサーターアンダギーの味は一生忘れませんし、あの言葉も僕の人生における最も大切な言葉の一つになりました。

10mの閉じた世界

門口さんとの出会いを通して、トヨタ自動車での仕事は充実したものになりつつありました。ただ、言ってしまえば、工場はわずか10mのラインの中を行き来する世界。このまま10mの閉じた世界で僕は生きるのかという疑問は常に頭の片隅にありました。

杉浦先生のように、仕事と好きなことを分けるという生き方もありますが、僕はもっと広い世界に出たかった。そこで、休みの日はとにかく旅に出ようと決めました。

カンボジアを一人で旅してみたり、ニュージーランドをヒッチハイクで縦断してみたり、バリ島で100kmマラソンに挑戦してみたり。トヨタ工業学園の修学旅行でお世話になった、カナダ・トロントのホストファミリーにも会いに行きました。21歳までの3年間で18カ国を訪れました。

旅に憧れたのは、中学の時の経験もあると思います。実は、中学3年の時、地元のライオンズクラブのプログラムの一環で、フィリピンにつれて行ってもらったことがあるんです。

どこの地域にも、地元の名士が参加するライオンズクラブという社会奉仕団体がありますよね。フィリピンの実情を子どもたちに見せることで、貧困や人権、環境問題などを考えさせようとしたんだと思います。

僕は運良く、姉と一緒にその視察団に選ばれました。初めての海外がフィリピンというのも変わっていますが、見るもの、聞くもののすべてが本当に新鮮で刺激的でした。自分に何ができるかはまったくわかりませんでしたが、将来はお金を貯めて必ず海外に行こう、知らない世界を見よう、と強く思いました。

そのために、仕事で稼いだお金も惜しみなく旅につぎ込みました。

トヨタ時代は月の給料に加えて夏冬のボーナスがあったので、20歳前後にしては、お金回りは悪くありませんでした。その給料を貯金して旅につぎ込んだ。

実は、僕は18歳の時に「お金は旅と人と本にしか使わない」というルールを自分の中で決めたんです。

同期の中にはローンを組んで新車を買ったり、ブランド物の高い服を買ったり、ギャンブルに使ったりしている人もいましたが、クルマや洋服は買ってもいずれはなくなります。

でも、旅で得た感動や人との出会い、書籍から得た知識は自分の心や人脈として残る。もともと裕福ではなかったので、「モノ」ではなく、経験や知識につながる「コト」にお金を使う方がいいと考えたんです。

ありがたいことに、僕がお金を使った「旅と人と本」はいまでも僕の心の中に残り続けています。あの頃の経験がハッシャダイソーシャルの活動につながっている面もある。10代の頃から「モノ」ではなく経験や知識にお金を使っていて本当によかったと思います。

トヨタ自動車2年目の僕は、とにかく足を動かしていました。旅に出て、人に会い、本を読む。海外を旅するだけでなく、2015年9月の関東・東北豪雨や2016年4月の熊本地震では、茨城県や熊本県の被災地に入ってボランティア活動もしました。

仕事の方も、門口さんの教えを胸に全力で取り組んだ結果、僕が働いていた職場はどんどん挨拶が増え、どんどん楽しくなっていきました。間違いなく、工場の中で一番明るい職場になっていたと思います。

「職場が明るくなれば、働く人の人生も明るくなる」と実感した僕は、トヨタの中でもそういう活動をしたいなと思うようになっていました。実際、トヨタ社内でさまざまな活動をしている人とも知り合いになり、トヨタの職場を変えることもできそうな予感もしました。

その時に、ふと気づいたんです。「あれ、あと1年でやめなきゃいけないじゃん」と。母親と約束した3年目を迎えようとしていたんです。

5 暗闇に差した光

勝山恵一

ヨメさんの兄貴、久世大亮のことは、ヨメさんと付き合いだした17歳の時から知っていた。当時の僕は自分の家にあまり帰らず、彼女の家で遊んでいたことも多かったから。野球の社会人チームに所属していた時も、夜中の3時ごろまで彼女の家で遊んで、そのまま練習に行っていた。

久世と出会った当時のことははっきり覚えていないけど、当時の久世は大学を半年ほどでやめ、居酒屋や解体現場で働いていた。「明日、解体があるから一緒に来てくれへん?」と誘われたこともある。僕の中の久世のイメージは、いまもニッカボッカを着て改造した軽トラックに乗っている姿だ。

―― 生まれ変わっていた義理の兄

久世はその後、山科の実家を離れて大阪に行ったので、それからしばらくはご無沙汰だった。でも、ヨメさんの妊娠が発覚したあと、「ちょっとお茶でもせえへん?」と河原町のカフェに連れ出されて。何の話かなと思ってついていくと、その場で「一緒に営業せえへん？」と切り出された。思わず、「えっ、営業って何？」と聞き返したよ。

あとから聞いた話だけど、久世は大阪に行った後、営業代行会社で働き始めた。大手通信会社の通信回線やiPhoneなどを販売する二次代理店。その当時は社用携帯がガラケーからスマホに変わり始めた時期で、その販路開拓や提案営業をしていたようだ。

最初は学生のインターンとして加わったみたいだけど、ビジネス自体やマネジメントに関心があった久世はすぐに実績を出し、20歳そこそこでその会社の執行役員になっている。

ところが、成功体験を胸に地元に戻ってみると、昔の仲間は相変わらずパチンコばかりで、時が止まっているような印象を受けたらしい。

そこで、環境を変えればコイツらも変わるのではないか、「モノを売る」というビジネスの根幹にかかわるスキルを身につければ違った人生を踏み出せるのではないかと思い立ち、高校時代の同級生や中学時代のやんちゃ仲間、そして妹の彼氏（つまり僕）に声をかけたというわけだ。

久世からすれば、「この男をどうにかせなアカン」という感覚だったんだろうね。学校にも行かずに毎晩のように暴走していたし、血まみれのまま久世の家に行って警察を呼ばれたこともあったから。

はっきり言って、義理のおかあさんやお姉さんは僕にいい印象は持っていなかったと思う。久世はもともとやんちゃしていたから同類だと感じていただろうけど、妹の兄としてはそりゃ不安に思うよね。

久世の提案を聞いて、義務教育すらまともに終えていない僕に営業なんてできるのかと思った。もっと言うと、地元のコミュニティから出ることが怖かった。

地元にいれば、みんな僕のことを知っているので、自分のことを語る必要がない。「ああ、勝山はああいうヤツだよね」って。でも、知らない世界に出た瞬間、自分が誰で何者かということを説明しなければならない。自分に自信がなかった僕は、それがとてつもなく怖くて不安だった。

ただ、その時の僕はどうやってヨメさんと生まれてくる子どもを養うかという不安で一杯だったので、久世の提案に一度だけ乗ってみようと思った。大将の言葉が頭に残っていたのもあるけれど、この時は不思議とチャレンジしようという気持ちになれたんだよね。すぐに厳しい現実を知らされることになるんだけど……。

久世の話によれば、営業の仕事というのは、ＫＤＤＩのａｕひかりの通信回線を個人の家に提案する訪問販売のことだった。

自宅に光回線を引いていない人に対しては光回線を導入するメリットを、ほかの通信会社と契約しているご家庭に対しては、スマホも含めてａｕに乗り換えることで月々の支払いがどれだけ減るかということを提案する。

ただ、いきなり素人が営業するわけにもいかないので、実際の営業を始める前に、一次代理店が主催した営業研修に参加した。この時に、自分がいかに社会人としての常識に欠けているかを嫌というほど痛感した。

漢字が読めなかった僕

例えば、営業研修の前日、久世に会った時の僕は金髪で、「さすがに金髪はマズいやろ」と諭された僕は、ドラッグストアで買った毛染めで髪を黒く染めた。さらに当日、とりあえず買ったスーツを着て研修会場に行った僕は、カバンがなかったのでコンビニのレジ袋にボールペンを入れていた。でも、スーツを着た社会人がレジ袋をぶら下げているのもおかしいよね。「お前、さすがにレジ袋はないやろ」と久世にも呆れられた。

それまで、ビジネスの世界にまったく触れたことがないので仕方ないんだけど、こうして人前で話すのが恥ずかしいレベルの人間だった。ちなみに、カバンは近所の店を探し回って、それっぽい物を買った。

恥をかいたのは、営業研修の場でも同じだ。

研修では、自己紹介の後に、ほかの参加者とのグループワークがあった。細かな内容は覚えていないけど、配られた紙に回答を書き、ほかの参加者の前でプレゼンするというような内容。でも、その紙に書いてある質問が何一つ読めなかった。信じられないかもしれないけど、当時の僕は漢字がほとんど読めなかった。

それでも、いろいろ想像して回答らしきことを書いたものの、漢字が書けないのでほとんどひらがななわけ。まわりの参加者も、初めは「この人、どうしたのかな？」という雰囲気だったのに、だんだんと「うわ、こいつは真剣にヤバいやつや」とざわざわし始めて。

とりあえず研修は終えたけど、情けないやら、恥ずかしいやら。この時に初めて「ああ、オレは漢字が読めないんや」と自覚した。そりゃそうだよね。小学校の頃からまともに勉強していないいんだから。

それまでの僕だったら、こんなに恥ずかしい思いをしてまで営業をやろうとは思わなかった。「こんなんやってられるか！」と叫んで、スーツを脱ぎ捨てていたと思う。

でも、今回は新しい家族ができるという責任感と、こんなオレに手を差し伸べてくれた久世に対する感謝の気持ちもあり、もうすこし頑張ってみようと思った。ここで投げ出さずに踏みとどまったから、いまの僕がある。

その後、研修を終えた僕に、「これをイチからやり直せ」と言って、久世があるものをくれた。小学2年生向けの漢字ドリルと計算ドリルだ。これは、嘘でも誇張でもない本当の話。僕もまわりの連中にバカにされて死ぬほど悔しかったので、その後の1カ月はこれまでの人生で一番勉強した。

確かに、レベルの低い小学生向けのドリルだけど、漢字が読めなければ何も始まらない。「回線を切り替えればこれだけお得ですよ」と営業するのに、計算ができなければ説得力もゼロ。自分の学力は小学2年レベルと認めて勉強し直すことにした。最終的に、小学5年のドリルまでやりました。

でも、不思議なもので、簡単な足し算や引き算でもできるようになると嬉しいんだよね。そして、できることが増えると、もっと知りたくなる。本来、幼稚園や保育園、小学校に通う子どもが持つような知的好奇心を19歳になって初めて持ったということなのかもしれない。

遅いと言えば明らかに遅いんだけど、いまさら過去を後悔しても仕方がないので、19歳が僕にとっての「その時」だったと思うようにしている。いまでは経済の本も読むし小説も読む。


勉強をしたことによるもう一つの変化として、何か気に入らないことがあっても、言葉で説明できるようになったということがある。

いまはもう理解しているけど、すぐに手が出ていたのは、自分自身の感情をコントロールできないということ以上に、言葉で感情をうまく説明できなかったという側面が大きい。漢字の勉強は語彙を増やすことにつながる。言葉を覚えるにつれて、自分でも驚くほど感情を制御できるようになった。

日本の識字率はほぼ100%近いので、みなさんからすれば「何の話?」と思うかもしれない。でも、僕にとっては言葉を覚えたのは大きな変化だった。

初めての成功体験

——そして、基礎教育を終えた僕は久世たちと訪問販売の現場に出た。場所は、久世の地元である山科。この時の最初のお客さんが本当にいい人だった。ピンポーンとインターホンを押したら、出てきたおっちゃんと、まさかの展開になった。


「おお、営業頑張っとるな」

「今日が初めてなんです」

「おお、そうかそうか。何を売ってるん？　インターネット？　安うなるんか？」

「お客さまの契約次第ではお得になると思います」

「そうか、よっしゃ。買ったるわ!!」

「本当ですか？」

「任しとけ。よっしゃ、試しにトークしてみい。うまくできているか、チェックしたるわ」


訪問販売の経験者であればわかると思うけど、こんないいお客さんはめったにいない。そのめったにいないお客さんが最初のお客さんというのはありえへん。

この成功体験は、僕にとってメチャクチャ大きかった。結局のところ、訪問販売というのは確率。あきらめずに回れば、いつか商品にマッチするお客さんに行き当たる。その1回を逃さないようにトークの質を磨くというのが基本中の基本だ。

ただ、問題は商品にマッチするお客さんにいつ出会えるのかということ。100件回れば一人はいると思って回れるか、それとも99件を回る中で心が折れてしまうか。僕は最初に契約が取れたので、数をこなせば絶対に取れると素直に信じることができた。

もちろん、完全歩合制なので契約が取れなければ、給料がゼロで家族が路頭に迷うという恐怖があったからがむしゃらにやれたとも言える。やらなしゃあない状況だったのは間違いなくプラスだった。

その後は、もうイケイケ。9時から21時まで、1日400件くらい訪問して契約を取りまくった。月の契約数が22件でほめられるのに、最初の月に49件の契約が取れたから。それだけできたのも、あのおっちゃんのおかげだよ。

そのまま最初の月は一次代理店のグループの営業成績で全国一位になった。「こんなオレでも営業ができるんや」。これは本当に自信になった。

すんなり営業の世界になじんだのは、僕の性格もあったと思う。

これまでがマッチョな話ばかりだったので僕にどういう印象を持っているのかわからないけど、僕自身は人と仲良くなるのが得意なんだよね。意外に人なつっこいというか。あと、子どもの頃からケンカばかりしていたから、基本的にあまりビビらない。営業が向いていたんだろうね。

京都で成功した後は、久世を含めた5人で車に乗りながら、広島や福岡など西日本に訪問販売の旅に出た。

マンガ喫茶と車中泊の2チームに分かれて3週間ぶっ続けの旅。河川敷に寝袋を敷いて寝たり、広島駅前のコンビニで歯ブラシを買ってミネラルウォーターで歯を磨いたり、メチャクチャな旅だったけど楽しかったなあ。

営業の仕事を始めてからは、深夜の暴走やクラブ通いはまったくしなくなった。それ以上に楽しいことが見つかったから。やればやるほど結果が出る営業の仕事に、どんどんのめり込んでいった。

こんな生活を1年ほど続けた後、東京に行くことになった。僕のようなヤンキーは日本中にたくさんいる。そんな彼らに、僕が手に入れたような機会を提供できれば、新しい人生を切り拓くお手伝いができるんじゃないか——と久世が考えたんだ。

——ヤンキーインターン

僕自身がそうだったけど、悪さをする子は根っからの悪党ではなく、心の中に寂しさを抱えていて、そのストレスを発散する場所がないから悪さをしたり、群れて騒いだりしている。こういうヤンキー連中は学歴がない分、人生をやり直そうと思った時のハングリー精神が半端ない。

　また、これはポジティブなことかどうかはわからないけど、ヤンキーは先輩後輩の縦社会で生きているので、「やれ」と言われれば確実にやる。これは、真剣に向き合うものができれば、とてつもない力を発揮するということ。ならば、正しい場所に彼らを置き、行くべき方向を示せばいい。

　その後、久世が東京に通い、彼のアイデアに賛同してくれる出資者を探した。そして、基盤を整えると、「ヤンキーインターン」というサービスを始めた。久世が創業した株式会社ハッシャダイの主力サービスだ。


　ヤンキーインターンとは、中卒や高卒のヤンキーを集め、シェアハウスで半年間の共同生活を送りながら、社会人としての基本や営業を教えるというプログラム。２０１５年11月にサービスを始めて以降、約６００人の若者がインターンに参加した。

　始めた当初は、営業研修のビジネスコースとエンジニア育成のハッカーコースの二本立てだった。

　例えば、営業研修は基本的に訪問販売とテレマーケティング。訪問販売はひたすら個人のご自宅を訪問するし、テレマも企業担当者にガチャ切りされてもあきらめずに電話し続ける。どちらも精神的にタフな仕事だけど、ビジネスをするうえでは避けて通れない仕事だ。

　そうして半年間の研修を終えた後は営業人材を求める企業に送り出す。

ヤンキーインターンでは営業人材が多かったけれど、エンジニアやデータサイエンティスト、経営企画などの人材も育成していた。学歴のない地方のヤンキーは人生の選択肢がそもそも少ない。そんな彼らに、スキルと機会を提供することが目的だ。

実は、新型コロナの感染が広がってからは、テレマによる営業研修がメインになっている。この本のどこかで話すと思うけど、ヤンキーインターンのサービスは、いまはだいぶ形が変わっている。

もちろん、訪問販売に賛否両論があるのは承知している。でも、売る力は生きるうえで必要な根源的なスキル。学歴のない人間が社会を生き抜く入口としては最適だ。

それに、スキルと根性のある営業人材は企業も求めている。

ほとんどの企業は大卒や大学院卒の人材を採用しようとするけれど、そういう人材の中には泥臭い営業を嫌う人も少なくない。その中で無理に営業をさせれば、せっかく採用した人材がやめてしまうかもしれない。そのため、企業は飛び込みも辞さないような粘り強い人材を営業担当者として求めている。

現に卒業生が就職するのはソフトバンクのような一部上場企業ばかり。真の営業人材を企業が求めているということの裏返しだと思う。

大切なことなので、「なぜ東京なのか」という話を最後にしておくと、地元のコミュニティから彼らをいったん離すことが最大の狙いだ。

僕自身がそうだけど、補導されたり、警察に捕まったりしたあとは「もうやめよう」「ちゃんと学校に行こう」と思う。でも、地元のコンビニの前で「おお、勝山、大変だったな。いまから気分転換に走りに行こうぜ」と言われると、なかなか断れない。

それで一緒に走っているうちに、元の生活パターン、行動パターンに戻ってしまう。ヤンキーを更生させるには、地元のコミュニティから別のところに移動させることが不可欠なんだ。

僕はと言えば、ヤンキーインターンが本格化した後は実際の営業活動はやめて運営に回った。インターン生に自分の過去を語ったり、実際の営業スキルを教えたりというロールモデルとしての役割だ。

自分の過去を語るようになったのは、僕が過去を語り、未来を語ることで、彼らが真剣に耳を傾けてくれると感じたから。彼らにとって、経営者や学者のようなえらい人の話はどこか遠い。その点、僕は彼らに近い人間だから素直に耳を傾けてくれる。

ただ、ヤンキーインターンが成果を出し始め、メディアで注目を集めるようになると、物足りなさも感じるようになった。

インターン生は自ら決断してヤンキーインターンに参加している。いわば、自分で調べて申し込むことのできるリテラシーのある若者だ。でも、ネットで調べられるような環境にない若者や、その一歩を踏み出せない若者はたくさんいる。そういう若者に直接「Choose Your Life」を語りかけなければ意味がないと思うようになったんだ。

そんなことを考えながら悶々としていた時に、同い年のある男と出会った。三浦宗一郎、宗ちゃんとの出会いだ。

6　こじ開けた扉

三浦宗一郎

トヨタ自動車で働き始めて2年目の冬。僕は、「トヨタをやめるか、それともそのまま勤めて職場を変えるか」という二つの問いの間で揺れ動いていました。

ただ、簡単に結論を出せるような問いではありません。頭の中がショートした僕は、「やめる」でも「残る」でもなく「離れる」という選択をしました。1カ月くらい会社を離れてよく考えようと思ったんです。

そんな時です。「世界青年の船」という国のプログラムの存在を知ったのは。

大海原の40日

世界青年の船は、40日間、世界11カ国の若者と一緒に船の上で過ごすというプログラム。参加者は日本人120人に、10カ国の若者が120人。日本政府の事業なので日本人が半数いますが、世界各地から集まった18〜30歳の若者が船内で共同生活を送り、船内での講義やイベントの企画を通して、リーダーシップやダイバーシティを学ぶというものです。

1959年に現在の上皇陛下のご成婚を記念して始まったプログラムで、まわりの参加者は大学生や社会人ばかり。英語が話せない職業訓練校出の人間なんて、ほかにいなかったと思います。

でも、トヨタを飛び出すかどうかで迷っていた僕は、直感的に「これだ！」と思って応募しました。実のところかなりビビっていましたが、職場の後輩に「オレ、絶対に選ばれるから応援しててな」と根拠のないことを言って、挑戦する恐怖と戦っていました。

試験は……というと、一次試験の志望動機の作文は無事通り、二次試験に向かいましたが、一般教養、小論文、個人面接、集団面接、英語面接の試験のうち日本語での面接以外は全滅でした。「あ、終わったな」と。

一般教養は一問もわからず、小論文は行きの電車の中で、Google検索で書き方を調べて臨んだものの当然ダメ。

英語面接は試験官の言っていることは何一つわかりませんでしたが、最後の“Anything else?（ほかに何かありますか？）”という質問の回答だけは準備していて、“I don't speak English well. BUT I HAVE A PASSION.”とどや顔で言い放ちました。

すると、なぜか試験官が前のめりになって、英語の勉強の仕方などを熱心に教えてくれました。「あれ、もしかしていける？」という気分になったのを覚えています。

正直、面接は得意なので、個人面接の時は「学校教育法上の高校にも大学にも行っていない僕のような人間が加わることが真のダイバーシティだと思います」なんて言って、ほかの参加者との違いを強調しました。

集団面接も、ほかの参加者と仲良くなって面接の前から「みんな仲良し！」という状況にしたので、いいパフォーマンスを出せたと思いました。もっとも、合格する自信はまったくなく、挑戦した自分へのご褒美として、帰りにハーゲンダッツを買って帰りました。

そして2週間後。夜勤に向かう車の中で内閣府からのメールに気づいて、信号待ちの間にメールを見ると「合格」という文字。思わず車の中でガッツポーズが出ました。

信号が青に変わったことに気づかず、後ろの車のクラクションを聞いて急いでアクセルを踏みましたが、車を走らせながら、自分の人生に新たな道が現れたと感じていました。

――トヨタをやめて始めた旅

そして、2017年1月23日から3月3日までの40日間、大海原への航海に出ました。出発港の横浜まではヒッチハイク。僕はヒッチハイクが好きで、長距離移動の時によくやるんです。ドライバーのみなさんは意外に親切で、かなりの確率で乗せてくれます。

この時の船上生活は、言葉で言い表せないほどの体験になりました。

僕が同室だったのは、ケニアとニュージーランドの人でした。僕の英語は片言ですが、「なぜこの船に乗ったのか」という話やお互いの家族の話、果ては「大切にしているもの」や「幸せとは」という抽象度の高い話まで、本当にいろいろな話をしました。

月並みな表現ですが、船上生活ではダイバーシティの本質を学びました。

例えば、日本人は全体として時間に厳しく、規律に従って動きますが、トンガ人はもっと自由でルーズです。セミナーの最中に最初に寝っ転がるのもトンガ人でした。

でも、それがいい悪いということではなく、それが彼らの文化であり価値観。そういった違いを受け入れること、もっと言えば、人と違う自分を受け入れることの大切さを痛感しました。

当時の僕は、自分にできないことができる人をうらやましいと感じていましたが、あくまでも人は人。僕にしかできないこともあります。それがわかって、自分にすこし自信が持てました。

それにしても、船上生活は面白かった。どこかの国に留学したり、赴任したりする場合はその国の文化に適応する必要がありますが、11カ国の人間が集まる船の上には特定の文化はありません。それぞれの価値観や文化をそれぞれが持ち込み、新たな価値観を作っていくような感覚でした。

そして、船の上でトヨタをやめる腹が決まりました。360度に広がる海を見ていて、安定ではなく、挑戦する人生を選ぼうという気持ちが心の底からわき上がってきたんです。

もちろん、船から下りてトヨタで再び働き始めると、本当にやめていいのか……という迷いも生まれました。「トヨタにいた方が安泰なんじゃないのか」「オレのやりたいことってやめないとできないことなのか」「6年も育ててもらったのにやめるなんて恩知らずじゃないのか」

——と。

この時もウンウン唸《うな》って悩みましたが、結局は上司に退職する旨を伝えました。どちらの道が正解なのかと迷っていましたが、トヨタをやめるという選択は偶然ではなく、そうなるように決まっていることなんだと思ったんです。であるならば、その道を正解に変えていく以外にない。

こういうふうに決断ができたのは、実はその時に読んでいた『バガボンド』の影響もあったんですよね。沢庵和尚《たくあんおしょう》が主人公の武蔵に言った「お前の生きる道は、これまでもこれから先も、天によって完璧に決まっていて、それが故に、完全に自由だ」という言葉がズドーンと刺さって。

そうか。ここまでの自分の人生も、トヨタ工業学園に入り、トヨタをやめようと思っていることも、すべて天が決めたことで決まっていたんだな。ならば、その道を信じて正解に変えていこう。そう思いました。

上司に退職すると話した瞬間、一気に運命が動き出す感覚に包まれて、すごく気持ちよかったのを覚えています。職場の仲間には、一人ひとりに退職理由を説明しました。みんな僕の新しい挑戦を応援してくれました。

そして、トヨタ自動車を退職した7月31日から旅に出ました。スペインを横断する900㎞の「巡礼の道」を歩く旅です。

スペインの「カミーノ・デ・サンティアゴ」はカトリックの三大聖地の一つ、サンティアゴ・

デ・コンポステーラを目指す巡礼の道。宗派を問わず、世界中からたくさんの巡礼者が訪れます。弘法大師にまつわる四国の八十八カ所霊場を巡る「お遍路」のキリスト教版と言ってもいいかもしれません。

世界青年の船を下りた後、世界の深さを知るために旅に出ようと思っていました。でも、ただ世界を回るのではなく、世界中からいろいろな人が集まる道を歩く方がさまざまな人に出会えます。そこで、900㎞の巡礼の道を歩こうと思ったんです。

実際、サンティアゴ・デ・コンポステーラを目指す道中でたくさんの人に出会い、たくさんのことを話しました。ただそれ以上に、自分自身と向き合う旅でした。

900㎞の道のりを歩きながら、これまでの自分の人生や、これからどんな人生を歩んでいきたいのかということを考えました。約1カ月。毎日、毎日、巡礼路を歩くのですから、嫌でも自分と向き合うことになります。

そうして900㎞を歩ききったあと、僕がたどり着いた答えは、やっぱり「人の人生にかかわる仕事をしよう」でした。人の人生にかかわり、自分らしく生きられる人を増やそう、自分の可能性に挑戦する若者を応援しよう。そう決めました。

1カ月の旅から日本に帰ると、その足でハッシャダイの久世さんのもとを訪ねました。ハッシャダイで働きたい。そのことを伝えるために。

――アポなしでDMMに飛び込んだ日

久世さんとの出会いは偶然でした。

実は、世界青年の船に乗る2週間前、フェイスブックを見ていた時に、ある〝学校〟の募集要項が目に止まりました。「君に、大卒に負けない力を」。そんなコピーで始まる募集要項です。DMMが始めたDMMアカデミーの1期生を募集する広告でした。

DMMアカデミーとは、主に非大卒の人材育成を目的としたプログラム。2年間、DMMの契約社員として月30万円の給料をもらいながら、社内実務やプログラミング、マネジメントなどを学ぶという内容でした。

授業料がなく、働きながら実践を通して学べること、何よりDMMの亀山（敬司）会長の下でいろいろな経験を積めるというところが魅力的だったので、すぐに申し込むことにしました。

亀山会長は、日本有数の資産家でもあり、露天商からあれだけの企業グループをつくり上げた経営者。日本で9番目の資産家（当時）でもあり、僕も亀山会長の下で学べば、金持ちになれるかもと思ったんです（笑）。

ただ、DMMや亀山会長のことを調べ、志望動機は完成させたものの、同世代の起業家やエンジニアなど自分よりもすごそうな人が「申し込んだ！」とツイートしているのを見て、普通に応募しても、自分のような工場の作業員が受かるわけがないと思いました。

じゃあどうするか。どうせ船に乗るために横浜に行くのだから、前乗りして亀山会長に直接プレゼンしようと思い立ったんです。そして、船に乗る前日の午後、ＤＭＭの本社があった恵比寿ガーデンプレイスを訪れました。

ただ、本社の下まで来たのはいいけれど、行こうかどうしようか、直前までグズグズと逡巡していました。

亀山会長に会うと言っても、忙しい大企業の経営者にアポなしで会えるわけがない。それでは手紙を置いていこうと思って手紙を書きましたが、緊張してうまく書けない。そうこうしているうちに時計の針は17時に近づいている。

わざわざここまで来たのに何をしてるんだろう――。そう思った僕は覚悟を決めてエレベーターに乗り、「21階」のボタンを押しました。そして、ドアが開くと受付が目に飛び込んできました。

「ご用件をお伺いいたします」

「亀山会長に会いに来ました」

「アポは取られていますか？」

「アポって……何ですか？」

「お約束のことです」

「取ってないです」

「かしこまりました。少々お待ちくださいね」

（数分後）

「お待たせしました。担当の者が参りますので、もう少しお待ちください」

すると、当時の人事本部長で、DMMアカデミーの責任者だった方が現れました。突然の訪問にもかかわらず、オフィスを案内していただいたうえに、僕の話を聞き、アドバイスまでしてくれました。

そのまま1時間ぐらい話すと、「亀山が会うと言っているから行っておいで」と会長室に案内されました。まさかの展開です。

恐る恐る会長室に入ると、目の前に亀山会長がいました。

「おお、何しに来たんだ？」

そんな会長の一言に圧倒されましたが、自分がここに来た理由やアカデミーに入りたい理由を一生懸命お話ししました。時間にして30分程度だと思いますが、あっという間でした。

面会自体は「まあ、頑張れよ」という一言で終わったのですが、部屋を出ようとした時に、亀山会長から思いも寄らない言葉をかけられたんです。「今日、俺のところに若いやつが話をしに来るけど、お前も来てみたらどうだ」と。

もちろん「YES」です。この流れで「NO」というワケがありませんよね。そのまま亀山会長について六本木のお店に行くと、その場には久世さんがいました。久世さんが亀山会長に

「ヤンキーインターン」についてプレゼンする会合だったんです。

久世さんのプレゼンを横で聞きながら、自分がやりたいと思っていることをやっている会社があるのかと、感動とくやしさでいっぱいになりました。亀山会長に紹介してもらい、久世さんと話し始めた頃には、すっかりハッシャダイのファンになっていました。

その後、船を下り、トヨタをやめ、巡礼の旅に出たというのはこれまでに話した通りですが、その中で、会う人会う人にヤンキーインターンの話をしていた自分がいたんですよね。「地方のヤンキーを東京に呼び、営業研修する面白い会社があるんですよ」と。

それを思い出した時に、「ああ、自分はハッシャダイが好きなんだな」と気がついた。久世さんの下で学び、「Choose Your Life」を社会に実装したい。そう思ったんです。

そして、2018年1月。22歳になった僕は上京して、株式会社ハッシャダイの一員になりました。

「ソーシャル」の源流

恵ちゃんのことは、ハッシャダイに参加する前から知っていました。会社のホームページにヤンキーインターンの「ロールモデル」と紹介されていましたから。「むっちゃ怖そうなやつやな」というのがその時の印象です。

ただ、僕はインターン生にプログラミングを教える「ハッカーコース」の立ち上げと、参加者のメンターを担当していたので、恵ちゃんと直接仕事をする機会はありませんでした。

そんな恵ちゃんとコンビを組むようになったのは、2018年8月ぐらいから。

実は、僕も恵ちゃんも、ハッシャダイで働きながら、それぞれ勝手に高校などで講演活動を始めていたんです。それをお互いに知り、それぞれが別にやるよりも、一緒にやる方がええやろ、ということで一緒に回り始めた。

もちろん、恵ちゃんが言ったように、ヤンキーインターンでは届かない若者に届けるという意味もありましたが、僕の場合は、たまたま地元である豊田市の高校の先生と知り合いになり、その方から「生き方講座」という授業を依頼されたことがきっかけでした。自分の過去の話を軸に、「将来に希望を持つことがいかに重要か」「そのためにどう考えるべきか」というような内容です。

その後、月2回ぐらいのペースで講演活動をするようになりました。僕自身、学校教育にかかわりたかったので、交通費や活動費は自腹です。恵ちゃんの方は、ヤンキーインターンに興味を持った大学生と一緒に、沖縄の高校などで講演をしていたようです。

その後、二人で動くようになり、年が変わった2019年1月には、二人で月10本近くの講演をこなすまでになっていました。そして、恵ちゃんといろいろと議論する中で、この講演を事業の柱として立ち上げるべきだという思いがふつふつとわき起こったんですね。

どれだけハッシャダイとしていいサービスを作っても、届かなければ意味がありません。また、選択格差を是正したとしても、若者たちに自分の人生を自分で選び取る力がなければ意味がない。

実際に、高校に行って進路の話を聞いても、「親や先生に言われたから」「まわりのみんながそうしているから」という理由で、何となく進路を決める高校生がたくさんいました。

早期離職や奨学金による自己破産も、こういった就職におけるミスマッチが原因の一つです。何より、自分で決めていないから、簡単にくじけてしまう。自分で自分の人生を選択できていれば、たとえ苦しい瞬間が訪れても、踏ん張ったり、立ち上がったりすることもできますよね。

この問題を解決するためには、自分の人生を自分で選択できる若者を増やしていく必要があるのではないか。それが、一人ひとりの若者の人生をよりよくすることにつながるのではないか。

もちろん、ビジネスの視点から見れば、高校での講演活動なんて稼げる事業ではありません。社内からも、僕たちの活動に対して反対の声が上がりました。

僕たちも、マネタイズについての明確な答えがあったわけではありませんでしたが、必要なものは必要なんだと社内の反対を押し切って、半ば強引に「ハッシャダイスクール」という事業を立ち上げました。

全国の高校や児童養護施設、少年院などに無償でキャリア教育プログラムを届けるといういまのハッシャダイソーシャルの源流とも言える事業です。

それにしても、久世さんに詰められたときの恵ちゃんはヤバかったですね。みんなの反対にキレた恵ちゃんが「やれるって言ったらやれるんですよ」と久世さんに啖呵《たんか》を切ったんですよ。あのときは、京都で暴れていたときの片鱗《へんりん》を見ました(笑)。

でも、僕たちは「社会に必要なんだから、それはやるべきでしょ」という感覚でした。ビジネスプランなんて何もない。半ば使命感に突き動かされての行動でしたが、こうしてハッシャダイソーシャルとしての活動は始まりました。

7　思わぬ援軍

全国の高校や施設を回り、「Choose Your Life」を説く勝山と三浦。年間100校を超える学校を訪問しているだけに、出張の数も半端なものではない。現に、2023年9月から10月にかけての勝山の予定を見ると、北海道から沖縄まで、毎週のようにどこかに行っていた。

例えば、9月5日から7日にかけての3日間は北海道。11日は神戸市の企業に寄付を募る営業に行った。9月13日から15日の3日間は東京で、同様の寄付営業のかたわら、通信制高校や公立高校の生徒にオンラインで話をしている。

9月19日は普段暮らしている京都から兵庫県に営業に行き、翌20日は社員向けの研修のため、岐阜県に本拠を置くセイノーホールディングスを訪れた。そして、25日は大阪、26日は東京、27日は仙台、28、29日は再び東京である。

10月も勝山の旅生活は変わらず、4〜6日は北海道、10〜12日は沖縄、17日は横浜にいた。10月22日にコモンズ投信による第15回社会起業家フォーラムに登壇するため、18〜22日は東京で仕事していた。

月の半分はどこかに行っている計算だ。

それで家庭は大丈夫なのかと心配になるが、「妻と子どもには頭が上がらないっす」と苦笑するように、いまのところは理解を得られているようだ。

勝山が更生するきっかけになった長女は小学2年生になった。2021年に第三子が生まれたため、いまは三女のパパである。勝山家の家計を支える父親だが、家族から「勝山家の長男」といじられているのがいまの勝山の近況だ。

こうした活動費は、主に協賛企業や個人の寄付で賄われている。その数は企業で約20社、個人は100人近い。

三浦が語るように、ハッシャダイソーシャルを立ち上げるにあたっては、活動資金をどうやって集めるのかというマネタイズの部分を巡って久世と勝山の間で一悶着《ひともんちゃく》あった。その中で久世の制止を振り切り、半ば見切り発車的に始めた勝山と三浦だが、活動原資のあてはなく、スクール事業を自走させるためのアイデアも特にないような状況だった。

だが、見えない何かに導かれていたのか、ハッシャダイソーシャルの立ち上げを決めたすぐ後に、思わぬ救いの手が現れた。株式会社ハッシャダイに、一本の問い合わせが来たのだ。

「都内にある昔ながらの小さな会社ですが、企業として何らかの形で御社の活動の力になりたいと思っています」

ヤンキーインターンが注目を集める中、その活動をメディアが報じる機会も増えた。その報道を見た経営者が支援を申し出たのだ。すぐにアポを取り、ハッシャダイソーシャルへの支援を相談したのは言うまでもない。

自分たちの方向は間違っていない――。勇気を得た二人は、自分たちの活動に共感してくれる企業を開拓していく。そうしてつながった企業が、ウチダ商事やヤマト電機、ワイズネット、鈴木商会、ミアヘルサといった企業である。

ハッシャダイソーシャルの年間予算は、2023年度でおよそ8000万円。その大半がこういった理解ある企業や個人の寄付。本書でもおいおい書いていくが、ハッシャダイソーシャルの活動の幅が広がるにつれ、その共感の輪は広がっている。

第 2 章

声なき声

1 始まりの場所

　2023年10月11日。沖縄県うるま市の中部農林高校を訪れた勝山恵一は、体育館に座る生徒を見渡すと、こう言って相好を崩した。

「前回、みんなと話したのはオンラインだったかな。こうしてまたみなさんに会えて、嬉しく思います」

　いまでは年に100カ所以上の講演をこなす勝山だが、彼が高校生を相手に講演したのは、ここ中部農林高校が初めて。その意味において、中部農林高校はスクール事業の始まりの地であり、勝山の人生の選択肢を広げた場所である。

「中部農林の長間邦和先生（現八重山商工高校教頭）に僕たちの活動に共感していただき、沖縄の教員仲間に紹介してもらえたことがすべての始まり。そこから沖縄に広がり、全国に広がっていった。そう考えると、僕のキャリアは出会いとご縁でつくられているとつくづく感じます」

　勝山がそう打ち明けるように、中部農林高校と沖縄県は、彼にとって何よりも大切な場所である。

ある大学生からのメール

――全国の学校を回り、「Choose Your Life」を語るハッシャダイソーシャルのスクール事業。それが生まれたのは、偶然の出会いが重なった結果である。

第1章で勝山が語っているように、ハッシャダイとヤンキーインターンがメディアの注目を集めると、インターンに関する問い合わせも増えた。だが、問い合わせてくるのは自身でアクションを起こせる若者か、ヤンキーインターンを薦める親がいるなど社会関係資本のある若者ばかり。それができない若者にヤンキーインターンに参加してもらうにはどうすればいいのか――。勝山と久世は、そんな課題を持っていた。

その時に、最初の出会いが訪れる。2017年夏、ハッシャダイのホームページに長文メールが来たのだ。

「ハッシャダイが掲げている『選択格差を是正する』という想いとヤンキーインターンの取り組みは非常に素晴らしいと思います」

そんな文面で始まるメールは東京大学医学部の1年生だった西尾萌波《もなみ》が送ったもの。ヤンキーインターンや勝山が訴える選択格差の解消に対する共感とともに、それを実現するには別軸の活動が必要なのではないかという提案である。現役東大生からのメールに、ハッシャダイの社内は騒然となった。

「こんなメッセージが送られてきたことは一度もなかったので。しかも、自分とあまり年齢が変わらない大学1年生ですから。大学1年でこんなメールを送ってくるのか、『スゲー!』と社内で盛り上がりました」(勝山)

当時の西尾が関心を持っていたのは、幼少期の生育環境がその人の将来に与える影響について。精神疾患を抱えていたり、大人になって犯罪に走ったりする人は幼少期に苛酷な体験をしている場合が少なくない。そういう人に、大人になってからできるのは投薬治療が中心だが、もっと早期に介入できれば苦しむ人を減らせるのではないか。

そんなことを考えている時に、大学生向けの企業訪問のイベントでDMMのオフィスを訪問する機会を得た。そこで自分の関心領域を具体的に実践しているヤンキーインターンの存在を知り、いても立ってもいられなくなって連絡したのだ。

「当事者だった勝山さんが同じ境遇の人を支援するというところがすごいなと思ったんです。私も同じような問題意識を持っていましたが、当事者でないので理解しきれないところがどうしてもあって。ぜひ一緒に何かできればと思って連絡しました」

そう西尾は振り返る。

メールに関心を持った勝山は、自ら手を挙げて東京・渋谷のカフェで西尾に会った。そこで勝山は、ヤンキーインターン生と大学生が交流する場をつくろうという提案を受ける。

普通に過ごせば、東大に進学するような大学生とヤンキーインターン生の接点はほとんどない。でも、異なる境遇の人を知れば自分のマインドセットも変わる。この提案は、結果的に西尾が参加していた学生NPO「Bizjapan」のメンバーとヤンキーインターン生が対話する定期的な企画に昇華した。

実は、西尾の提案はもう一つあった。それは「ヤンキーインターンの活動を教育現場に届けるべきだ」という提案だ。非大卒の若者を社会につなぐという活動に教育的な意味を与えれば、その価値は高まるという指摘である。

確かに、学校の先生にヤンキーインターンを紹介してもらえば、普通に活動していては届かない層に対してリーチできるかもしれない。ただ、勝山に学歴はなく、学校に対していいイメージは持っていない。株式会社のハッシャダイが教育現場に食い込むのも簡単ではないだろう。そんな疑問をぶつけると、西尾はBizjapanで一緒に活動する同じ東京大学の成田航平を勝山に紹介した。それから勝山は、彼らとともにヤンキーインターンの社会的意義や、どこにどう届けるかという議論を始める。その中で出会ったのが、法政大学の玉城《たまき》英雄《ひでお》である。

沖縄から始めた理由

沖縄出身の玉城は、子どもの時から沖縄のために何かしたいという想いを持っていた。それは、共働きの両親に代わって玉城の面倒を見ていた祖父の影響が大きい。

祖父は沖縄の学校で教頭や校長を務めた教育者。「沖縄に生まれた以上は、沖縄に貢献しなければならない」と口癖のように話していた。県知事を務めた稲嶺恵一《いなみねけいいち》とも同級生で、同じ志を共有していたのか、よく二人で議論していた。子どものころの玉城は、お茶くみしながら二人の話を聞いていたという。

その玉城と勝山をつなげたのは、先の成田だった。米国の短期留学で成田と一緒になった玉城は、「沖縄の選択肢と多様な機会を与えられるような生き方をしたい」と、積年の想いを語った。すると、成田はハッシャダイの存在を伝え、彼らと一緒にヤンキーインターンを沖縄の若者に伝える活動をしてはどうかと提案した。

沖縄は大学進学率が47都道府県で最も低い。でも、ヤンキーインターンを通して、沖縄の若者が社会で戦えるような人材になれるのであれば、大学進学率の低さも強みになるかもしれない。そう感じた玉城は、「一緒に沖縄の高校にヤンキーインターンを紹介しましょう！」と勝山に持ちかけた。その実現のために、同じく沖縄出身で埼玉大学に通っていた切刀《くぬぎ》海斗と沖縄の高校に片っ端から電話をかけた。

そして、玉城たちのテレアポの結果、第一弾として2018年7月に中部農林工業、那覇工業高校、豊見城南《とみしろみなみ》高校の3校での講演が実現した。一企業のサービスを公立高校で紹介するわけにはいかないため、沖縄の高校生に向けて勝山が「Choose Your Life」を語るというかたちになったが、地元メディアに取り上げられるなど、大きな反響を呼んだ。

その後、彼らの講演を評価した教員の口コミもあって、彼らの活動は沖縄の他の高校に広がり、さらには全国に広がっていった。勝山がハッシャダイソーシャルの原点と語る理由である。

余談だが、勝山と玉城はこの時が初対面だったが、玉城は勝山のことを知っていた。玉城は勝山と一緒に動く前、就職活動の前にキツい営業の現場を体験しようと訪問販売の会社でインターンをしていた時期がある。この時の研修で見たロールプレイング動画に、トップ営業マンとして勝山が出演していたのだ。

「初めて会った時に、『どこかで見たことがあるな？』と思っていたのですが、しばらくして『あの時のロープレ動画の人だ！』と気づきました（笑）」

この大学生との議論は、勝山にとっては大きな出来事だった。

当時、勝山は22歳。3年前まで漢字もロクに読めず、小学2年生向けのドリルを解いていた男である。当然、一流大学に進むような学生と議論したことなどそれまでの人生で一度もない。飛び交う言葉も専門的でわからないことだらけだった。

それでも、訪問販売の成功体験で人間が変わっていた勝山にとって、同世代の大学生との議論は刺激的で、「学び」の楽しさに目覚める大きなきっかけとなった。学ぶことそのもののおもしろさはもとより、疑問に対して、議論して突き詰めていく楽しさである。

それまでの勝山は知識がなく、勉強ができないということにコンプレックスを持っていたため、わからないことがあっても、「わからない」と言うことができなかった。人に聞くこと自体、自分の無知をさらすようで恥ずかしかったのだ。だが、大学生の彼らはわからないことがあれば、「それってどういうこと?」とバンバン聞いてくる。それが、勝山には驚きだった。

それでも初めはなかなか聞くことができなかったが、彼らと議論しているうちに、疑問を疑問のまま終わらせず、「わからなければ聞く」というスタンスに変貌。その後はヤンキーインターンの社会的意義や価値を知るため、大学教授など外部の専門家を招いた勉強会を開くまでになった。

「当時の勝山さんは良くも悪くも量質転化をベースにした行動先行型で、知識のインプットも言葉の選択も粗いまま勢いで話していました。2日前に聞いた話を咀嚼《そしゃく》せず、そのまま講演でしゃべっているような状態です。でも、大学生と議論を深める中で、講演活動の社会的意義に勝山さん自身が気づき始めた。そこからは指数関数的に成長していったように感じます。最近の講演は、昔とは比較にならないくらいうまいですから」

そう玉城は打ち明ける。

――ある高校教師からの申し出

いまでは講演のために年に100カ所を超える学校を回っている勝山と三浦。その原点は沖縄であり、大学生との出会いだった。だが、彼らが教育現場に目を向けるきっかけとなった出来事がもう一つある。埼玉県の公立高校で国語の教員を務めていた上田祥子《さちこ》との出会いだ。

2017年11月、NHKの「クローズアップ現代+」がヤンキーインターンを取り上げた時のこと。第3子の育休中だった上田は番組終了を待たずに、ヤンキーインターン生を募集するLINEの申し込みフォームに思いの丈を書き込んでいた。「ぜひ私に授業をさせてほしい」と。

上田が連絡を取ろうと思ったのは、機会が限られている若者と自分自身が重なったためだ。

高校の教員を務める上田だが、大学を出た後、すぐに教員になったわけではない。教員を目指して大学に進んだものの、「社会でお金を稼いだことのない人間が説得力のある先生になれるのだろうか?」という疑問が頭をもたげた上田は教職に就くのをやめ、不動産会社に就職した。そして、結婚・出産を機に退職。その後は専業主婦として、家事と育児に奔走した。

そんな上田が6年間の専業主婦生活にピリオドを打ったのは、「先生ほど尊い仕事はない」というママ友の一言。自身が子育てする中で教育の重要性を再認識したこともあり、教員として教壇に立つことを決めた。それ以来、埼玉県の公立高校で国語を教えている。

企業に勤めた後、教員になったというキャリアはすこし変わっているが、上田は大卒で就職しており、ヤンキーインターンに参加するような若者とは違う。その上田に若者の選択格差を訴える勝山の言葉が刺さったのは、専業主婦時代に、非大卒の若者が感じるような機会の格差を痛感していたためだ。

「専業主婦として家庭に入ると、働きたいと思っても仕事の選択肢がないという現実に気づいたんです。一回キャリアを外れると、絶望的なまでに何もない。同じことは中卒や高卒の子にも言える。その部分が自分と重なって」

加えて、日本の未来に対して危機感を感じていたことも大きい。

上田は２０１６年の夏休み、国際協力機構（ＪＩＣＡ）の教師海外研修に参加し、タイを視察した。教師海外研修とは、夏休みの10日間、開発途上国に研修に行き、そこで得た学びを授業に還元するというプログラムである。

そして帰国後、上田は生徒の身近なところで感じる課題と、ＳＤＧｓと関連づけたプレゼンをしてもらう授業を実施した。福岡伸一の『生物の多様性とは何か』という評論文を題材に、半径5メートル以内で感じる「義憤」が世界の大きな課題につながっていることに気づいてもらう授業である。

この時に訪れたタイは、上田の想像以上に発展していた。一方の日本では国力がどんどん衰えており、子どもの七人に一人が相対的貧困にあると報じられている。「想像以上に日本はマズいな」。そう感じていた時にハッシャダイの存在を知り、ヤンキーインターンに集まる若者に「言葉の力」を伝えたいと思ったのだ。

――言葉を知る意味

授業をしたい――。現役の高校教師からの申し出に勝山は驚いたが、一度話を聞いてみようと、２０１７年の年末、上田が暮らす埼玉県川越市まで会いに行った。そこで意気投合すると、２０１８年1月に上田がヤンキーインターンを視察、2月には初めての授業とトントン拍子に話が進んだ。

授業のテーマは「言葉の力で夢を叶える」。ここで上田が話したのは、語彙の重要性や「具体化と抽象化」についてだった。

例えば、目の前においしそうなステーキがあれば、「おいしい」「うまい」「ヤバい」といった反応になる。でも、おいしさを表現する言葉は、もちろんこれだけではない。「舌がとろける」「半端ないシズル感」「ナイフを入れると肉汁があふれ出る」など、たくさんの表現がある。こういう言葉を持っていればいるほど、自分の世界は豊かになる。美しい夕日も、それを表現することがなければ美しいとは思わないように。

勝山はしばしば若者に言葉や語彙の重要性について語るが、それも上田の影響である。

もう一つの「具体化と抽象化」は論理的思考と文章構成の話である。

何かを相手に伝える際に、相手にとって身近なモノに置き換えて説明することを具体化という。ただ、具体化のままだと身近な具体例に終始してしまうため、具体例を通して、それを知らない人でもわかるような一般的な概念に広げていく必要がある。これが抽象化だ。

あらゆる文章は具体化と抽象化の往復によって構成されている。抽象的なものは具体的に、抽象的なものは具体的に。これができないと、読書感想文も書けなければ、要約もプレゼンもできない。

言葉の解像度を上げることと、具体化と抽象化を繰り返すこと。それが、自分の意見をまとめ、伝える力を養う鍵だという話である。

以来、上田の新人研修講演はヤンキーインターンの定番コンテンツになった。上田と勝山、三浦の関係は深く、ハッシャダイソーシャルの設立後はソーシャルの理事にも就任している。

ちなみに、上田と三浦はハッシャダイの「同期」とも言える間柄だ。

上田がヤンキーインターンを視察に行った1月は、三浦がハッシャダイに参画した時期。2月の授業の時も、メンターとして三浦も参加していた。ハッシャダイにかかわり始めた時期が二人とも同じ。だから同期である。しかも、上田はハッシャダイに突撃し、三浦はDMMに突撃するなど、どちらも多動かつ突破型なところが似ている。だからだろうか。二人は仲がいい。

そして、インターン生向けの授業を終えた上田も、勝山と三浦に教育現場に行き、若者に直接声を届けるべきだと言った。

先生はしょせん大卒。大卒の先生がどんなに頑張ったところで、一部の生徒との間には埋めがたい溝があり、何を語っても届かない。その中で、勝山や三浦のような非大卒の若者が自己選択や学びの重要性を伝えることは大切なことだ――と。

その後、勝山は沖縄の高校を回る活動を本格化させた。三浦も、地元のつてをたどって豊田市の公立高校で「生き方講座」という授業を始めた。月2回、夜行バスに乗って東京と豊田市を行き来する生活である。

こうしてそれぞれが個別に始めた講演活動。お互いが似たような活動をしているということを知った後は一緒に全国を回り始めた。その活動が口コミで広がった結果、2019年の頭には二人で月10本近い講演をこなすまでになった。二人を必要とする教職員がそれだけいたということだろう。

もっとも、定時制高校や通信制高校、児童養護施設などを回れば回るほど、二人はしんどい状況に置かれている若者の現実に直面することになった。さまざまな事情で押しつぶされ、声にもならないうめき声を上げる若者たちの姿に。

2 重すぎる試練

高校4年
みづき（仮名）

いまは定時制高校の4年に通っています。大学進学を考えていたので、この学校に入った後は生徒会や部活を頑張っていましたが、いろいろとメンタル的にガタがきて、進学はあきらめることにしました。いまの状況では勉強もできないし、進学しても、大学生活を続けられるとは思えないので。

この学校に来たのは、中学の時に不登校だったから。

初めは学校に行っていたのですが、勉強や部活で無理をする中で、いろいろたまって爆発したというか……。別に運動が得意でもないのに、仲のいい子が陸上部に入ったという理由で陸上部に入ったんです。でも、運動部は先輩・後輩の関係が厳しくて消耗しました。

それでも、完全に不登校だったわけではなく、学校には行ったり行かなかったりという状況でしたが、中2の夏に別の学校に転校して完全に不登校になりました。転校は自分の環境を切り替えるいい機会かなと思ったけど、結局はうまくなじめませんでした。

明るく声をかけてくれる子もいたのですが、そのこと自体に違和感を持ってしまって。「なんでそんなに明るいの？」「なんで私なんかに話しかけるの？」「変じゃない？」「何か裏があるのかな？」って。人の目が怖かったんですよね。人の善意や好意を純粋に受け止められない自分がいました。

その後は保健室や相談室で自習し、給食を食べて帰るという生活。高校受験の勉強もあまりしていなかったので、全日制よりは定時制の方がいいかなと思って定時制にしました。

自閉症の弟

中2の時に転校したのは……、母親が再婚したから。相手は、私が通っていたサポート塾の先生。母と仲良くなったと聞いた時は「えっ⁉」と思ったけど、母が幸せになるのであればいいんじゃないかと思いました。

私の実の父親はアルコール依存症で、母によく暴力を振るっていました。私が5歳の時に離婚しましたが、母はそれまでのDVがきっかけで精神を病んでしまって、ずっと精神科で治療を受けています。

実の父親と離婚した後は、祖母と3人で暮らしていました。でも、母と祖母の関係があまりよくなく、私が小学校に上がるか上がらないかのころにうつ病で入院してしまって。祖母には仕事があり、私の面倒は見られないということで、私は施設に預けられました。

母が施設を出た後、再婚するまでは二人で暮らしていました。母は働けるような状態ではなかったので生活保護。その状況が再婚で変わるかなと思ったけど、母親と再婚相手は2年で離婚してしまいました。母の病気や、二人の間に生まれた弟のこともあったんだと思います。

私が中3の時に、母と再婚相手の間に弟が生まれました。ただ、弟は自閉症で、発達障害や知的障害もあります。自閉症の子どもによくあるようですが、何かあると人を叩いたり、ものに当たったりとかんしゃくを起こすんです。

これが本当に大変で……。何かあると暴れるし、夜中も泣き叫ぶし、汚物で部屋を汚すし。そういうかんしゃくに加えてけいれんや熱も出るので、1カ月に1回は救急車を呼んでいました。

この4月に施設に入れることになったのでいまは落ち着きましたが、お母さんはメンタルが悪化するし、私も学校どころではないし、生活がままならない状況でした。正直、どれだけ大変だったかを思い出せないくらい。

高2、高3の時は、昼にバイト、夕方から学校、帰ってくると弟の面倒で、眠ることもできませんでした。友達と遊びに行った時も、弟が暴れてお母さんに呼び戻されました。私一人では無理って。

私自身、子どものころから摂食障害で心療内科に通っていましたが、母の再婚や弟の件でだいぶひどくなりました。この状況で、大学受験なんて無理ですよね。だいぶ疲れました。

就職も考えないといけないんですが、イメージがまったく湧きません。母を一人にするわけにもいかないし……。

ハッシャダイの人たちのお話には刺激を受けました。子どもの時に苦労しても、あきらめずに頑張って、ああやって活躍しているわけですから。大人は嫌いですが、ああいう人たちもいるんだなって。これまで他の人を頼るという感覚はなかったけど、信頼してもいいのかな。

正直、なんで私の家ばかりこんなことが起きるのかと思うことはあります。運が悪いなって。でも、乗り越えることのできる試練しか来ないと思うので、成長の過程だと捉えようと思っています。

3 見えない出口

高校2年
もえ（仮名）

中学には、普通に通っていました。友達とバカ話して、普通に楽しい生活だったと思います。部活は卓球部。全然うまくないです。コロナが始まったので、あまり練習もできなかったし。

この高校に来たのは、お姉ちゃんが卒業生だったので行ってみたいなと思ったのと、昼間の学校に飽きたから。昼の学校は朝起きるのが大変だし、どんな感じで授業をするのか、夜の学校に憧れがあって。定時制の方が長くバイトできるというのも理由です。

ほかの高校は受けませんでした。

勉強はまったくできないです。嫌いです。全教科が苦手。理解しようと勉強を頑張った時期もあったけど、授業がどんどん進むからついていけなくて。それでぜんぜんわからなくなりました。

私、ゆっくりだったり、紙に書いてあったりすればわかるんですけど、がーっと話されると、ついていけないんです。いまも授業の内容はまったく理解できません。テスト前は学校に残って一人で勉強しています。

——精神疾患の母

家族は、お母さんとお父さん、お姉ちゃん、お兄ちゃん、自分の5人家族でしたが、お父さんは2年前に病気で亡くなりました。お姉ちゃんは結婚して子どももがいます。お兄ちゃんは専門学校に通っている。

バイトは、中学を卒業してすぐに始めました。その時はスーパーの品出しです。週5日、朝8時から午後3時までで、その後に学校に行く感じ。時給は覚えていないけど、900円まではいっていなかったと思います。

ただ、給料が年130万円を超えると税金がかかるとかいう話になって、時間や日にちを減らされて……。生活が苦しくなったので、ダブルワークを始めました。スーパーのほかに介護の仕事です。その時は月12万円くらい稼いでいましたが、ダブルワークはきついので、いまは介護の仕事だけです。

お金？ 稼いだお金はぜんぶ家で、端数が自分のお小遣い。12万3000円を稼げば、3000円は自分が使う。電気やガス、水道は私が払っています。

お母さんも週4日、4時間だけファミリーレストランで働いていたけど、いまは体調が悪くて休んでいます。お母さんは……、精神の病気です。前は体調が悪い時も働いていたけど、いまはあまり調子がよくなくて。だから、私が働いています。

お母さんの体調は、小学校のころの方が悪かったです。ずっと体調が悪くて、学校から帰ってくると寝込んでいました。朝起こしてもらって、学校から帰ってくると寝ているから宿題とかして、お父さんが帰ってくるのを待ってごはんを食べるという生活。

お金がないので、朝ごはんは食べていません。お昼は介護施設でいただいていますが、スーパーで働いている時は食べませんでした。夜ごはんも、冷蔵庫に残っている具材で適当に作っています。

自立できるように、ごはんの炊き方を教えてもらったんですよ。高校を卒業したら、家を出ようと思っているので。

いまの生活は大変だけど、(働いて家計を支えるのは)当たり前……かな。生活保護は嫌です。昔、生活保護をもらっていた時期があったのですが、なんかみじめで。人に頼るのは私が嫌。

――「あのころに戻りたい」

介護の仕事は、お風呂やトイレの介助、お年寄りとの雑談とか。認知症の人が多いです。仕事には、最初は抵抗があったけど、将来こういう仕事につくには欠かせないことだから。将来は介護福祉士になりたいです。自分的には専門学校に行きたいけど、お金がないので無理かな。ただ、勝山さんと話す機会があって。その時に「介護福祉士になりたい」という話をしたら、知り合いに介護関連の会社を経営している人がいるから会ってみないかって。そこなら働きながら資格が取れるようなので、今度、その経営者の方にお会いしてみようと思います。

電車を乗り継いで東京に行く自信は……、ないです。地元からほとんど出たことがないので。ハッシャダイは、1年生の夏にリモートで話を聞いたのが最初。その時は、正直どうでもいいと思っていました。ただ、冬に勝山さんが学校に来てくれた時にお話を聞いて、この人ともっと話がしたいなって。すごい生い立ちだし、すごい経験をしているし。

でも、自分から話しかけるのはちょっと無理で。そうしたら、「何か相談のある人はＬＩＮＥに連絡してね」と言われたのでＬＩＮＥに連絡しました。「相談があります」って。

私、人と話すのがあまり得意ではないんですが、自分から話さないと、向こうから連絡してくることは絶対にないなと思って、ここは勇気を振り絞りました。その後、ハッシャダイの人から連絡が来て、勝山さんとZoomでお話することになりました。

この時はいろいろしんどいことがあって、人生に疲れたというか、生きていくのがしんどいなと思っていて。バイトでも、学校でも、私生活でも、誰も信用できなくなって、怖くなっちゃったんですよね。なんで私ばかりなのかなって……。そんなことを相談しました。

正直、学校にいるのはしんどいです。友達ともうまくいかないし、勉強にもついていけないし。友達とは気分がよければ話すけど、しんどい時はすぐに外に出ます。友達にも相談したいけど、「嫌われるかも」という恐怖があって。陰で何か言われているんじゃないかと思うといつも不安なんです。

戻れるなら、子どものころに戻りたい。

中学の時は、保育園や小学校から一緒だった男の子たちと、たむろってました。小学校の時から遊ぶのは男の子ばかりで。中学の卓球部の女の子とは話したけど、だいたいは男の子と一緒にいました。バカ話。女子といるより、男の子といる方が楽しかった。

でも、いまは楽しくありません。全然楽しくない。

「卒業後は介護の会社で働きたい」と母に話したら、反対されました。私がいなくなると、生活が大変になるので、反対しているんだと思います。家からは出たいと思っていますが、どうなるかはまだわかりません。

4 本当の毒親

高校4年
たくや（仮名）

中1の2学期で不登校になりました。バドミントン部に入ったのですが、一番ヘタクソで。「どうせ下手なんだから練習しても意味ないだろ」「朝練にこなくていいから」と同級生に言われて。そのうち、他の子からもいじめられるようになりました。

それでも、最初のうちは学校に行っていましたが、クラスのみんなが来てほしくないと思っているなら、行かない方がいいよな、と思うようになって。学校に行っても楽しくないし、味方も誰もいない。それなのに行く意味なんてないよなって。

母親は引きずってでも行かせようとしていましたが、行きたくないから行かなかった。家では寝たり、家事をしたりしていました。

逮捕された母

家事は、小学校のころからずっとやっていました。掃除や洗濯。介護士の母親は「家にいさせてやるから働け」という考え方の持ち主で、やらないと怒られる。家の外に出されるんですよ。

　幼稚園に通っている時に、家で何かのイタズラをしたことがあったんです。その時も、家から出されて。朝4時ごろまで入れてもらえませんでした。10月か11月のけっこう寒い時期。そのころは東北地方に住んでいたのでけっこう寒かった。最後は帰ってきた父親に入れてもらいました。

　昔から、母親は怒ると家から追い出すんですよね。なぜ家に入れてくれないのか、まったく意味がわかりませんでした。

　母親はスパルタというか、ヒステリックというか。たぶん「毒親」だと思います。ははっ、間違いない。

　ごはんはほとんど作らないし、家のことは何もしません。ごはんは残っているものを食べるか、近所に住んでいる祖母の家で食べさせてもらう。おかげで僕も兄もガリガリで、子どものころは肋骨が浮き出ていました。

　一度、弟が小6の時に母親の財布からお金を取ったことがあるんです。食べる物がないんだから仕方ないじゃんと思ったけど、それを知った母親がキレて弟をぶん殴った。弟は口を切ったか何かで血が噴き出して、そのまま家を飛び出していきました。

　それが起きたのが朝4時ごろで、僕は寝ていました。そうしたら、「起きろ！」と怒鳴られて電気ケトルの熱湯をかけられたんです。こっちはなんのことかわかりません。やけどで顔に水ぶくれができているのに、布団を干せ、風呂を洗えって。

結局、弟が警察に通報して、母親は逮捕されました。留置場には2カ月くらいいたと思います。

本当は、ここで僕たち兄弟は施設に入るはずだったのですが、祖母が「子どもたちがかわいそう、娘を早く出してほしい」と警察に言って。それで、また一緒に暮らすことになったんですよね。僕たちの状況を知っているのに、祖母は「仕方がない」「我慢しなさい」って。祖母も昔の人なんです。

父親は僕が5歳の時に離婚しました。小6を最後に、いまはまったく会っていませんが、気の弱い人で、何かあっても母親にビビって何も言えない。そんな人です。

弟は、軽度の知的障害があったので、母親に殴られた一件のあとは施設に飛ばされました。ゴールデンウィークや夏休みに帰ってきますが、弟はメチャクチャ太ってますね。まあ、施設で三食食べているんだから当然か。僕も兄も、三食まともに食べたことありませんから。

僕からすれば、施設にいる方が幸せなのに、何でわざわざこんな団地の狭い部屋に帰ってくるのかなと不思議でしょうがない。

――「教員」という目標

いまは定時制に通っています。週5日、朝5時から9時まで運送屋でバイトして、すこし仮眠を取って、補習のために15時半には学校に行く。学校は21時に終わるので、そのあとは家に帰ってごはんをつくって12時には寝る。

家に帰るころには母親は寝ています。起きているとうるさいので、時間帯がずれていて逆にありがたいです。

稼いだお金は学費と食費に使っていますが、大学進学を考えているので貯めています。

実は、教員になりたいと思っているんです。不登校だった時に通っていた子ども支援センターの先生が面白い人で、僕も先生になりたいな、と。僕が教員に向いているかどうかはわからないけど、教員免許が取れる大学の夜間コースがあるということがわかったので、目指してみようと思って。

中学の時はまったく勉強をしていなかったので全日制の高校のレベルには達していませんが、学校に早めに行って補習を受けています。

ハッシャダイソーシャルのワークショップは、自分の長所と短所をみんなの前で開示し合うという内容でした。他の参加者は楽しそうにしていましたが、僕は正直、あまり響かなかったです。短所や苦手なことといっても、僕の場合、ほとんど家と母親に関連することですから。人前で話せるようなことであれば、僕自身で解決できています。

この学校に集まっている子はほとんどが不登校経験者ですが、お互いに過去を詮索しないから、過ごしやすいですよ。

5　透き通った監獄

高校3年
はると（仮名）

ずっと東京大学の文3（文科3類）を目指せるところにいましたが、高3のいまは私立の指定校推薦に切り変えました。国立も受けるには受けますが、レベルを落とします。ずっと東大に行こうと思って勉強していましたが、だんだんと勉強の意欲がなくなってきているんです。

理由は僕にもわかりません。ただ、高2のころから何となくメンタルがおかしくなって、勉強が手につかなくなりました。心が重い感じでずっと憂鬱。毎日の勉強習慣も失われているのに、その状況で東大なんて目指せるのかと疑問に思ってレベルを下げることにしました。

正直、大学に行く意味はよくわかっていません。将来やりたいことは特になく、かといって就職したいわけでもない。はっきり言って、大学進学は消去法の選択です。大学だって「東大に行く」と周囲に言っていましたが、ただのアピールで、家から通えればどこでもよかった。

――湧かない気力

先ほど「意欲が落ちている理由がわからない」と言いましたが、精神的に疲弊した原因は、実はわかっているんです。それは、部活の英語部と生徒会の人間関係。人間関係がうまくいかず、いろいろ考える中で、生きていく活力や気力がどんどん落ちていった。

英語部の人間関係がおかしくなったのは、1年の終わりにあった大会の準備の時。試合ごとに議題があるので、準備の際には議題に関して肯定の立場と否定の立場で立論を作ります。データなどのエビデンスを集め、それぞれのロジックを補強したり、不備を突いたりということをするんです。

そこで意見が衝突した時に、僕は自分の意見や感じていることをうまく表現できず、ほかの仲間との間に溝ができてしまいました。

それからは一人でいることが増えました。みんなの話の輪にも入れないし、無理に会話に入っていって逆にひかれるし。模試の帰りも、みんなは先に帰って僕だけ置いてけぼり。結局、2年生の夏に英語部はやめました。

生徒会には、2年になってから入りました。生徒会長になりたくて(笑)。昔から人の前に立って何かするのが好きなんですよ。

小学校の時は文化祭の学年代表でしたし、中学でも生徒会長に手を挙げました。そういうのが嫌だという人もいますが、むしろ僕は好き。高校でも生徒会が形骸化していると感じたので、自分の手で変えようと生徒会長に立候補しました。

結果、他の立候補者と話し合って僕が生徒会長になりましたが、生徒会のほかの仲間ともうまくいかず、自分に実行力もリーダーシップもなく、やりたいと思っていたこともあまりできませんでした。あとに残ったのは、あきらめと絶望感と自己嫌悪。

3年になって生徒会の活動が終わり、ほかの人に気を遣うことはなくなりましたが、ずっと憂鬱な気分が続いています。

「どうしてまわりのみんなとうまくいかないのか」といつも考えていますが、自分自身を表現しなくても済むような環境で育ったことが大きいのかなと思っています。

承認欲求と自己嫌悪

僕は一人っ子で従兄弟もおらず、親戚同士で集まっても大人しかいない環境で育ちました。幼稚園での話し相手も、同い年のクラスメートよりも先生ばかり。僕のまわりには、僕の気持ちを察してくれる大人が多かったんです。

その状況は中学でも同じだったように思います。

地元の公立中学ではずっと学年1位の成績で、何かを発信しても基本はほめられるだけ。まわりの友達にもリスペクトしてもらっていたので、人間関係でぶつかることもありませんでした。そんなぬるま湯の世界から高校のハードな人間関係に放り込まれてキツくなった。

いまから思うと、生徒会長に立候補したのも自分の承認欲求を満たすためだったのかもしれないですね。できもしないのに理想の自分を追い求めて、実際にうまくいかずに自己嫌悪に陥るという……。いまは自分に自信が持てるところがありません。

学校の成績は1年の時は上位10％ぐらいでしたが、2年になって学年の真ん中ぐらいに落ちました ね。うちは進学校なので、勉強をしないとすぐに落ちてしまいます。

僕がこんな状況になっていることを親は知りません。そんな話、親にはしないので。

もともと親子関係はよかったのですが、この1年はあまりよくありません。その70～80％は僕のせい。僕に優しく接してくれるのに、期待してくれているのに、僕が親に当たってしまうんですよね。それでケンカになってしまう。

将来の目標……。それがないのが、頑張れない理由かもしれませんね。やりたいことがない。先の希望や目標が生まれるのも気力があるから。それが湧かないんです、いま。

最近は毎日生きる意味を考えています。毎日、今日は最後の日かな、これが最後の授業かなって考えている。死にたいわけではないんですよ。死ぬと痛そうだし。でも、毎日そんな気分です。

ああ、大学に行ってやりたいことが一つありました。中学の時にお世話になった塾で講師になりたい。個人経営の塾で、高校受験の時にとてもお世話になったんです。いまの高校に入ろうと頑張れたのも、合格すれば喜んでくれると思ったから。

この間、久しぶりに先生に電話したら「大学生になって戻ってくるのを待っている」と言ってくれたんです。まだ塾が残っているので、講師で戻りたい。それがいまの目標ですかね。

6 児相に電話した日

専門学校1年
レベッカ（仮名）

児童養護施設で暮らすようになったのは高校1年の10月から。きっかけは、母や兄の暴力、虐待です。

子どもの頃から兄や母に殴られたり、蹴られたりといろいろありましたが、私の中でそれが虐待だという認識はなかったんです。私の頭が悪いからだ、決められたルールを守らないから仕方がない、と思っていました。

でも、心のどこかでSOSを出したいと思ったんでしょうね。中2の2月ごろ、期末テストの時に初めて友達に言ったんです。「このテストに合格しないと、ゴミ箱で殴られるんだよね」と。

それを聞いた友達は、「それ本当？」と驚いた表情でした。「体が吹っ飛ぶくらい叩かれるんだよ」と言うと、「おかしい、おかしい。それが本当なら先生に言うべきだよ」って言ってくれました。

その時に、初めて自分がされていることが普通じゃないということに気づきました。母や兄には家のことは絶対に言うなと言われていたし、友達に言うと、怖がらせてしまうんじゃないかと思って誰にも言っていなかったんです。

その後、担任の先生に相談して児童相談所を紹介してもらいました。

――兄と母にされたこと

相談所では、ケースワーカーの方に、それまでの自分に起きたことを話しました。「証拠として、やり取りを録音してほしい」と言われたので、当時、持っていた電子辞書の録音機能を使って何回か録音しました。

それを聞いた相談所の方は驚いていましたね。言葉が出ないという感じで……。

この時は「エスカレートすると大変なので、何かあったら相談してください」と相談所の方に言われました。その後も定期的に相談していましたが、相談所の方の言葉通り、どんどんエスカレートしていきましたね。

それで高校1年の10月ごろかな。「もう無理だ」と思うことがあって、「家に帰りたくない。一時保護所に入りたい」と学校に伝えました。その後、一時保護所で2週間過ごし、住んでいたところから離れた児童養護施設に入りました。児童相談所に相談したことがバレると殺されると思ったので、家ではずっと黙っていました。

もともとは、3つ上の兄が母親から体罰を受けていたんです。兄は小学校のころ不登校だったので、母は「学校に行きなさい」と、よく兄の頭を叩いていました。ただ、別の場所に引っ越して兄が学校に通うようになると、母の体罰が私に向くようになった。

兄は成績がよかったので、母も期待したんだと思います。その代わり、成績があまりよくない私が対象になった。その後、兄のガタイが大きくなるにつれて、家の中での兄の権力が増して、兄が私を殴るようになったという感じですかね。

父親は単身赴任で家にはほとんどいませんでした。何度か父に助けを求めたこともありますが、知らんぷりでしたね。たまに帰ってきても、仕事で疲れているのか、スマホを見ているか、自分の部屋に引きこもっていました。

どんなことをされたか？　いろいろありすぎてどこから話せばいいのかわかりませんが、例えば、塾で勉強した内容を理解していないと、兄から殴られたり蹴られたりしました。

中学の時、私は塾に通っていましたが、数学が本当に苦手で、家で改めて解いても全然できないということがよくありました。当然、テストも50点以下。そうすると、殴られる、蹴られる。パーやグーで殴られたり、脇腹や太ももを蹴られたり。首を絞められて2、3日痕が残ったこともありました。

「暴力を振るって教えるのはやめて」と母や兄には言いました。でも、「お前は奴隷なんだから お利口に聞いとけ」「心配してやっているだけありがたく思え」という反応で……。

でも、心配の仕方がおかしいですよね。勝手に私の勉強を見始めて、それでできないと殴る蹴るって。

――「あんたなんていらないし」

真夏や真冬にベランダに出されたこともあります。冬なんて薄着で5時間くらい閉め出されていましたね。ごはんも外。

逆に、部屋に監禁されたこともあります。母にドアノブを外されて、外からしかドアが開かなくされたんです。

30度を超えるような真夏でしたが、エアコンのリモコンも没収されて三食抜き。そんな状態が4日間くらい続きました。トイレに行く時は、「トイレに行きたい」と言った後、1回殴られてから行く。これは、高校1年の時の話ですね。

何をしてそうなったのかはよく覚えていませんが、親に預けていた自分のスマホを勝手に使ったとか、禁止されていたエレクトーンを弾いていたのがバレたとか、そんな話だったと思います。私、子どもの頃から楽器を弾くのが好きだったんで。

スマホやエレクトーンは、高校に進学した後、兄が勝手に決めた「30個ルール」で禁止されました。一つでも破ると、高校を退学させるって。私が同意していないのにサインまでさせられて。

すべてのルールは覚えていませんが、「マイナス発言をしない」「毎日敬語」「ごめんなさいと言う」「オウム返しで答えない」「家事をすべてやる」「NOと言わない」「YouTube禁止」「毎日勉強」「学校以外の外出禁止」とか。

実際、高1の7月ごろ、スマホを使ったのがバレて、母と兄が高校の校長のところに「退学させる」と乗り込んだこともありました。校長先生も、びっくりしたと思います。

私の分だけごはんがないこともしょっちゅうでした。そういう時は、冷蔵庫の中で使っていいものを聞いて食べる。食べていいものが何もなくて白米だけだったり、ごはんそのものがなかったりしたこともよくありました。ごはんの後の洗い物はだいたい私で、洗い方が甘いと殴られました。

高校に入ってからは本当にひどくなりましたね。先ほどお伝えした監禁の他に、学校を出た時間をメモに書いて、担任の先生にサインしてもらうように言われたり。その時間と帰った時間が一致しなかったりすると殴られる。

「家に帰らない」と学校に伝えた日の前日も、兄に太ももを蹴られたんですよね。さすがに無理だなと思った私は当日の朝、母に「もう家に帰らないよ」と伝えました。そうしたら、「帰ってこなくていいよ。バイバイ」って。

私、もう一度、言ったんです。「もう帰らないよ」と。それでも、「帰ってこなくていいよ。あんたなんかいらないし」という返事で。……。本当にそれだけ。

何が原因でこうなったのかは、正直よくわかりません。ただ、母に関して言うと、母の父親も暴力的で、かなり厳しく育てられたようです。部活や勉強で一番を取らないと、普通に殴られていたという話を聞いたことがあります。それが普通のしつけだと思っていたんじゃないでしょうか。

兄は、小学校のいじめが原因なんだろうと思います。

引っ越す前、兄は学校でかなりひどいいじめを受けていました。傘でつつかれたり、学級会で「○○さんの嫌いなところを挙げてください」と名指しで言われたり。担任の先生も一緒だったようです。それで不登校になった。

だからといって、暴力を振るっていいということにはなりませんが、自分がされたことを弱い立場の妹にしたんですかね。ねじ曲がっていますよね。

兄は怒りっぽくて、すぐにカッとなるんです。自宅の壁に包丁で穴を開けたり、私の部屋の中が見えるように、ドアをくり抜いたり。中学生になった後はガタイもよくなったので、実は母も兄に怯えていたと思います。兄が母に私を殴らせたこともありましたから。

実は、児童養護施設に入ることが決まった後、一度、家に電話したんです。この時は引き留められました。


「施設は牢屋みたいなところだからやめろ」

「入ったら出てこられないぞ」

「ごはんも満足に食べられないぞ」

「就職もできないぞ」

「戻ってこい」

「皆心配している」

「愛している」

母と父はこんなことを言っていました。とにかく行くな、と。でも、すべて嘘です。気持ち悪いし怖いし……。ずっと電話口で泣いていました。

――児童養護施設での生活

施設は、いいところもあれば、悪いところもあるという感じですかね。家から出られたことはよかったけど、小学生から高校生までいましたから、人と人との距離感が近くて、つらいなと感じたことは正直あります。

また、それぞれの個室はあるのですが、板で仕切られているだけなので音は丸聞こえだし、不登校の子が多いので、夜遅くまでしゃべっていたり、音楽をかけていたり。私は普通に学校に通っていたので、結構しんどかったです。

もう一つ、施設で唯一、仲良くしていた子が亡くなったのもつらかったですね。

彼女は通信制の学校に行っていたので、私とは生活リズムがズレていましたが、時間が合う時は、一緒にウォーキングに行っていました。その子の趣味がウォーキングだったので。一緒に歩きながら、いろいろな話をしました。

死んだと聞いた時はキツかったですね。精神的にしんどくて、2週間学校に行けませんでした。いまでも、彼女がなぜ死んだのかはよくわかりません。

私は死にたいと思ったことはありません。実家にいた時は「自分がバカだから怒られるんだ」とよく壁に頭を打ちつけていましたが、いまは自分で自分を傷つけるようなこともないです。

この春に高校を卒業して、美容系の専門学校に通っています。大学に行こうと思いましたが、寮から通う必要があったのと、何を学ぶのかが明確になっていないと感じたので、専門学校にしました。集団生活はもういいかな、と。

将来の目標は、USJ（ユニバーサル・スタジオ・ジャパン）で働くこと。ダンサーのヘアメイクにかかわりたいと思っています。

あの時の友達の言葉がなければ、いまも家で起きていたことを隠して生活していたかもしれません。暴力はもっとエスカレートしていたでしょうね。殺されていたかも……と思うとゾッとします。

みんな精神的におかしいのかもしれませんね。母に、私の人生すごろくのようなものを見せられたことがあるんです。どこの高校に入って、東大の理3に行って、ゴールは任天堂への就職（笑）。勝手にライフプランを立てていたんです。ゾッとしました。

確かに、中学の頃にゲームの会社に興味があり、任天堂に行きたいと言ったことはあります。それを受けて、ゲームなら理系だろ、理系なら理3だろ、と。理系に進まないと女性は仕事がないといつも言っていましたね。でも、理3は基本的に医学部だし。

いまはまあまあ幸せです。ＵＳＪという目標があるので、そこに向けて頑張るだけだと思っています。

7 負の連鎖

高校3年
まさき（仮名）

いまは不登校の生徒が集まる私立高校に通っています。僕は一度、高校を退学しているのですが、改めて大学に進学したいと思って19歳の時に入り直しました。

前の高校をやめたのは……、なんででしょうね。もともと行きたい学校でもなかったので、まったくやる気がなかったんですよね。

中学の時は勉強もちゃんとやっていて成績はよかったのですが、中3の途中で何もかもが嫌になって受験勉強をやめたんです。

それでも内申点はずっと「A」だったので、偏差値60前後の公立高校に入ることができましたが、将来のために勉強しようという意欲もなくなっていたので、1学期の途中から学校に行かなくなりました。

学校ではかなり反抗的な態度をとっていたので、1学期の夏休み前に学年主任の先生に呼び出されて、「お前みたいな最悪なヤツは見たことがない」と言われました。僕からすれば「ああそうですか」という感じで。

夏休み明けも学校に行かず、その年の10月に休学し、翌年の4月から1年生で復学してみましたがやっぱり続かず、その年の夏休みに退学しました。2019年の夏の話です。

――妹への暴力

家は子どものころから生活保護で、ずっと肩身の狭い思いをしてきました。だから、その日暮らしでも何でもいいので家から離れようと思って、学校をやめた後は日雇いの仕事を始めました。お金を貯めて家を出ようって。

ただその年の冬に、図らずも実家を出ることになりました。妹に対する暴力が問題になって、家にいられなくなったんです。

母親が働いていたこともあって、小学校の時は僕が妹の面倒を見ていました。ただ、家や学校でのストレスを妹にぶつけるようになって……。最初は言葉で意地悪する程度でしたが、ぶったり蹴っ飛ばしたりとだんだんとエスカレートするようになりました。妹が言うことを聞かなかった時に、包丁を出したこともあります。

妹はまわりの人に僕のことを訴えていたようです。でも、母は僕の側に着いていたので取り合わなかった。そんな状態が何年も続き、最後は妹が児童相談所に駆け込んだ。それで、妹は一時保護所に保護され、僕は接近禁止になった。

妹には悪いことをしたと思っていますし、自分のしたことを弁解しようとも思いませんが、いまから振り返ると、いろいろとため込んでいたことが爆発して妹に向かったんだなと感じています。

僕の家はとにかく貧乏でした。

父は商売をしていましたが、うまくいかず、その後は仕事を転々としていました。僕が4歳から5歳の時に引っ越しを7、8回していますが、引っ越すたびに家が劣化していったのを覚えています。それも、父の仕事がうまくいっていなかったからだと思います。

その後、父は詐欺か何かで訴えられて、執行猶予付きの有罪判決を受けました。僕には幼稚園にも保育園にも行けなかった時期があるのですが、その時が執行猶予期間だったんだと思います。父が僕と妹の面倒を見て、母はクリーニング屋で働いていました。

その前後からです。父が母に暴力を振るうようになったのは。

初めのうちは母も我慢していましたが、ある晩「行くよ」と言って荷物をまとめると、地下鉄に乗ってDVシェルターに連れて行かれました。そのまま父と母は離婚です。

晴れて3人暮らしが始まりましたが、母の収入ではとても暮らせませんので、生活保護を申請しました。

母親の二股

それまでの家もボロでしたが、離婚した後に住み始めた家は、まあひどかったですね。部屋全体が湿気でカビているんです。湿気で家具が腐るので、勉強机の下には新聞紙とダンボールを敷いていました。嘘のような本当の話。

生活保護については「外で言っちゃダメ」と言われていたので、ずっと隠していました。僕も、惨めな生活を人には言いたくなかったので。ただ、隠している自分が何か本当の自分ではないような気がして、ずっと微妙な感じでした。

勉強はあまりできませんでしたが、別れた父親が頭の切れるタイプで、ある時から定期的に、父に勉強を教えてもらうようになりました。正直、かなりのスパルタでしたが、やればやるほど成績が上がって。これを続けていけば、明るい未来につながるのかなと思って頑張りました。勉強に打ち込めたのは、母親の存在もあります。中1の終わりまで、母が仕事している姿を想像しながら勉強していましたから。

母は食堂や食品工場、深夜の清掃など昼夜を問わず働いていました。妹の面倒も勉強も大変だったけど、母が地道にコツコツやっているんだから僕も頑張ろうと思えたんですよね。

ただ中2になると、母に男がいることがわかって。僕にはリナさんという友達と会うと言っていたのですが、どう考えても男だろう、と。ちょっとウキウキしているというか、雰囲気が変わる。最初はシラを切っていましたが、中3の時に「実はね」と告白されました。

もちろん、「母親だから恋愛するな」なんてことはないのですが、ちょっとショックを受けたのも事実で……。しかも、二股だったんですよ。

一人はリナさん、もう一人は別の人。まあ、母の人生なので「好きにすれば」と割り切ろうと思っていましたが、この人たちが僕たちをダシに母にアピールするようになって。僕をドライブに連れて行ったり、ごはんをごちそうしてくれたり。正直、気持ち悪いなと思っていました。

これだけでもうんざりするのに、実の父も母親と復縁したいと言い出して。「バカじゃないの?」と思った僕は、思わず父に言いました。「やられた方は一生覚えているんだから、軽率なことは言わないでよ」って。外食の間、父はずっと怒り狂ってましたね。

その数カ月後、父は交通事故に遭って車椅子生活になりました。いまは精神病院の閉鎖病棟にいます。

もともと離婚前からアルコール依存症でしたが、その後の生活で糖尿病や脳梗塞を患っていました。そのうえでの車椅子生活です。誰も面倒を見られる人がいないので、依存症を理由に閉鎖病棟に入りました。僕の一言が影響したのかもしれないという思いはいまもあります。

――ストレスのはけ口

僕は家の中と外を分けていたかったので、家の中で何かが起きても、外では何も感じさせないようにしていました。ただ、受験を控えているのに家もゴタゴタして、何からやればいいのかわからなくなったんですよね。それでぜんぶ嫌になってしまった。

ストレスのはけ口になっていた妹からすれば、「何言ってんだ、お前」という話だと思いますが、ハッシャダイの方々のように、抱えていることを相談できる人がいれば、また違ったのかなと感じています。

母親とはずっとうまくやっていましたが、高校をやめたあとはけっこうぶつかりました。子どものころは気難しい母の機嫌にあわせて対応していたのですが、それも嫌だなと思うようになって。感情のままに「なんで産んだんだよ!」と叫んだこともありました。自分の血は呪われていると思っていたので。いまの高校に入ったあとはまあまあの関係です。

実は、母が付き合っているリナさんの方が、いまは近いかもしれません。

僕が高校に行かなくなった後、いろいろと支えてくれたのはリナさんなんです。高校をやめた後、一緒に働こうと言ってくれたのもリナさんですし、接近禁止命令が出た後、一緒にアパートを探してくれたのも、いまの学校の寮費を立て替えてくれたのもリナさんです。

リナさんは亡くなった前妻との間に子どもがおらず、僕を実の子どものように考えてくれています。初めは嫌だなと思っていましたが、いまはとても感謝しています。

8 なんとなく不登校

高校4年
ゆずる（仮名）

僕は、小学校5年生のときから中学3年生まで不登校でした。初めはささいなことで、風邪を引いて学校を休んだときに、「先生が嫌だから行きたくないな」と治った後も少し休んだんです。そうしたら、何となくクラスに顔を出しにくくなり、学校に行けなくなりました。

別にいじめられていたわけではないんです。たまに学校に行くと、みんな歓迎してくれましたし。ただ、どうしても行きづらくなってしまって……。不登校になるまでは、運動と虫取りが好きな普通の子どもだったと思います。勉強も別に苦手じゃなく、授業も普通についていけていた。不思議ですよね。

親には「学校に行きなさい」といろいろと言われました。ただ、しばらくすると、「お前がいないならそれでいいよ」と。無理強いはなかったですね。それ以来、小学校は不登校。卒業式にも出ませんでした。

親に「行け」と強く言われたら？　うーん、どうかなあ。学校に行ったのかなあ。

——成長していた同級生

中1のときも、まったく中学に行きませんでした。ただ、中2のときの担任の先生が家に様子を見に来てくれて。家に来て、僕の好きなマンガの話をして帰るだけでしたが、先生と話す中で学校に行ってみようかなと思うようになって。それで2週間に1回、保健室に顔を出し、マンガの話をして帰るようになりました。

授業には出ていません。保健室に顔を出して帰るだけです。何回か授業も受けてみたんですが、給食がどうしても食べられなくて。ずっとひきこもっていて人前でごはんを食べることがなかったからなのか、学校の空気がちょっと苦手だと感じたからなのか、そこはよくわからないのですが……。

久々に学校に行くと、みんな変わっていて、けっこうショックを受けました。

小学校の友達もいましたが、みんな見ないうちに成長しているわけじゃないですか。自分もそうですが、声変わりはしているし、身長は伸びているし、制服も着こなしている。

僕はあんまり制服を着てないから、柔らかくない制服を着ているわけですけど、みんないい感じに制服を着ているんです。それを見て、置いて行かれたなあ、と。休んだ自分のせいなんですけどね。

家ではゲームばかりしていました。寝て、食べて、ゲームして。生活も、昼夜逆転ですね。勉強は、まるっきり何もできなかったです。義務教育を受けていないので。かけ算の九九も言えませんでした。中学の（教科書の）内容を取り戻したかどうかは……、どうですかね。少し不安がありますね。

ここに来たのは、やっぱり高校は出たいと思ったからです。全日制の高校はハードルが高いと感じていましたが、定時制という高校があると知って。ヤンキーがいたら怖いなと思ったけど、来てみると意外に普通で。夕方から始まるというところも、通いやすいと感じたところです。

高校では生徒会長をしました。就職するにいいというのもあるし、自分としても人生の経験というか、やっておけば自信になるかな、と。面倒事も多いかなと思いましたが、やってみると、それはそれでいい経験でした。

次の生徒会長として卒業する4年生に送辞を読んだり、今年は卒業生の代表として答辞を読んだりと大変なこともありましたが、やってよかったと思います。文化祭は大成功したし、やりがいはあったし、何より楽しかった。

――定時制に通う人々

学校には「行けばよかったな」とは思っていますが、後悔はしてないです。行かなかったからこそ、この高校での4年間があったので。失った青春を取り戻そうと思って高校に来ましたが、高校は本当に楽しかったですね。

同級生は……、定時制ということもあるので、みんないろいろな事情を抱えています。高校を辞めた後、何年かフリーターして来た人もいるし、メンタル的に全日制が厳しくてこっちに来た子もいるし、僕と同じ不登校だった人もいる。中卒だけど高卒資格がほしいといって通う年配の方もいます。

僕と同じように不登校を経験していて、かけ算や割り算ができない子もいるし、漢字を書けない子もいる。体育が極端にできない友達もいましたね。体育祭の練習の時は、トイレに行ってそのまま帰っていました。

卒業した後は、自動車部品工場で働くことが決まっています。行けるなら進学の方がいいよと周りの人には言われましたが、早く社会に出てお金を稼ぎたいというのもあるし、4年間も勉強したからこれ以上はいいかな、という気持ちもあったし。

何よりお金ですよね。大学に行くのも、専門学校に通うのもお金がかかりますよね。だったら、いまのうちにお金を稼ぎたいなと。働いているうちにやりたいことが見つかれば、その時に考えればいいかな、と。

就職が決まったとき、親は「本当に進学しなくていいの？」という反応でしたが、いまは頑張れと応援してくれています。不登校を経験すると、部活もないので体重がものすごく減るんですよ。俺、167㎝で45㎏なので。体力もないし、仕事していれば体力や筋力がつくかな、と期待しています。

ハッシャダイの方は、僕が1年生のときから講演に来てくれています。毎回、連れてくるゲストの方の話から刺激を受けています。勝山さんも含め、行動を起こしている人は行動範囲が広いなと。日本だけでなく、海外でも活動していますから。

行動を起こすというのは、頭ではわかっているけどできないこと。それをしているのはすごいと思います。僕も1年の時に話を聞いて、コンビニでバイトを始めました。

将来については、不安7割、期待3割という感じですね。就職して安定した収入を得られるというのは大きいですが、社会に出るって、そんなに甘いことではないじゃないですか。これまで、やれば何とかなるという精神でやってきましたが、どうにもならないこともあるよな、と。覚悟を決めなきゃと思っています。

9 捨てられていた私

高校3年
ひな(仮名)

この高校に来たのは……、なんでだろう。家から近かったのと、学校の生徒数が少なかったからかな。私、クラスの人数が多いのが苦手で。他のクラスの子に何か言われたりしたら嫌だな、と。ここ(定時制高校)だと、1学年1クラスしかないのでいいかな、と思いました。

中学の時はクラスには出ず、相談室に通っていました。中1の夏に、おばあちゃんの家に引き取られまして、2学期から別の中学に転校したのですが、既にできていた仲のいい人同士のグループに入れなくって。話しかけてくれる子もいたのですが、自分で線を引いてしまったところもあり……。

というのも私、人を信じられなくなっていたんです。

中1の1学期にいじめというか、みんなに無視されるようになって。小学校の5、6年の時から一部の子に無視されていたのですが、中学に入ったあと、他の学校から来た子たちにもそれが伝わったようで、みんなに無視されるようになりました。

あとは継母の存在も。

3歳の時にお母さんとお父さんが離婚しまして、私はお父さんの方に引き取られました。その後、お父さんは再婚して、私は継母と、私が5歳の時に生まれた弟と暮らすことになったのですが、この継母がひどい人で。

継母との「3つの約束」を破ると、お風呂場で水をかけられたり、家から閉め出されたりするんですよ。低学年の時は閉め出し、その後はお風呂で水。5、6年生になると、話しかけても無視されるようになりました。水はもちろん服の上からです。

「3つの約束」というのは、①約束を守る。②ダラダラしない。③嘘をつかない。基本的なことなんですが、継母の言っていることを理解できないところもあって、うまくできず……。宿題をやっていないのに「やった」と言った時は、「なんで嘘をつくの?」と水をかけられました。夕方5時の門限を破った時は、お父さんが夜遅くに帰ってくるまで、ずっとアパートの外でした。

いまから思うと、継母は怒り方が悪いだけで、悪い人ではなかったんだろうな、と思っています。子ども想いのところもありましたし。ただ、家ではいつも脱衣所にいました。家に居場所はなかったですね。

私の居場所

おばあちゃんの家に引き取られたのは、お父さんと継母が離婚したから。

お父さんには、「自分についてくるか、残るか」と聞かれましたが、その時は住んでいたアパートから離れたくなくて「残る」と言ったんですよね。そのアパートは、継母がもともと住んでいた家だったので。

それで継母のところに残ったのですが、家でもずっと無視されるし、弟とも話せないし、完全に孤独で。継母も弟が私に近づこうとすると「そっちに行っちゃダメだよ」って言うし。そんなことが続いて、私もしんどくなって、継母に「ここを離れたい」って言ったんです。

継母はお父さんに連絡を取ってくれたのですが、今度はお父さんに「引き取れない」と言われまして……。

一時は児童養護施設に行くという話も出たようですが、「それはかわいそうだろう」という話になったらしく、最終的に、実の母親のところに連絡が行き、お母さんの両親、いまのおばあちゃんの家に引き取られることになりました。

実の母親と言っても、私が3歳の時に離婚しているのでほとんど知らないし、お母さんも別の家庭を持っています。それで、おばあちゃんが引き取ってくれることになったんです。私にとっては、結果的によかったですね。

継母とは一切つながりがなくなってしまったので、何をしているのかは知りません。弟と会えなくなったのが、すこし心残りです。

実のお母さんとは、私の誕生日に会っています。いつもプレゼントをくれるんですよ。お母さんには子どもが二人います。私の弟と妹。

お父さんは……、その後は音信不通です。結局、私を捨てたということですよね。

それで、おばあちゃんの家で暮らすようになったのですが、暮らし始めると、突発的に泣き叫んだり、壁を蹴ったり、すごく暴れるようになってしまって。あんまり暴れるから、おじいちゃんに羽交い締めにされたこともありました。

継母のことを「ひどい人」と言いましたが、一緒に暮らしている時はひどいことをされているとは思っていなかったんですよね。それが普通ではなかったとわかって、混乱したんだと思っています。

いまはおばあちゃんやおじいちゃんが寄り添ってくれるので、だいぶ落ち着いています。

――育った環境が違ったら

この高校に来た時はわちゃわちゃして苦手でしたが、落ち着いてきたのか、1年の途中からちょっと話せる子ができて。いまでは仲のいい子もいます。コロナだったのであまり行けませんでしたが、友達とカラオケにも行きますよ。

私は人とお話するのが好きなので、「Spoon」という音声ライブ配信のアプリにはまっています。ゲーム系のＤＪ（配信者）のところに行って、ＤＪやリスナー同士のお話を聞いたり、コラボ機能を使って仲のいい人と話したり。夜遅くまでDiscordでつながっているので、おばあちゃんによく怒られます。

この間はSpoonで知り合った人とディズニーランドに遊びに行きました。28歳と23歳の男の人と、私と私の友達の2対2で。

思い出すと、つらいことばかりでしたが、最近はすこし楽しくなってきたかな。

たぶん私は自己肯定感が低いと思うし、ネガティブなことばかり考えてしまうけど、「小さい時のひなは元気で明るかった」とおばあちゃんが言うので、すこしずつ昔の自分に戻っているんだろうと思います。育った環境が違えば、もっと明るい子になっていたかもしれません。

いまの目標は大学に行って、児童福祉司という資格を取りたいと思っています。私のような経験をした子どもを支援したいと思いまして。おばあちゃんも「大学の費用は出すよ」と言ってくれているので、塾にも通い始めました。

ただ、計画を立てるのが苦手なので、家で何を勉強すればいいのかわからないんです。正直、ついていくのもやっとですが、いまは大学に行きたいと思っています。

10 つかの間の安息

無職
とうま（仮名）

1年くらい前ですかね。暴走族の連中が夜中に襲撃してきたんです。「おい、出てこいよ。女はこっちにいるぞ」って。外の雰囲気からして、10人、いや20人はいたんじゃないですかね。その日、彼女が後輩に呼ばれて会いに行ったんですよ。そうしたら、族の連中がたくさん集まっていて、「僕の家に連れて行け」と。彼女、だまされて呼び出されたんですね。それで、僕の家に押し寄せてきた。

別にケンカが弱いとも思っていませんが、「さすがにヤバいかな」と思って三浦さんに連絡しました。「いま大変な状況なんですが、助けてくれませんか」って。

三浦さんとは、別の支援団体の方からの紹介で知り合いました。その時はこんなふうに連絡するなんて思っていませんでしたが、誰かに連絡しようとした時に、最初に頭に浮かんだのが三浦さんだったんです。その時、三浦さんは友達と飲んでいたみたいです。

結局、三浦さんが警察に連絡してくれたことで、族の連中はみんな帰りました。ただ、そのまま地元にいるわけにもいかないので、三浦さんが住んでいたシェアハウスに、彼女と一緒に4、5日置いてもらいました。いまは地元を出て、彼女と一緒に別のところで暮らしています。

三浦さんには、身元の引き受けでもお世話になりました。

正直、なんであいつらが襲撃してきたのか、よくわからないんですよね。中学の時からほかの族に追われることが多くて。僕はただバイクで走りたいだけなのに、いろいろと誤解されてトラブルになる。ふたつの族から同時に追われたこともありました。なぜか、からまれるんですよね。

バイクは大好きです。中2の時には先輩と旧車會《きゅうしゃかい》（古いバイクを改造して暴走する集団）もつくりました。この時はすぐにバイクの窃盗や万引きでパクられたので、僕自身が活動することはありませんでしたが……。

その後、児童相談所の一時保護所に送られたけど脱走して、また悪さをしたら教護院に入れられて。ぜんぶ中2の時の話です。

――キャッチと万引き生活

教護院には1年半ぐらい入っていました。16歳で出てきた後は、先輩と立ち上げた旧車會に戻りました。ただ、すぐほかのチームとトラブルになって。「お前、こっちに来いよ」って吸収されそうになって、いろいろ大変でした。

教護院を出た後は友達6人と暮らしていましたが、悪さをしているうちにパクられて、今度は少年院に送られました。送られた先は茨城農芸学院。ここでは荒れまくっていて、ぜんぶで9回、独房に入れられました。

普通は1年ぐらいで出られるのですが、僕はいろいろと問題を起こしたので1年半もいました。先生のちょっとした言動や行動にイラついたり、ヒマなことにムカついたりして、モノを壊したり、先生にくってかかったりして。

頑張ろうと思う瞬間もあったのですが、トラブルを起こしては謹慎しての繰り返しでしたね。それで去年（2022年）の1月、17歳の時に少年院を出ました。身元引受人は千葉県の農家。住み込みで働き始めましたが、支援の人がかかわるのでガチガチなんです。そのうち保護観察所にも行かなくなり、最後は脱走しました。仕事は嫌いではなかったのですが、人間関係がうまくいかなくって。

その後はそこらへんをうろちょろしていました。仕事はAVやキャバクラのキャッチやスカウト。会社の寮で寝泊まりできたのでしばらく続けましたが、一人もスカウトできませんでした。

その間は万引き生活です。キャッチは歩合制だったので、お金は全然ありませんでした。キャッチ時代は地元から離れていましたが、昔のほとぼりも冷めたかなと思って、キャッチをやめた後、地元に戻りました。地元では仕事も始めて普通に生活していましたが、いろんな連中とのかかわりが増える中で、知り合いとチームをつくることになって。

ただ、この知り合いが別のチームに行く、行かないという話になってまたトラブルになったんです。その時に僕の昔のトラブルも蒸し返されて、それで僕の家に押しかけてきた。ここで、初めの話につながるんです。

よくわかんないですよね。僕も、昔のトラブルがなんなのかよくわかっていません（笑）。

母親の自殺

家庭環境は、まあ複雑だと思います。母が再婚を繰り返したので、親父が4～5人いるんですよ。兄弟姉妹が6人いて、僕と姉は同じ親父ですが、あとはみんな違う。

母は僕が小4の時に自殺しました。僕は現場を見ていませんが、姉は見ています。「絶対開けないでね」と言われた後、ドアの向こうから音がしたので、ベランダから見に行くと、首を吊っていた。

僕の誕生日の1週間前だったので、母の自殺はよく覚えています。死んだと聞いて、頭が真っ白になりました。そりゃ、泣きますよ。

なんで自殺したのかはわかりません。ただ、死ぬ前に自殺の方法をスマホでいろいろと見ていたようなので、自殺願望はあったんでしょうね。クスリ（覚醒剤）もやっていました。

当時の生活？ごはんはもやしを茹でたのしか思い出せません。母は当時の彼氏と毎晩、飲みに出ていたので子どもだけでごはんを食べていました。赤ちゃんもいましたが、面倒を見ていたのは姉や僕です。

母が死んだ後は最後の妹のお父さんと暮らしていましたが、だんだんと家に帰らなくなりましたね。

小学校の時はいじめられていました。子どものころからけんかっ早くて、オレが一番だとオレオレになっていたら、みんなから嫌われました。

みんなのところに遊びに行っても、お前一人対全員なら入れてやるとか、近づくとみんながいっせいに逃げるとか。

実は、小学校の時は地元のサッカースクールに通っていて、けっこういいところまでいっていたと思うのですが、母が自殺した後は完全にやる気がなくなりました。中学でもサッカーは続けたけど、ただやっていただけで、何もなかったですね。一番の強みがなくなったというか。

三浦さんのシェアハウスに行ったことは、僕たちにとってとてもよかったです。三浦さんたちと会って、大人に対する感情がすこし変わりました。

それまで、大人は自分のことしか考えていない、自分たちを都合のいいように使う存在だと思っていました。大人は嫌い、絶対にああいう人間にはなりたくないと。

でも、シェアハウスで暮らしている間、三浦さんやまわりの人たちが自分たちのために本当に一生懸命で。こんな大人がいるんだと驚きました。

いまは生活保護で暮らしていますが、今度、子どもが生まれるので早く働きたいと思っています。介護の仕事に興味があるので、今度、会社見学に行こうという話を三浦さんとしています。

過去のすべての関係を断ち切って、彼女と新しい人生を切り拓こう。いまはそう思っています。

これまでの人生をやり直したいか？　うーん。母が生きていたころには戻りたいですが、それで幸せになるのかどうかはわかんないです。いまの方が幸せなんで、自分。

母のことは好きでしたが、親父連中にはムカついています。会う機会があれば、ぶっ飛ばしたい。実の父親は見たことがありません。

11

19歳のリスタート

高校4年
ゆま（仮名）

　高校は半年でやめました。私でも行けるところということで、県内でも最低レベルの高校に行きましたが、まじめに通わず、授業にも出ず、進級もできそうもなく、「やめた方がいい」と言われてやめました。

　とにかく学校が嫌いだったんですよ。

　家は中学の目の前でしたが、毎日遅刻していました。唯一、バレーボールに打ち込んでいましたが、足をケガしてやめました。急にやる気がなくなっちゃって。その後は、勉強もせずのんびりと過ごしていましたね（笑）。

　なんで学校が嫌いか？　よくわからないけど、小5のときの先生に差別されたことで、学校が本格的に嫌いになった。

　私は算数が苦手で、いくらやってもできませんでした。でも、できるようになりたいから先生に聞きに行ったんです。そうしたら、「なんでわからないの？」と逆に怒られて。「そのふてくされた顔はなんだ」と腕をつねられたこともありました。

　その辺から本格的に先生と学校が嫌いになって、中学に入ってからは反抗的な態度ばかりでしたね。怒られると「うっせーな。ほっとけよ」と。

――急に感じた焦りと不安

家は貧乏でした。家族は母と兄の3人暮らし。私が18歳ぐらいまではずっと生活保護でした。そもそも、母はフィリピン人なんですよ。出稼ぎで日本に来て、父親と出会って結婚した。日本に来る前に向こうで結婚していたので、フィリピン人の姉が二人います。母はいま介護士をしています。

家は木造平屋のボロボロで、一部屋にみんなで寝るような生活でした。小学校のときは給食費も払えず、「給食費を払ってないヤツは食べるな！」と同級生に言われたこともあります。中学の修学旅行もお金がなくて参加しませんでした。

実の父と母は、私が2歳のときに離婚しました。父とは私が小6のころまではたまに会っていたのですが、養育費を巡るトラブルで完全に切れました。

養育費が滞ったので母が父のところに文句を言いに行くと、目の前に包丁が置いてあって「俺を刺してみろよ」と母を挑発したんですね。払うお金なんてない。刺す度胸もないなら帰れ、と。

そのときに、父の女が母に手を出したらしく、お母さんが相手の女をボコボコにしたんです。それで10日間、留置場にぶち込まれました。お母さん、激しいんですよ（笑）。その間、私と兄は一時保護所に入りました。

高校を中退した後は、居酒屋や老人ホーム、コンビニでバイトしていました。ただ、19歳になって急に不安になったんです。

19歳って、中学の同級生が高校を卒業して進学したり、就職したりする時期じゃないですか。そのときに自分が置いていかれている感があって。安定した職に就くために、高卒認定資格をとった方がいいんじゃないかと。ただ、一人で勉強してとれる気がしなかったので、定時制高校に入ることにしました。

高校の同級生はほとんどが中退しています。できちゃった結婚か、キャバクラで働いている子が多いですね。特に、ヤンキーと遊んでいたような子はみんなできちゃった結婚。

私はギャルっぽい世界があまり好きじゃなかったので、そういう遊びの場には行きませんでしたが、行っていたら危なかったですね。行かなくてよかった(笑)。

昔の嫌な思いがあるので先生にはまったく期待していませんでしたが、定時制の先生がめっちゃいい人で。私にしっかりと寄り添ってくれるんです。たわいのない話も聞いてくれるし、それだけでも学校に行こうという気になります。

高校1年のときにワープロ検定試験の1級、情報処理技能検定 表計算の2級をとりました。いまは簿記の勉強中。頭は悪いけど、頑張っています。

ハッシャダイの講義も面白かったですよ。私のときはみんなで自分自身について話し合うグループワークでした。このなかに自分自身について考える時間があって。そんなこと、したことなかったのでとても新鮮でした。

その後、「私は何がしたいんだろう」と自分でもいろいろと考えました。まだぼやっとしていますが、人とかかわる仕事が好きなので、ブライダルの世界はどうかなと考えています。居酒屋で働いていましたが、人のためになにかしたいと思ったときに、ブライダルがいいんじゃないかな、と。

実際、就職するのも大変な業界ですが、チャレンジしてみようと思います。高校に入ったのは19歳でしたが、ここまでやってきて本当によかった。

12 辿り着いた場所

土木会社勤務
サムエル

「お前のしたいことはそれかよ!!」

宗一郎さんにそう言われたのは、高校を退学してしばらくたったころでした。

当時の僕は高校をやめたこともあって、時間を持て余していて。やることもないので、夜な夜な仲間とバイクで暴走し、その様子をインスタライブで流していました。そのインスタライブを見て、宗一郎さんが僕に怒ったんです。


僕は愛知県内の公立高校に通っていました。低偏差値の不良しかいないような学校。「就職に強い」という話を聞いていたので、何も考えずに進学しました。

僕は背が大きく目立つので、入学すると、すぐに先輩にからまれました。「お前、××中のサムエルだろ」って。僕はフレンドリーなタイプなので、「あっ、どうも」と返事をして、すぐに仲良くなりました。

その後、「××で集会があるから来いよ」って話になって。毎晩、名鉄の豊田市駅前に集まって暴走していました。みんなでバイクをフカして警察が来て、そのスリルを楽しむというか。

サムエルという名前からわかるかもしれませんが、僕は日系ブラジル人です。4世になるのかな。生まれはサンパウロですが、すぐに浜松市に来て、5歳の時にお母さんが再婚した関係で豊田市に引っ越してきました。

浜松時代はブラジル人と日本人が通う幼稚園に行っていました。そこで、箸の使い方や読み書きソロバンを習いました。僕は日本語の方が得意ですが、両方話せます。家ではお母さんがポルトガル語を話し、僕が日本語で返す感じ。

本格的にグレ始めたのは、中2くらいからかな。ピークは中3から高1。

中2に上がる時に、卒業する先輩に声をかけられたんですよ。「お前、サムエルだろ。一緒にラーメン食べに行こうぜ」って。その先輩はタバコを吸っていて、僕はタバコが嫌いだったんですが、「お前も吸えよ」と言われて、「うわ、まっず」みたいな。そこから先輩とつるむようになりました。

グレたのは、家のこともあったと思います。

5歳から中1の夏まで、お母さんの再婚相手と3人で暮らしていました。この義理の父との関係がずっと悪くて……。

小学校のころから、よく殴られていたんですよ。仕事から帰ってくると、疲れてイラついているのか、胸ぐらを摑まれて壁に押しつけられたり、殴られたり。

お母さんにはずっと黙っていたんですが、あまりにひどいので一度、言ったことがあるんですよ。その時は「うちの子に手を出さないで」と言ってくれて、義理の父親も「わかった」と言っていましたが、その後も続きましたね。

義父の暴力については、ずっと我慢していましたが、中1の時に一度キレたことがあったんです。義父が僕のことをゴミ扱いした時にスイッチが入っちゃって、持っていたお茶碗を投げつけそうになりました。

その時は、お母さんが「やめて！」と叫んだので思いとどまりましたが、完全にキレていますから、「お前、覚えとけよ」と言ってメシも食わずに自分の部屋に戻りました。

義父はすぐに泣いているお母さんと一緒に謝りに来ましたが、「知らん。もう夜勤から帰ってくるんじゃねえ」と言って追い出しました。

その後、「みんなでブラジルに帰ろう」とか言っていた時期もありましたが、そんな人と一緒にブラジルに帰るワケないじゃないですか。そのまま家庭崩壊して、義理の父は一人でブラジルに帰りました。

義理の父がいなくなると、初めて自由になった感覚になって。ずっと義理の父親に抑圧されていた感じがあったんでしょうね。それから、友達の家を泊まり歩くようになって、だんだんと家に帰らなくなりました。学校にも、部活以外ではほとんど行っていません。

そんな感じで遊び回っていたので、勉強はまったくしませんでした。かけ算は中3で覚えたくらいです。国語や社会はそこまでひどくもないんですが、計算が頭に入ってこないんですよね。小学校の時に長さや重さでつまずいて、それからずっと苦手でした。

――ヤンキー高でできた仲間

高校は「金を払えば誰でも入れる」と言われていた私立高校を受けました。誰でも入れると聞いていたので僕は受かる気まんまんでしたが、見事に落ちて。

中学の先生に状況を伝えるため、合否発表の日は、落ちた人が学校に行くことになっていました。僕も落ちたので学校に行くと、教室全体がどよーんと落ち込んでいるんです。でも、僕だけケロッとしていて。状況がわかってなかったんですね。それで、「ヤバい」と言われていた公立高校に進むことになった。

ただ、どうしようもないヤンキー校に進んで、初めて仲間ができた気がしました。中学の時は高校の先輩とつるんでばかり。タバコを吸っていたのも僕ぐらいでしたが、今度の高校はヤンキーばかりですから、そんなヤツはゴロゴロしている。それで、4、5人の同級生と仲良くなって、つるむようになりました。

初めのうちは毎日学校に行っていましたが、授業になかなかついていけず、夏休みを過ぎると休むことも増えて……。

中学はまともに行っていなかったので、毎日高校に行くのが初めてだったんですよね。それでだんだんとキツくなって、「やっぱり学校はあわないのかな」と思ってしまって。「義務教育じゃないんだからやめたければやめればいい」という思いがある一方で、高校ぐらい出ないといいところにいけないし、通信制や定時制では低く見られてしまうという変なプライドもありました。正直、自分の中でどうしたらいいのかわからず、ずっとモヤモヤしていました。

そんな状況だったので、学校からはいつも呼び出されていました。「このままだと留年するぞ」「ちゃんと学校に来い」と。でも、学校に行っても授業はわかりませんから、結局は学校をサボって仲間と遊んでばかり。

そうこうしているうちに、生徒指導の先生から呼び出されたんです。「お前ら、学校に来い」と。「うっぜえな」と思いながら学校に行くと、「お前ら、初詣《はつもうで》でタバコを吸ったり、バイクを乗り回したりしていただろ」って言うんです。「そんなの証拠ないだろ」と言い返したら、ファイルがドンっと出てきて。その中の写真を見ると、僕たちがいい感じに写っていました。証拠写真を撮っていたんですね。

それでも懲りずに遊んでいたら、親を呼び出され、「このままでは進級は無理だから、学校をやめるか続けるか、1週間考えてほしい」と言われて。

この時に、初めて2年に上がれないんだとショックを受けました。初めて現実を見たというか。逆に言うと、この時まで気がつかなかった。2021年1月ごろの話です。
その時に、宗一郎さんに連絡を取りました。

――「でも」がなかった言葉

宗一郎さんとは、その前の年（2020年）の7月に、学校に講演に来たことでつながりました。

実は、宗一郎さんが来る少し前に「ヤンキーインターン」を取り上げたテレビを見せられたんです。正直、あまり興味はありませんでしたが、先生に「どうだった？」と聞かれたので、「ヤンキーが企業に入るなんて、おもしろいと思いました」と適当に答えると、なぜか先生にほめられたんです。……で、「来週、教室に出ようか」と。

それまで、僕たちは問題ばかり起こしていたので、教室には入れず、学校の地下室のようなところで授業を受けていたんです。久々にクラスの友達に会えるなと思って教室に行くと、普通の授業ではなく、体育館で外部の人の講演を聞くという話でした。

「うわ、めんどくさ！」と思って体育館に行くと、壇上に若いお兄さんが一人いました。デニムに白いTシャツ、フェードがかかった髪にあごひげでめっちゃかっこいい。講演で話す人がおじさんじゃなく、若い人だということにビックリしました。

「早く入れや！」という先生の声に従って椅子に座ると、その若い人は「ハッシャダイソーシャルの三浦宗一郎」と自己紹介しました。この時に、「あっ、テレビで見た人だ！」と気づきました。

その後、宗一郎さんは自分の人生について話し始めました。

トヨタの社員という安定した仕事に就いていたけど、自分のやりたいことを探すために旅に出た。最終的にトヨタをやめ、やりたいことにたどり着いた。みんなもきっと見つかるよ――と、めっちゃ普通に話すんです。「マジ、かっけえ」と思いました。

最初はダルい感じで椅子に座っていましたが、だんだんと姿勢が直角になって、前のめりになっているのがわかりました。

宗一郎さんの言葉には、「でも」がなかったんです。

僕も自分のやりたいことを探すために旅に出たい。「でも」、計画なしに旅に出て大丈夫だろうか。

僕も会社をやめて新しいことを始めたい。「でも」、会社をやめて生活が成り立つだろうか。

普通は「でも」という言葉が出てくると思うんですよ。でも、宗一郎さんの話には、「でも」がなかったんです。「この人、すげえ」。そう感じた僕は、講演の後、走って名刺をもらいに行きました。

この時に、もう気になっていたんだと思います。でも妙なプライドがあって、先生に「どうだった？」と聞かれても、「ああ、そうっすね」と興味のない態度を取ったりして。

そのまま、前と同じように友達とつるんで、バイクで暴走して、学校をやめるかどうかというところまで来て、ようやく自分の人生を真剣に考えようと思った。その時に真っ先に頭に浮かんだのが宗一郎さんでした。逆に、ここまで来ないと、真剣にはなれなかったんですね。

――人生を変えたインスタのＤＭ

実は、講演の後の10月ごろに宗一郎さんにＤＭ（ダイレクトメッセージ）を打ったことがあったんです。でも、その時は返事が来なかった。もう一度送ろうと思った時も、「たぶん忙しいんだろうな」と思ってすこし躊躇《ちゅうちょ》しましたが、あきらめずにもう一度、打ってみたんです。あの時、講演で名刺をもらった外国人のサムエルです。いま、僕はこうこうこういう状況で、どうしたらいいか迷っているんです、と。そんな長文のメッセージを送ると、今度は長文で返事が来ました。

基本的には「自分が何をしたいのか、それをベースに考えるべきだ」という内容でした。あとで意味がわかるのですが、「また連絡する」という一言も書いてありました。

年明けに呼び出された後は、学校をやめるという方向で話がどんどん進んでいました。

僕自身は定時制や通信制など、ほかの学校に行くという選択肢もあると思っていたのですが、「学校に行ってもお前は変わらない。働いた方がいい」と先生に言われて。「ああ、僕はもう学校はダメなんだ」とかなり落ち込みました。

ちょうどそのころに、宗一郎さんからメッセージが来たんです。「明日、講演があるからサムエルも来い」と。「豊田市内の高校に講演に行くから、オレの講演を見とけ」という話です。

本人に聞いたことはありませんが、タイミングが合えば、僕を講演に連れて行こうと考えていたんだと思います。人生の答えを見つけさせるために。もちろん、講演に行きましたよ。

結局、翌年（2021年）の2月に高校を退学したこともあって、それから1カ月ぐらい、鞄持ちとして宗一郎さんにくっついていました。

ただ、宗一郎さんの方が忙しくなったのか、すこし連絡が来なくなった時期があったんです。その時に、暇を持て余して昔の友達と暴走しちゃったんですよね。しかも、その姿をインスタライブで流して……。最初の場面ですね。「お前のしたいことはそれかよ!!」。久々に会った宗一郎さんに、そう叱られました。

その後も僕のことを心配してくれたんでしょうね。「東京のシェアハウスに一度来いよ」と誘われました。おもしろい大人がいろいろいるよ、と。「よし、行くか！」と思って行ってみると、毎日の出会いが本当に濃くて。毎日、違う大人が来ていました。夏場、1カ月くらいお世話になりました。

――コミュニティを飛び立った日

講演を聞いた時からハッシャダイソーシャルが気になっていました。でも、なぜハッシャダイが気になるのか、そこで何をしたいのかということはわかっていませんでした。でも、宗一郎さんと付き合う中で、なんとなくわかってきたんです。

いまの世の中、実力があったとしても、学歴がないとバカにされやすいじゃないですか。僕だって、「お前、中卒だろ」と言われればそれまでですから。

最近の若い人はメンタルが弱いから、学歴でダメ出しされると「ああ、オレはダメだ」と落ち込むけど、「学歴は確かにないけど、オレは××ができる」と胸を張ってもいいじゃないですか。

僕はそういう人になりたい。それを伝える人になりたい。そう思って、ハッシャダイソーシャルでインターンを始めました。

いまは宗一郎さんのお父さんが経営している土木会社で働きながら、ハッシャダイソーシャルの一員として、愛知県内の高校に講演に行っています。母校にも講演に行きましたよ。先生たちはビックリしていましたね。

あと、宗一郎さんに怒られた後は、自然とバイクの暴走はしなくなりました。つるんでいた仲間に「なんで最近、来んの？」と聞かれましたが、「個人的な話なんだよ」と答えると、「また呼ぶわ」で終わり。特に突っかかってきませんでした。

あとで仲のよかったヤツには、自分がしたいこと、そして法に触れるようなことはもうしたくないということを話しました。すると、「あっ、そうなんだ」と少し驚いた様子でしたが、「頑張れよ」と背中を押してくれました。

不思議なもので、その時つるんでいた連中は、いまは見事に全員働いているんですよ。バイトを始めても、すぐにやめていたのに。

ちなみに、お母さんはトルコ人と再婚しました。いま、1歳の弟がいます。

母が再婚したのは僕が高校をやめるやめないでバタバタしている時で、ほとんど母とは話をしていなかったんですよ。

それである時、久々に家に帰ってベランダでタバコを吸っていたら、知らない外国人が先にタバコを吸っていて、思わず、「誰、おまえ？」って聞きました。あとでお母さんから彼氏だと説明を受けましたが(笑)。

僕は自分が自由であれば、お母さんがどうしようが、特に気になりません。ただ、こいつは酒ばかり飲んでいるので、一度、ガチッと言ったんですよ。お前、酒ばかり飲んでないで働けよって。

いまは仕事の資格を取るためにトルコに戻っていますが、どうですかね。

第3章

大人たちの葛藤

1　見せたい背中

5月末の春めいた日。少し汗ばむような日差しの強い日にもかかわらず、北星学園余市高校《ほくせいがくえんよいちこうこう》（北星余市）では、なぜか中庭で焚き火を囲む若者の姿があった。

暑さでジャージを脱ぎ出す者、炎と煙を避けて焚き火から離れる者、話に飽きて薪を割りに行く者、将来の進路について相談する者など、それぞれが思い思いに時間を過ごしている。

ハッシャダイソーシャルと、北海道でリサイクル業を営む鈴木商会が開催した「焚き火ｃａｆｅ」だ。

焚き火ｃａｆｅは、北星余市の3年生に対する進路指導の一環として開催されたもの。ハッシャダイソーシャルのメンバーや鈴木商会の若手社員がメンターとなり、進路やキャリア、日々の悩みなどを聞くというイベントである。

もともとは放課後、進路を自由に相談できる「進路カフェ」として始めたプログラムだが、現在の焚き火ｃａｆｅは進路指導の授業の一環だ。

高校中退者や不登校経験者を積極的に受け入れていることで知られている北星余市。長年にわたり若者の受け皿となってきたが、2000年代以降は通信制高校やサポート校の増加によって、入学者は減少傾向にある。一時は生徒数の減少で閉校に向けた議論も浮上した。最近は持ち直しつつあるが、生徒の確保はいまも続く課題だ。

そこで、キャリア指導を強化し、保護者と生徒に卒業後の〝出口〟をイメージしてもらうため、ハッシャダイソーシャルと連携を始めた。もちろん、社会で活躍する大人の姿を見せることで、多様な生き方や多様な選択肢を感じてもらうという狙いもある。

現に、主催者に名を連ねた鈴木商会からは、同社の未来を担う若手が参加した。廃車を集め、金属リサイクルや部品の再販売を手がける社員や同社のDXを担当する社員など、さまざまな仕事に従事する大人が高校生の話に耳を傾けていた。

今回は、2022年10月に続く開催。一度、体験している生徒が多いからだろうか。将来の不安など本音を率直に語っている生徒が多い印象だ。

彼らのアプローチ

「Choose Your Life」を伝えるため、全国の高校や施設を回り始めた勝山と三浦。そこで目の当たりにしたのは、しんどい状況に直面し、もがいている若者の姿だった。

ロシアの文豪、トルストイが『アンナ・カレーニナ』で書いたように、不幸な家庭はそれぞれ異なる理由で不幸なのであり、置かれている状況は一人ひとり違う。だが、貧困や暴力、親の病気など、本人とは関係のないところで自らの可能性が閉ざされているという点は変わらない。

ハッシャダイソーシャルは、そんな若者に自己選択の重要性を伝えようとつくったもの。であるならば、その部分に正面から向き合う必要がある。

そのために始めた取り組みが、学校や施設が抱えている課題に応じてカスタマイズしているワークショップだ。

こうしたプログラムは、北星余市の焚き火ｃａｆｅのほかに、京都市内の児童養護施設と進めている「KAZAANA(カザアナ)プロジェクト」や、鹿島朝日高校のような通信制高校などに提供している「お仕事図鑑」「達人に聞く」などがある。

例えば、KAZAANAは京都市内の児童養護施設の若者に、キャリアプログラムを提供するというプロジェクト。京都市、京都児童養護施設長会、京都市を中心に人材育成や教育事業を手がける株式会社MIYACOと進めている。

参加する養護施設の若者は、「自分を知る」「社会を知る」「一歩、踏み出す」という3つのテーマに半年間かけて取り組む。

「自分を知る」は、自己分析などを通して、自身の原体験や価値観を言語化し、キャリアの方向性を考えるワーク。

「社会を知る」は、国内外で活躍する社会人の話を聞き、価値観やキャリアの選択肢を考えるワーク。

「一歩、踏み出す」は、実際にさまざまな仕事を体験するワーク。例えば、京都の児童養護施設とは、京都市内の飲食店を借りて1日限定の居酒屋を開いた。食材の調達もメニューの考案も自分たち、料理を作り、接客のやり方も自分たちで考える。料理の値段はあえて決めず、投げ銭スタイルをとったところ、わずか1日で17万円が集まったという。

　このほかにも、東京都内で保育園を運営するミアヘルサとともに、同社の保育園の見学と東京観光を兼ねたツアーを企画した。勝山の妻によるお化粧講座やまつげパーマの体験会などを開催したこともある。

　外の世界に触れる機会のない養護施設の若者にとって、こうした外部とのかかわりは何物にも代えがたい体験だろう。


　もう一つの鹿島朝日などと進めている「お仕事図鑑」と「達人に聞く」は、さまざまな業界の経営者やプロフェッショナルに登壇してもらい、その人の生き方や価値観を伝えるというプログラムだ。こちらは進路に悩みを抱える高校生に対して、実際に社会で活躍している大人の姿を見せることで、視野を広げてもらうという狙いがある。これまでに50人を超える社会人が登壇した。

　このように、講演を通して学校や教師との関係を構築し、定期的な訪問やワークショップにつなげていくというのが彼らの基本的なアプローチである。

学校現場の苦悩

現実問題として、ハッシャダイソーシャルが家庭環境など個別の事情に関与することは難しい。ただ、10代の若者が抱えているしんどさには、一つの生き方や価値観に囚われているという側面もある。

若者の多くは、いい大学に行き、いい会社に入らなければ、いい人生を送ることはできないと漠然と考えている。実際に社会で活躍している大人は、それが幻想に過ぎないということに気づいているが、学歴信仰や偏差値重視の価値観は社会の隅々に染み渡っている。

もちろん、それは一面の真実であり、学力がある人間はその方向を目指せばいい。だが、世の中には多種多様な仕事があり、生き方も人それぞれ。自分の価値観に基づいて、豊かに、楽しく生きている人は山ほどいる。

そういう大人の姿を見せ、伴走する機会を作る。それが若者の自己選択につながると考えているがゆえに、ハッシャダイソーシャルはスポンサー企業を探し、進路カフェやKAZAANAなどのプログラムを広げているのだ。

そんな彼らを求めているのは高校生だけではない。

日々、生徒に相対している学校や施設の教職員も、これまでのやり方に限界を感じ、新しい何かを模索している。その悩みは、生徒の将来に真剣であればあるほど深い。この数年、ハッシャダイソーシャルと連携する教職員が増えているが、それもいまの教育現場に手詰まり感が漂っているからだろう。

　現場の教職員はなぜハッシャダイソーシャルと連携するのか。彼らは勝山や三浦に何を求め、何に期待しているのか。彼らの目に映る教育現場の現実とは。

2 教師の資格

北星余市高校
元教諭
田中亨

彼らは北星余市に合うかもしれないよ——。

NPOの代表を務める知人のそんな一言で、勝山さんにお目にかかったのは2018年のことでした。当時、僕は北星余市の入試担当として生徒募集に走り回っており、全国のフリースクールや不登校のお子さんを抱える親の会などに、手当たり次第に連絡を取っていました。その中の一つとして、ハッシャダイソーシャルに連絡したんです。

その後、生徒募集の一環として「進路カフェ」を企画しました。

進路カフェとは、お茶やコーヒー、お菓子などを用意したうえで、放課後、全学年向けに教室を開放し、進路についてざっくばらんに話し合ったり、参加型のトークセッションやワークショップを開催したりするプログラム。2018年秋に実験的に始め、2019年度からは通年で開催しました。

北星余市を卒業するとどうなるのか。そんな不安を持つ生徒や保護者は少なくありません。そういう生徒に、進学や就職という単なる出口指導だけでなく、多様な視点で生き方を捉えてほしい。そう思って始めたんです。もちろん、それが生徒募集でのアピールにつながるという考えもありました。

勝山さんには、2018年11月に講演に来ていただきました。2019年も何回かお越しいただいています。年齢が近い勝山さんには生徒も親近感を持ったようで、食い入るように話を聞いたのを覚えています。

――「進路カフェ」を始めた理由

勝山さんたちを進路カフェにお呼びしたのは、北星余市の生徒に、生き方に幅があることを伝えたかったから。

北星余市に集まっている生徒は、自らの意思で学校をやめた子もいれば、やめざるを得ない状況の中でここに来た子もいます。そんな彼らに大学や専門学校以外の選択肢を提示できれば、豊かな人生を送る手助けができるのではないか。そう思ったんです。

勝山さんは10代後半に大変な時期を過ごしていましたが、人との出会いを通して、若者の前で「Choose Your Life」を説く伝道師になった。こんな人生が待っているとは、勝山さんも思っていなかったはずです。でも、そこにはさまざまな出会いを機会と学びに変えた勝山さんの生き方がある。それを感じてほしいと思ってお呼びしました。

僕は進路カフェを始めて2年ほどで学校をやめてしまったのでちゃんとした総括はできていませんが、勝山さんの話を聞いた生徒がハッシャダイソーシャルに参画したという話も聞いています。生徒の心に、何かを残すことはできたのではないかと思っています。

進路カフェを立ち上げる前、生徒募集に奔走していたのは、北星余市の存続問題が背景にありました。

北星余市は、高校中退や不登校の生徒を積極的に受け入れる存在として全国でも広く知られた存在です。そういった生徒の受け入れは早く、1980年代後半から始めています。『ヤンキー母校に帰る』というドキュメンタリーやドラマを通して北星余市をご存じの方も多いかもしれません。

もともと余市町とその周辺には公立高校しかなく、「公立以外の受け皿が必要だ」ということで、町が誘致して誕生した私立の全日制高校です。

その後、生徒募集に苦労し始めたため、余市・小樽近郊だけでなく、倶知安《くっちゃん》やニセコ、札幌などに生徒募集の範囲を広げましたが、それでもなかなか生徒が集まらず、全国から高校中退者を受け入れる転入・編入制度を導入しました。80年代後半のことです。

こういった北星余市の取り組みは高い評価を得ましたが、2000年代の規制緩和によって、私立の通信制高校が増え始め、再び生徒募集に苦労するようになりました。

北星余市の場合、自宅から通えない生徒は寮生活になります。そのため、学校に行かず授業が受けられる通信制高校に、高校中退者や不登校の生徒が流れ始めたんです。

少子高齢化による生徒数の減少と通信制高校の増加による競争激化――。その問題が表面化したのが、2015年に報じられた学校存廃問題でした。運営母体の学校法人北星学園が、学園の課す条件を達成できなかった場合、北星余市を閉校するという方針を打ち出したのです。

それ以前から生徒数の減少は深刻な問題になっていましたので、私は教頭兼入試担当としてさまざまな取り組みを始めていました。

学校の魅力を伝えるために広報に力を入れる一方で、不登校の中学生や中退した高校生を紹介してもらうため、全国の中学校や高校、児童相談所などを営業で回りました。

ただ、実際問題として学校側が不登校や中退者を紹介することは難しく、行政も特定の高校を案内することはできません。その中で、フリースクールや「親の会」に目を向けたんです。

私は2020年に北星余市を退職しましたが、こうして学校が存続しているのを見ると、多少は貢献できたのかなと感じています。

――教師のしんどさ

北星余市には2000年4月に赴任しました。高校の時から教員になることを夢見て大学に進みましたが、卒業した1990年代後半は就職氷河期の真っ最中。大学卒業後の1年間は北海道の別の公立高校で非常勤講師を務めました。

翌年、念願叶って北星余市の正規教員になることができましたが、当時はいまと違って生徒は勢いのある子が多く、一筋縄でいかず大変でした。2年目以降、担任も持ちましたが、正直

「この学校では無理だ」と限界を感じていました。

ただ、せっかくなった教員です。すぐにやめるのはもったいない。それに、中退者や不登校と向き合ってきた北星余市の教育も、改めて学ぶ価値がある。そこで、生徒指導部の担当を3年間やらせてもらいました。

このときの3年間である程度の手応えを得たので、再び担任を持ちましたが、やっぱりうまくいかず……。もうやめようと思いました。2010年前後の話です。

担任として何にしんどさを感じていたのか。その一つは、人の考え方を変えるという難しさです。

僕は、人間の行動はものに対する考え方から生まれると考えています。問題行動も、その生徒が持つものの考え方が根底にある。

その部分を改めるには、その生徒に向き合って、考え方を変えてもらう必要がありますが、人の考え方を変えるということがとてもおこがましいことだと感じてしまって。それがしんどかった。

もう一つは、生徒に対する感情です。

僕も人間なので、想いのある生徒には時間をかけることができますが、波長の合わない生徒にはなかなかできません。いろいろ反抗してくる生徒に対して、「なぜそこまで言われなければならないのか」「なぜこの生徒のためにここまでしなければならないのか」と思うこともありました。

でも、その生徒が問題を起こして謹慎や退学処分になると、「もっと何かできたのではないか」と罪悪感にさいなまれる。担任として生徒に向き合おうとは思っていましたが、「自分はなんて冷たい人間なんだろう」と自己嫌悪に陥っていました。

不思議なもので、北星余市をやめたいまであれば、問題なく担任はできると思います。ただ、当時はこんな自分が北星余市にいていいのか、と悶々としていました。

そんなときに学校の存廃問題が浮上し、教頭になって生徒募集に力を貸してほしいという話をいただきました。ただ、担任もまともに務まらない僕が教頭などあり得ない。ほかの先生にも示しがつきません。ただ、学校の危機を前に、僕にできることがあるのであれば貢献したい。そう思って、ほかの先生に異論がなければ引き受けるというお話をしました。

このとき、自分が感じてきたしんどさについても、ほかの先生に伝えました。いろいろな意見がありましたが、最終的に僕の教頭就任を後押ししてくださいました。その後は学校存続のため、全力で取り組みました。ハッシャダイソーシャルとの取り組みも、その中の一つです。

僕はいま、英国の大学院で教育政策について学んでいます。

教頭時代、マネジメントの難しさを感じながら働いていましたが、同時に国の教育政策に縛られているということも強く感じていました。ならば、マネジメントよりも政策の方が重要なのではないか。そう思って、大学院で学ぶことにしたんです。

帰国後のことはまだ何も考えていません。何かしたいといってできる年齢でもないので、ご縁を活かしながら考えていきたいと思います。

3　「困難校」の泥濘《ぬかるみ》

定時制高校教諭
高城毅（仮名）

一昔前の定時制高校と言うと、昼間に働いている苦学生や不良が集まるイメージでしたが、いまはまったく違います。もちろん、そういう生徒もいないわけではありませんが、最近目立つのは小中学校時代に不登校だった生徒や、発達障害など何らかの障がい傾向を持つ生徒です。事実、私の担当しているクラスでは、中学の時に不登校だった生徒がおよそ半分を占めています。

彼らが不登校になった理由はさまざまです。ある生徒は運動が得意な活発な子でしたが、運動会の徒競走で転んでビリになり、そこから不登校になった。別の生徒は、中学1年の時に病気で少し休んだ後、みんなから無視されるようになった。「えっ、そんなことで？」と思うこともありますが、友達同士の人間関係でしんどさを感じて不登校になるケースはやはり多い。

また、8年間、この高校の生徒を見てきて感じることとして保護者の影響もあります。学校生活で何か問題が起きたときに、学校に不信感を抱いている保護者ほど「そんな学校には行かなくていい」という振り切った対応になるんですよ。それで学校に行かなくなり、不登校になったと話す生徒は何人もいます。

もちろん、しんどい思いをしてまで学校に行って将来に続くトラウマを抱えるのも問題ですが、小学校、中学校での不登校はその後の人生に大きな影響を与えます。子育てや教育に関する保護者の考え方もあるので善し悪しで語ることはできませんが、それも定時制高校の現場で感じることです。

不登校の子どもが定時制高校に集まるのは、定時制高校が彼らのライフスタイルに合っているからだと思います。

不登校の子どもは昼夜が逆転しているケースが多く、朝起きて学校に通うことに不安を感じています。長い間、学校に行っていないため、「6時間の授業に耐えられるだろうか」と不安に思う生徒も少なくありません。でも、定時制高校の授業時間は夕方5時から夜9時まで。一般的な高校と違って4年間通う必要がありますが、1日の授業時間も4時間と短い。彼らのニーズに合うんですよ。

6〜7年前まで、定時制高校の生徒数は減少傾向にありましたが、いまは再び増えています。それも、定時制高校のスタイルが不登校の子どもに合っているからでしょう。良い悪いは別にして、定時制高校が不登校の子どもの受け皿になっています。

水風呂の女子生徒

この学校に赴任する前は偏差値60前後の私立高校で理科を教えていました。そこそこの私立高校だったので、自分の役割は、言ってしまえば生徒を大学に合格させることでした。だから、8年前にこの学校に来たときは驚きました。それまでの高校とあまりに違っていましたから。

まず、授業に戸惑いました。私は理科の教員ですが、中学に全く行っていない生徒もいるので、教科書の内容をすべて教えることは現実的に難しい面があります。化学は何とか教えていますが、物理はさすがに限界がある。その化学にしても、難易度は落とさざるを得ません。また、足し算はできるけれども九九ができない、小学生レベルの漢字やアルファベットが書けないという生徒もいます。「初等教育って何だろう」と思うこともありますが、それが定時制高校の現実です。

自分の担任している生徒が少年院に送られるというのも、初めてのことでした。1年目に担任した生徒が仲間と窃盗事件を起こして捕まったんです。少年院での収容が決まり、その生徒は結果的に退学しましたが、殺人事件の主犯として逮捕されたということを後のニュースで知りました。

この生徒もそうでしたが、複雑な家庭環境に置かれている生徒はたくさんいます。

この間も、雑談している時に「いま、うちは水風呂なんだ」とポロッと漏らした女子生徒がいました。その話を聞いたのは2月のまっただ中ですから、大変なことです。詳しく聞くと、料金の滞納でガスが止まっているという話でした。

すぐに母親に電話すると、お金がなくて払えないという。彼女の家は住民税の非課税世帯。母親の仕事も不安定なので生活保護を活用すべきではないかという話はしましたが、生活保護にスティグマ（恥の烙印《らくいん》）があり、母親は生活保護の活用を嫌がっていました。その女子生徒の家はいまも不安定なままです。

また、家での虐待が疑われるようなケースもあります。私が担任を務めたある3人兄妹は、家で満足に食事も取れていない状況でした。母親は生活保護を受給していましたが、お金は自分と同居の男性のために使ってしまう。母親とは何度も話しましたが、結局は自分のことしか考えていない。いわゆる〝毒親〟です。

このときは、兄妹ともに家を出たいと言っていたので、アルバイトをさせようとしましたが、地元自治体の担当者にアルバイトを認めてもらえず大変でした。生活保護では、自立更生計画を出せば高校生のアルバイト代は収入から除外されることになっていますが、その時のケースワーカーが認めてくれなくて……。

母親から離した方がいいのに、生活保護を受給しているがゆえにバイトもできないというジレンマ。このときの対応には腹も立ちましたが、高校教師にできることには限界があります。

その後、ケースワーカーが変わったことでアルバイトができるようになり、3人は家を出ることができました。いまはみな、独立して元気にしています。一人は、家庭も持っていますが、自分の母親のことは伝えていないそうです。

不可欠な福祉の連携

この兄妹のように「家を出たい」と言う生徒は少なくありませんが、あくまでも貧困や毒親から逃げたいという話であって、子どもたちの主体的な意思ではありません。ただ現状から逃れたいというだけでは出た後の生活も安定しませんし、自己肯定感も生まれない。

だから、勝山さんや三浦さんに来てもらって、生徒に話を聞かせてほしいと思ったんです。彼らは常に未来の可能性を語ります。「自分の人生は自分で選択できるから頑張ろうぜ」と。それが、うちの生徒に合うだろう、と思いました。

実際、講演の後、生徒に作文を書かせた時に、「ハッシャダイソーシャルとかかわって外の世界を見たい」と書いた生徒がいました。介護福祉士の資格を取るため、彼らとつながりのある介護関係の経営者に会った生徒もいます。うちの生徒は電車を乗り継いだ経験もないほど地元の狭い世界にとどまっていますが、もっと広い世界を知ってほしい。

定時制高校に勤務するようになって、福祉との連携が不可欠だと感じています。

水風呂の女子生徒のように、生徒の保護者とやり取りしていると、生活保護を受給した方がいいと思うケースは少なくありません。また、〝毒親〟のケースのように、保護者と切り離してシェルターやグループホームで暮らした方がいいと思う生徒もいます。ただ、私たちは学校ですから、できることに限界があります。

最近はスクールソーシャルワーカーの協力で行政とのかかわりができましたが、まだまだ不十分です。学校は生徒や保護者とのやり取りの中で、彼らの置かれている状況に気づくことができます。うまく行政や福祉と連携できれば、子どもの貧困や虐待のような問題に早めに対処できるのではないでしょうか。

4 無力感の根源

定時制高校教諭
五十嵐尚樹（仮名）

私が勤めている商業高校は全日制と定時制の両方があります。定時制の方は各学年2クラス。全体でも60人もいません。偏差値は低く、倍率は1倍を下回っていますので、希望すれば、基本的に誰でも入学することができます。全日制と定時制の接点はほとんどなく、多くの生徒が全日制に対して劣等感を抱いていると思います。

進学する生徒はあまりいません。進学するとしても、専門学校に進学する生徒が学年に数人いるかどうかというレベル。大学に進学する生徒もまれにいますが、それでも通信制の大学です。進学する生徒がほとんどいないのは、それだけの学力がないというのが大きな理由です。私たち教員も、基本的には薦めません。

それでは卒業後の進路はどうするかというと、就職を目指したり、バイトを続けたりという場合がほとんど。これが、商業高校定時制の現実です。

定時制高校に来る生徒の大半は、不登校を経験しています。ほかの定時制の先生とも話しますが、大半が不登校経験者か、外国にルーツを持つ生徒だと思います。落ち着きがない、漢字が書けない、線が真っ直ぐにかけない――など、発達障害や学習障害などの傾向が疑われる生徒も一定数います。恐らく、こういう学習面の遅れで不登校になった生徒も多いと思います。

定時制というと、ヤンキーをイメージする人もいるようですが、うちの生徒はみんなおとなしく、昔のようなヤンキーはいません。もちろん、暴走族に加わっているような生徒もいません。

複雑な生徒の家庭環境

生徒の家庭環境はどこも複雑です。私の担当しているクラスの場合、半分以上が一人親家庭です。両親がいる生徒は一握り。いるとしても再婚同士で、父親や母親が違う兄弟姉妹と暮らしている生徒がほとんどです。

私は6年前に教員免許を取った後、1年間ほかの高校で教壇に立ち、この高校に赴任しました。最初は「こんな世界があるのか」と驚きました。

定時制高校の現場で感じる課題はいろいろあります。まず、生徒の学力がバラバラだという点が挙げられます。

定時制には、中学校時代に不登校だった生徒もいれば、全日制の高校から編入してきた生徒もいます。さまざまな生徒がいる中で、どこに学力をあわせるかというのは、私たち教員からすれば難しい問題です。

私は10段階でいうと、5～6のレベルで授業しています。ついてこられない生徒もいるので、そういう生徒には別の課題を用意して対応しています。

また、やる気や意欲に課題がある生徒が多いという難しさもあります。これまでに人間関係や勉強面で失敗してきたため、努力や挑戦を怖がっているんです。漢字検定やパソコン検定を受けるため、受験料まで払っているのに、落ちるのが怖くて行かなかったという生徒もいました。

生徒の心の問題も深刻です。うつ傾向というのか、家庭環境などのために常に何かに悩んでいる生徒が少なくありません。突然、廊下で泣き出すような生徒もいます。

私たち教員は生徒の家庭の状況をある程度、把握しています。ただ、教員が家庭に介入するのは難しい面もあるので、現在は月1回、学校に来るスクールカウンセラーやスクールソーシャルワーカーにつないでいます。

実際に話を聞いたスクールカウンセラーやスクールソーシャルワーカーが「保護者と話したい」「診察を受けた方がいい」といえば、私たちが実際に保護者と連絡を取る。その中で、解決に近づくケースもあります。

目の前につまずいている生徒がいるのに、話しかける以外に何もできない現状は、私たちにとってもつらいことです。

私たち教員の役割は、生徒が学校を出た後、社会人として社会の中で生きていけるようサポートすること。そのために、学校を落ち着いて勉強できるような空間にすることです。でも、家庭の問題で学校に来られない生徒は実際にいるんですよね。そういう生徒のためにできることはあまりない。

もちろん、学校が家庭に介入するということも考えられます。ただ、介入してうまく行かなかった場合のマイナス面を考えると、やはり難しい面があります。介入するということは、家庭の問題に責任を持つということ。これは、一教員ができる範疇《はんちゅう》を超えています。

それ以前に、保護者とやりとりするなかで、自分のメンタルが持たないかもしれない。そのため、家庭の問題とは一線を引くことが暗黙の了解になっているように思います。

本来であれば、行政と連携できればいいのですが、困窮者支援は自治体によって濃淡があり、連携というところまではいっていないのが現状です。結局、悩んでいる生徒の話を聞き、「いまは大変だけど、もう少し頑張ろうね」という程度のことしか言うことができない。

言語化された生徒の感情

ハッシャダイソーシャルとは、教育関連のNPOの方に紹介いただきつながりました。その後は2回、僕が持っている国語の授業の一環で、三浦さんに来ていただきました。

なぜ彼らを呼ぼうと思ったのか。それは、彼らの「Choose Your Life」という言葉を聞いたときに、自分がうまく言語化できていなかった、この学校に通う生徒の感情が言語化されたような気がしたからです。

ここに通ってくる生徒は、「自分の人生は終わった」と悲観的な子がすごく多いんです。でも、私自身は彼らが置かれているような環境では育っていませんから、本質的な意味での彼らの苦悩がわからない。

なぜ自己肯定感が低いのか、なぜ劣等感を抱えているのか、どうすれば自分のことを好きになってもらうことができるのか。その本質的なところはいまもわかりません。でも、「Choose Your Life」という言葉を聞いて、「ここの生徒は人生の選択肢がないんだ」と腑《ふ》に落ちました。

ハッシャダイソーシャルのみなさんは、背景も含めて生徒にとても近いため、彼らの言葉は生徒に刺さっています。私たちが声をかけるよりも、彼らの言葉の方が何倍も刺さっている。講演の後の反応はとてもいいですから。

学校によっては外部の団体のために授業時間を割くことに批判的な声もあるかもしれません。でも、彼らの存在はうちの生徒には意味がある。

それに、ハッシャダイソーシャルは「スナックハッシャダイ」のような場を通して、他県の教員や他業種の方々とかかわる機会も作ってくれています。生徒だけでなく、私たち教員の選択肢も広げてくれているんですよね。

公立高校の場合、外部との連携はハードルが高い面もあるのですが、是非またお願いしたいと思っています。

5 学歴エリートの憂鬱

県立高校教諭
柴山大志（仮名）

不登校と言うと、教育困難校や進路多様校の問題と捉える人も多いかもしれませんが、そんなことは決してありません。進学校でも深刻な問題になっています。

私は、県内で進学校と言われている公立高校で教壇に立っています。通常、進学校には不登校の生徒はいないと思われているものですが、この数年は不登校になる生徒が毎年2、3人は出ています。

なぜ不登校が増えているのか。あくまでも現場で感じる私の肌感覚ですが、いくつかの理由があると思っています。

まず、最近の生徒は学校の成績や勉強のほかにアイデンティティがなく、壁にぶつかったときにすぐ折れてしまうという点。

私が勤めている高校は、学習指導や進路指導を強化するという方針の下、徐々に偏差値を上げてきた学校です。私立の進学校のように生徒を鍛えた結果、偏差値70を超えるまでの進学校になりました。

そういう歴史があるため、日々の授業で出される課題はかなり多い。テストの順位を気にする子も多いので、生徒の多くが休み時間に勉強しています。コロナ禍以前には、夏休みに避暑地の施設で勉強に打ち込む「学習合宿」というイベントも実施していました。現在は通いの校内実施になっていますが、毎年、8割ほどの生徒が参加します。みな黙々と自習しています。部活動や生徒会の活動も、大学受験に備えるために、高校2年の冬で引退する子も少なくありません。

学習指導に力を入れる学校はたくさんありますが、このレベルの公立学校がここまで力を入れるというのは、あまり聞かないと思います。

また、校則はそれほど厳しいわけではありませんが、女子生徒を並ばせてスカートの丈を測ったり、ツメを確認したりという整容指導も実施しています。この手の整容指導も、偏差値70の公立ではあまりないのではないでしょうか。うちの生徒はまじめな生徒が多く、ルール違反するような子はほとんどいないんですけどね。

打たれ弱いエリート

学校が学習指導や進路指導に力を入れたことで、進学実績は大幅に向上しました。優秀な生徒が受験するようになり、偏差値が上がったのは、その成果と言えます。

ただ、成績や進学が重要だという価値観を醸成してきた影響か、勉強のほかにこれといった強みがないという生徒が多くなっているように感じています。部活動をやっている生徒はほかに居場所がある分まだいいですが、勉強が中心になっている生徒はテストの結果を真正面に受け止め、「自分はダメだ」という評価になってしまう。

この高校に進学してくる生徒は、地元の中学では一番だったような子どもたちです。でも、母集団のレベルが上がっていますから、その中でトップを取り続けることは難しい。その現実を自分の中で消化できず、自信を失う生徒もたくさんいます。自分には成績のほかに強みがない。そう感じている子ほど打たれ弱いという印象です。

それでは、成績がいい生徒は問題ないのかというと、そんなことはありません。

生徒はみんなまじめに勉強していますが、それも大学受験でいい大学に行くため。これは私たち教師や社会の責任でもありますが、大学に行くこと自体が目的になってしまっていて、大学で何を学びたいのか、社会に出て何をしたいのかというその先がない。

そうすると、「将来の夢を見つけなければ」という話になり、「見つからない。どうしよう」と落ち込むか、「その夢を叶えるには○○大学に行かなければダメ」「そのためには○○の成績が必要」「いまの成績ではとうてい無理」「ヤバい、もう終わった」という思考になってしまう。

別に東大や早慶に行かなくても、夢を叶える方法はいろいろあるはずですが、「○○大学に行かなければ無理だ」と考えてしまうんです。学校としても、多様な価値観を育《はぐく》もうとはしているのですが、なかなか生徒は勉強一筋の価値観から抜け出せません。

私の授業にハッシャダイソーシャルの方々をお呼びしたのは、こういった現状に疑問を感じたから。大学に行くことがすべてでなく、いろいろな生き方があること、人生には紆余曲折《うよきょくせつ》があり、自分自身の選択でキャリアを切り拓いていけること、それを伝えてほしいと思いました。

実際に授業にお呼びするにあたっては、学校内の手続きなど大変なこともありましたが、子どもたちには響いたようで、お呼びして本当によかったと思っています。ワークショップのあとのオープンカフェにはかなりの生徒が残り、三浦さんや、三浦さんがお呼びした社会人の方々に相談していました。

大学進学以外の選択肢はなく、国立か早慶に行かなければ終わりだと考える生徒にとって、いい刺激になったのではないでしょうか。

私の高校は管理型とも言える学習指導で偏差値を上げましたが、ほかの公立高校の先生方と話していると、だんだんとほかの学校もこちら側に近づいているなと感じています。私たちの学校も、生徒に対する課題を増やすことでいまの進学実績を達成しました。だから、課題を減らすことができないんです。

うちの生徒はみんな優秀です。本当に一生懸命、勉強している。でも、ここで言う優秀さとは、あくまでも言われたことをやり切る能力です。これからの社会で求められるのは、自ら考え、課題を見つけ、解決していく力。そういう意味では、従来の偏差値教育から転換していく必要がありますが、学校教育では対応し切れていないのが正直なところです。

6 傷だらけの天使

児童養護施設職員
中川悠里子（仮名）

ハッシャダイソーシャルとは、「KAZAANA（カザアナ）プロジェクト」でご一緒しています。KAZAANAは、ハッシャダイソーシャル、MIYACO、京都市、京都児童養護施設長会が2021年5月に始めた、児童養護施設の子どもたちに向けた就労支援プロジェクト。内省を通した自己分析やさまざまな仕事についている社会人へのインタビュー、実際の企業訪問などを通じて、自分のキャリアストーリーを描くことが目的です。

勝山さんたちがよく話しているように、人は人との出会いによって変わることができます。そのことに気づいてもらって、子どもたちのベクトルを外の世界やポジティブな思考に向ける。それがKAZAANAのひとつの意義だと思っています。

また、企業の中の仕事を知る機会という面もあります。施設にいる子どもたちの中には親が働いている姿を見たことがないという子もいます。働くということに対するイメージがぼんやりとしているんです。児童養護施設を出た子どもに保育士を目指す子が多いのも、保育士が身近だからです。

でも、仕事の種類は数万あると言われています。その中には、自分に向いたものがきっとあるはず。人と接するのが苦手な子どもでも、実際に接客を体験することで、新たな気づきを得ることもあるでしょう。

実際に、2022年秋に空き店舗を1日借りて食堂を開き、料理を作り、もてなすというイベントを実施しました。企画やコンセプト段階から子どもたちがかかわりました。これまで接客経験のない子どもたちにとって、仕事を知るいい機会になったと思います。

このように、勝山さんたちは参加する子ども一人ひとりにあったプログラムを考えてくれる。そういう意味で、施設に入所している子どもたちにとってとても意味のあるプロジェクトだと感じています。

――子どもたちが児童養護施設に来る背景

KAZAANAへの参加は希望制で、高校生の子どもに「こんなのあるけどどう?」と提案しています。バイトなどを通して、自分で社会とつながることのできる子は参加に消極的で、中学のときに不登校だったり、人間関係を構築するのがしんどいと感じていたりするような子が参加する場合が多いです。

参加者の中には、初めのころは自分の意見を言うことができなかったのに、勝山さんや社会人の方々の話を聞いて成長し、率先して自分から意見を言うようになった子どももいます。自分の話を聞いてくれた、自分を認めてくれた、ここではどんな意見を言っても大丈夫なんだと感じたからでしょう。その成功体験が、その子どもの考え方を大きく変えたのだと考えています。

KAZAANAには、京都市からの打診を受けて参加を検討しました。学校以外で社会とつながるきっかけをつかんでほしいと思う子が施設におり、ほかの職員にも後押ししてもらいながら本人に聞いてみると、やってみたいという前向きな反応だったため、施設として参加を決めました。

背景には、私たちの問題意識もあります。

子どもたちになるべく丁寧に寄り添おうと努めていますが、子どもたちがやろうとしていることに、ついつい先回りして対応してしまうことがあるんです。その結果、たとえば手紙の出し方のような一般常識を伝えきれずに社会に送り出してしまい、「もっと事前に伝えられればよかった」と後悔することもある。そういう生きていくためのベースの知識が不足しているために、一人暮らしを始めた後、苦労して精神的に不安定になる子どももいます。

そんな子どもたちにいろいろな価値観を持つ大人の姿を見せ、それぞれの当たり前をぶちこわしてほしい。そう思ってKAZAANAに手を挙げた面もあります。

当園には40人近い子どもがいますが、施設に来る理由の60％以上が虐待です。あとは親の精神疾患のような養育環境や死別など。学校や近隣からの通告で来る場合もあれば、親族や本人からの相談で入所してくる子どももいます。心に傷を抱えている子が多いので、何かをするというよりも、まずは安心して生活できる環境を整えるところから始めます。

ここに来る子どもの中には、不登校になっている子も少なくありません。保護者に学校に行かせてもらえなかった子ども、昼夜が逆転していて学校に行っていなかった子どもは学習面で遅れているため、もう一回学校に行こうと思っても、なかなかうまくいきません。

また、それまでまとっていた鎧《よろい》を脱いだため、無気力になってしまう子どももいます。体が動かず、学校に行けなくなってしまうんです。こういう子どもは支援が大変です。無理に声をかけても嫌な体験にしかならないため、見守りながら出てくるのを待つしかない。

子どもたちの学力は本当にいろいろですよ。大変な子もいますし、難関大学に行く子もいます。発達障害の子もいれば、特定のこだわりがある子、怒りやすい子、被害妄想がある子もいます。

子どもの気質は幼児期の体験や育った中で身についたものなので、大きくなってからの修正はやはり難しい。

――そもそものエネルギーが足りない

ここは基本的に18歳までの入所ですが、大学に進学した場合は22歳まで入所が可能です。うちの進学率は全国平均に比べて高く、資格のために専門学校や大学に進む子どももたくさんいます。

ただ、進学しても途中でドロップアウトしてしまうという課題もあります。学力的についていけないという部分もありますが、それ以上に自身の基盤となる部分の支えが弱いのか、人間関係などで何かあると精神的に不安定になってしまうんです。

昔はやんちゃな子も多かったですが、いまはみんな大人しいですね。7、8年前は大人に感情をぶつける子もいました。それこそ電気スタンドを投げてきたり(笑)。それだけエネルギーがあったということです。

エネルギーのある子どもは、そのエネルギーを外に向けることができます。「こんなところにいたくない!」というエネルギーが自身を奮い立たせ、それが自立につながった面もあるんです。でも、いまはエネルギーを注入する作業が必要です。KAZAANAを通して外の世界を見せるのは、子どもたちに刺激を与え、エネルギーを生み出させるという意味もあります。

私は20年前にこの施設に来ました。最初の12年は幼児を担当していましたが、国の施策などの影響もあって幼児の入所が減ったため、8年前から小学生以上を担当しています。

大変なことは、それはたくさんありましたよ。無断で外泊したり、暴れたり、ほかの子どもを巻き込んだり、学校に行きたくない子がほかの子に「一緒にいよう」とそそのかしたり。頑張っている子が巻き込まれるのはつらく、無力感でいっぱいになります。

施設の中は一つの社会。その集団の中で生きていくために、良くない流れに従ってしまうということは往々にしてあります。

子どもたちは勝山さんに会うのをいつも楽しみにしていますよ。勝山さんはエネルギッシュにみんなを引っ張ってくれますし、難しいことでも「やってみよう！」と言って、挑戦のハードルを下げてくれる。どんどん他の人を巻き込んでいくところも魅力的です。

KAZAANAは子どもが変わるひとつのきっかけになっています。ぜひこのまま続けてほしいと思っています。

7 伝染する生き様

鹿島朝日高等学校
学校長
中島佐代子

勝山さんと三浦さんの印象は強烈でした。ある方の紹介で予備知識なく会ったのですが、二人とも本当に目がキラキラしていて。当時、二人は22、23歳でしたが、若者を支援したいという想いで満ちあふれていました。

私は鹿島朝日高校（通信制）に通っている生徒を、元気な大人に会わせたいと思っているんです。元気な大人とは、志を持って自分の好きなことを追求している人。勝山さんと三浦さんは、うちの生徒に会わせたい大人の姿そのものでした。

二人とのプロジェクトは絶対に生徒のためになる――。それを会った瞬間に確信した私は、まずは講演というかたちでかかわってもらうことにしました。「Choose Your Life」をテーマにした講演です。

すると、二人が生徒の年齢に近いからでしょうか、生徒の食いつきがいいんですよ。

通信制に通っているような生徒は、自己肯定感が低く、自分の人生に迷っている人が少なくありません。「自分は××ができない」「どうせダメだ」と自信をなくしている人もたくさんいます。

そういう思考になってしまうのは、これまでの人生で、ほかの誰かと比較され続けたことと無関係ではありません。そんな彼らに「人生はこれからだよ」と伝えることはとても大切です。

そのときに、「あなたはできる。できるんだから大丈夫」と先生が言っても、生徒はピンとこない。でも、彼らに近いところからスタートした勝山さんや三浦さんの言葉であれば、すっと心に入る。

実際、講演の後のアンケートには、「人生が変わった」というようなコメントがたくさん出てきます。

お二人に定期的に講演に来てもらうようになったのは2020年ごろからです。いまではさまざまな分野で活躍している大人の話を聞く「達人に聞く」や、企業経営者や人事担当の方にそれぞれの業界や会社について語ってもらう「お仕事図鑑」など、ハッシャダイソーシャルとのプログラムは拡大しています。

こういったプログラムは基本的に月1〜2回。オンラインで勝山さんや三浦さんに基調講演で話してもらって、その後に「達人に聞く」や「お仕事図鑑」が続くという流れ。勝山さんや三浦さんにはファンも多く、毎回200人から300人が参加します。

最近はハッシャダイソーシャルとのプログラムを軸に、鹿島朝日、鹿島学園、鹿島山北の鹿島通信教育グループの合同で「プロジェクトみらい」という生徒のキャリア支援プログラムを立ち上げました。

ハッシャダイソーシャルの講演と「達人に聞く」を軸にした「ハローライフ」、「お仕事図鑑」をベースにした「ハロージョブ」、残りの「ハローワールド」と「ハローパス」はほかの方にお願いしていますが、いろいろな大人の話を聞き、将来をイメージしてもらうという点で目的は同じです。

——キャリア支援に力を入れる理由

鹿島朝日がキャリア支援に力を入れているのは、それを必要としている生徒が多いからです。

ご承知のように、通信制高校には不登校を経験した生徒が少なくありません。鹿島朝日は全国に約5000人の生徒がいますが、少なくとも半分以上は不登校経験者だと思います。

生徒の中には卒業時に進路が確定していない人も多く、バイトやフリーターのまま社会に出て行く生徒はたくさんいます。また、不登校経験者だけでなく、発達障害、あるいは境界知能やグレーゾーンが疑われるような生徒も一定数存在します。

かつて私がかかわった生徒に、人の誕生日を聞いて、その日の曜日を答える子がいました。サヴァン症候群のある人に見られる能力です。彼は自分の能力を社会にどう活かせばいいかがわからずに卒業していきました。こういった学生が自身のキャリアを考えるときに、さまざまな大人の生き方を見聞きすることはとても重要です。

また、通信制は学費が安いため、生活保護を受給している世帯の生徒がある程度います。通信制の卒業生が増える中、彼らが働いて納税者になるか、福祉のお世話になったまま生きていくのかという点は社会にとっても大きな課題です。彼らが夢を持って自分の人生を選択していくことができれば、納税者になることができる。

正直、どっちに転ぶかわからない子どももいるだけに、いろいろな大人の話を通して、自分のキャリアや生きる道をイメージしてほしい。そう思って、キャリア支援に力を入れています。

私は20年前から通信制の世界にいますが、通信制を巡る環境は大きく変化しています。かつての通信制は、普通の学校に行けなくなった子どもが行く学校という認識でしたが、いまは第一志望で通信制を選ぶ生徒が増えています。

通信制は時間の融通が利きますから、空いた時間でスポーツをしたり、声優や芝居のレッスンを受けたりする生徒も少なくありません。そういった多様な学び方が評価されているのだと思います。

もちろん、親の世代の価値観が変わっているということもあります。

鹿島朝日も塾やフリースクールなどを母体とする全国の学習等支援施設と連携しており、全国のキャンパスで生徒をサポートしています。

もともと私は広告関連のコピーライターでした。ただ、縁あって、米国の通信制高校の日本進出を入学相談員という立場でお手伝いすることになって。それが、いまや天職と思える高校教育との出会いになりました。

その仕事にかかわっていくうちに、目から鱗《うろこ》が落ちるような、脳天をがつんと殴られたような衝撃を受けたんです。「ああ、こういう学校があるんだな」と。

私は地方の進学校に通っていましたから、学校での教育とは、先生が教壇に立ち、大勢の生徒に向かって授業するものだという感覚がすり込まれていました。ところが、その高校では、生徒との対話を通して、生徒一人ひとりの学びを促す教育を実践していた。教育について持っていた考え方を根底から覆されました。

その後、いろいろなご縁で鹿島朝日の校長に就任しましたが、通信制という学びのかたちは日々進化していると感じています。


現状、ハッシャダイとの連携は鹿島朝日にとってとても意味のある活動だと評価しています。これからも、お二人の話やいろいろな大人の話を聞かせてほしい。

生徒の現在は、勝山さんや三浦さんの過去。自分の志を見つければ、元気な大人になれるということだと思います。二人を応援することを通して若い人々を応援する――。そう思って、ハッシャダイソーシャルの二人とかかわっています。

8 非行少年に響く言葉

新潟少年学院
法務教官
山本一成

新潟少年学院には、基本的に非行傾向が進んでいない少年が送られてくるため、比較的教育しやすい子どもが多いという特徴があります。それこそ、勝山さんのお話に身を乗り出して聞くような、そういうところが残っている子どもがそれなりにいます。

定員は80人ですが、収容されている人数は減っており、現在は30人を割り込んでいます。少子化の影響で少年の人数そのものが減っているということに加えて、コロナの影響もあると見ています。

少年院は更生施設ではあるものの、犯罪に対して刑罰を科す刑務所とは異なり、家庭裁判所から保護処分として送致された少年に対して、矯正教育や社会復帰の支援を提供するという、教育に重点を置いた施設です。

さまざまな環境に置かれている少年をいったん保護し、社会のルールを教えて社会に送り返すことを目的にしています。

少年院に来る少年の中には、そもそも社会のルールを知らず、罪を犯した子どもが少なくありません。また、保護者による虐待や経済的な困窮のため、一般常識を知らない子どももいます。ゴミを落としたときに、保護者に「掃除しなさい」と言われてきていない子どもは、ゴミを拾うという常識がありません。

そのため、地元の仲間から切り離された、三食が保証されている少年院という場所で、社会のルールや一般常識を教えていく。それが、少年院の役割です。

生まれたことをお祝いしてもらうという経験のない子もいますので、少年院では月1回、誕生会も開催しています。標準の収容期間は平均11カ月なので、誕生会をしないで出院する子どもも中にはいますが、大半の子どもは誕生会を経験します。


少年院の中では、国語や数学のような授業だけでなく、出院した後の自立のために、陶芸や溶接などの技能指導が行われています。新潟少年学院でも、職業能力開発として陶芸などのコースを置いています。

ただ、いまの時代にはＩＣＴのスキルも必要だという判断の下、２０２２年４月からＩＣＴに関するコースの運用も始めました。具体的には、ExcelやWord、PowerPoint、映像編集ソフトの使い方やプログラミング基礎などを学ぶコースです。

民間資格であるマイクロソフト・オフィス・スペシャリスト（ＭＯＳ）や国家資格のＩＴパスポートの取得を目標にしています。パソコンなどハードの制約があるので定員は10名程度ですが、希望者が多く、また能力的に難しいため、やむなく別のコースに回す場合もあります。

感想文に書かれていること

ここに入院するきっかけとなった犯罪はそれぞれですが、窃盗や特殊詐欺を含む詐欺のような財産犯が割合としては最も多く、その次に暴行や傷害などの粗暴犯が続きます。大麻のような薬物事犯はさらにその次ですが、最近は徐々に増えている印象です。

さまざまなしんどさに直面する中で、薬物を使用している人間が周囲にいるために、自分でも手を出してしまうのだと思います。

また、入院している少年の〝傾向〟についてですが、いわゆるグレーゾーンの子どもは年々増えています。全体の半分は、境界性知能にある者や発達障害などを抱えているというのが率直な印象です。

私が法務教官の仕事を始めた26年前と比べればこういった少年の数は増えていますが、社会の知識が増えたために可視化されている面もあり、どれだけ増えているのかということについてははっきりとしたことは言えません。

基本的には、子どもたちの特性は理解しつつも、他の子どもと同じように対応します。社会常識が欠けている子どもも同じですが、わかりやすい教え方をしなければ、彼らの頭の中に入っていきませんので。

例えば、「行かないわけではない」というような「二重否定」は理解するのが難しく、「どっち？」という反応になるため、基本的に使いません。

「○○した後に××して」と複数の指示を一つの文章で出すのも避けています。二つの指示を同時に理解できない子どもが少なからずいるからです。この場合、「○○したら教えて」とまず伝えて、その後に「××をして」と指示します。

また、なるべく視覚情報として見せることも意識しています。やはり聴覚情報は難しいんですよ。この辺はバリアフリーと同じで、誰もが理解できる話し方、伝え方を心がけています。

出院後に就学を希望する子は全体の25％前後、就労を希望する子は75％前後です。ただ、出院前に働き口が決まっている子どもは半分ほど。その場合も以前からの知り合いや親のツテが多く、結局は元のコミュニティに戻ってしまうんですよね。

いくら少年院で「人生をやり直そう」と決意しても、前のコミュニティに戻って昔の仲間に会えば、なかなか抜けられないですよね。ましてや職場まで同じであれば、自分が変わっていくのは大変です。

ハッシャダイソーシャルと連携しようと思ったのは、その部分を子どもたちに伝えたいと思ったからです。

自分で自分の人生を選択する。そのために、コミュニティを離れることの重要性を話してくれる。そういう講話ができる方はほとんどいません。

実際、勝山さんの話の後の感想文を読むと、その部分に反応している子どもが少なくありません。

元のコミュニティに縛られており、そこに戻る限りは人生が変わらないことは自覚している。でも、コミュニティを離れる自信はなく、そのコミュニティでしか生きることのできない自分を認めたくもない。

そんなプライドがあるので、「オレがいないとダメなんだ」「頼られているんだ」と言って戻っていく。でも、離れないとダメなんですよ。勝山さんは、その点を自分の経験を踏まえて話してくれる。

少年たちの耳と目

勝山さんも、少年院には来なかっただけで、若い頃はここにいる子どもたちと同じような状況だったと思います。でも、人と出会うことで大きく変わった。義理のお兄さんの救いの手をつかみ、なにくそと思ってやり続けたら、人生が変わった。自分のコミュニティを出なければ、勝山さんは変わらなかった。

コミュニティを出るときには不安もあったと思いますが、彼はコミュニティを出た。だからこそ、いろいろな人と出会う機会を得たわけでしょう。非行少年にとって、一つのサクセスストーリーなんです。

また、この間の講演の際には、福祉・介護サービスを展開しているUQホールディングスの岩尾憲一郎社長との対談もしてくれました。岩尾さんは10代後半に、ここ新潟少年学院に入院していた方で、20歳で退所した後、福祉の世界に入り、企業グループを起業するまでに成功されました。

岩尾さんは少年院を出た後、30歳、40歳、50歳という節目までに何をするかという目標を立て、それを実践してきたそうです。ここにいる子どもたちは、「金持ちになりたい」「社長になりたい」という大目標はあるものの、どのように実現していくかというプロセスについてはわかっていません。

岩尾さんの話を通して、目標を立てる大切さ、プロセスを踏む重要性を理解してくれれば、と思っています。

こういう外部の方の講話が退屈だと感じる子どもはもちろんいます。でも、初めは興味がなさそうにしていた子どもの表情が変わり、だんだんと身を乗り出していく姿を見たのは一度や二度ではありません。外部の人の講話を通して、かつての自分を思い出すということもあるんですよ。

現に、岩尾さんの話を聞いて、「また介護の仕事をしようかな」と言った子どもがいました。

彼は特殊詐欺にかかわったためにここに送られてきましたが、その前は介護の仕事をしていました。そのときに、自分が担当していた高齢者に外出許可が下りて、久々に外に散歩に連れて行くことができた。

すると、その高齢者が道端で摘んだ花をくれたそうです。ご自身の世話をしてくれる若者に、自分のできる範囲で何かをお返ししたかったのでしょう。そのときのうれしい気持ちを思い出したんです。

一人の話が全員に刺さるわけではありません。でも、誰か一人に刺されば、彼の人生は変わるかもしれない。そう思って、勝山さんのような方をお呼びしています。

実は、勝山さんには、ここにいる少年だけでなく、施設の職員も触発してほしいと思っているんですよ。

少年院にいる子どもは社会から離れた施設の中で暮らしています。これは、外部の刺激から切り離し、安定した環境で教えるという面でとても重要なことですが、一方で社会から受け取る情報も減ってしまう。

そのため、職員が彼らの目となり耳となり、伝えていく必要がある。そうしないと、少年院が11カ月のブランクになってしまいますから。

ただ、職員も施設の中にいるため、社会との接点が限られています。その中で、若者に対する勝山さんの熱量を見れば、職員も何か感じ取ることがあると思うんです。職員は「少年たちの目と耳である」という感覚で接してほしいと思っています。

法務教官になったわけ

僕自身は、人に何かを教える仕事をしたいと思って法務教官になりました。ただ、そう思ったときは理系の大学院に在籍していて、いまさら教員免許を取るのも現実的ではなかったため、修士論文を書きながら独学で心理学や教育学、社会学を勉強して法務教官の試験を受けました。23歳のときの話です。

大学院ではカーボンファイバーなど複合素材について研究していました。普通であれば、大学院を卒業した後はメーカーに就職していたと思います。ただ、大学院で研究しているうちに、人間の方が不確定でおもしろいんじゃないか、と思うことがあって。

機械やプログラムは、人間が間違わなければ間違えません。間違えるのはそれを使う人間であって、機械やプログラムは間違えない。それよりも、間違える人間の方に興味が向いたということです。

もう一つは、人のためになる仕事をしたいと思ったこともあります。僕は小学生のときに弟を亡くしているんです。何も考えずに大学院に進んだけど、このままメーカーに就職して人のためになるのか。そう思ったときに、そのまま研究開発の世界に進むことに疑問を感じました。「理系を離れたい」。大学院の恩師にそう言うと、初めは驚いた表情でしたが、修士論文の邪魔にならない範囲で頑張りなさいと言ってくれました。

先生には本当にお世話になりました。一度、私が大学の職員と揉《も》めて、相手のことを怒ってしまったことがあるんです。普段は温厚な先生ですが、そのときはピシッと言われました。

「山本君は教える人になろうとしているのに、相手の立場を考えず、自分の主張を押し通してどうするのか！」と。

ハッとしました。

私はいま、とても幸せです。法務教官という仕事はいろいろなことがありますが、この仕事を辞めたいと思ったことは一度もありません。勝山さんや三浦さんの情熱をもらったことで、いまは「もっとこうしたい」という気持ちでいっぱいです。私は法務教官として、新潟少年学院をより良くしていきたいと思っています。

9　先生の居場所

2023年6月17日の夕方、東京・赤坂見附の小料理屋を訪ねると、既に三浦と数人の客が談笑していた。客は、首都圏の高校に勤める教員や少年院の元法務教官。カウンターの向こうでは、ハッシャダイソーシャルに参画した森本瑛《あき》がビールを注いでいる。

ここは「スナックハッシャダイ」。ハッシャダイソーシャルが月1回、都内で開催しているネットワーキングの場である。

「スナック」という名の通り、提供されるのはビールや焼酎、乾き物が中心。基本的に参加者同士が談笑する場だが、興が乗ってくるとカラオケタイムもある。カラオケと言っても実際に歌うわけではなく、みんなの前でマイクを持ち、自分たちの取り組みや思いを発表する時間である。

全国の学校には、高い意欲と熱量があり、現状を変えたいと思っている教職員が大勢いる。だが、横のつながりがあるわけではなく、それぞれの学校で孤軍奮闘しているのが現状だ。そこで、同じような熱意のある仲間をつなぐハブになろうと、スナックハッシャダイを始めたのだ。

教育や貧困などの社会課題に取り組む組織は数あれど、そのなかでハッシャダイソーシャルが異質なのは、どこかに遊び心があるところだ。

掲げている理念は大きく、活動もまじめそのものだが、スナックを開いたり、フェスを開催したり、お堅い社会派NPOがとりそうもないアプローチをナチュラルにとる。プレゼン能力やファシリテーション能力が高く、映像やテクノロジーを当たり前のように使いこなす彼らの姿を見ていると、日本が大きく変わっていくような、新しい世代の風を感じる。

スナックハッシャダイ

スナックハッシャダイが生まれたのは、第2章にも登場した埼玉県の高校教師、上田祥子の一言である。

「あたしさ、スナックのママになるのが夢だったんだよね。宗ちゃんが言っているのって、スナックじゃない？」

ヤンキーインターンで言葉の授業を始めた上田は、ハッシャダイやDMMの協力を得て、2019年3月に「〈ミライ〉とつながる国語の会」というイベントを開催した。

これは、学校や地域の枠を超えた教員同士の勉強会。文部科学省の官僚や企業経営者、国語以外の教員なども招き、さまざまな課題を前向きに議論し合うイベントである。

この運営にかかわった三浦は、キャリア教育に関連するところで、似たような場をつくりたいと感じた。そんな三浦の問題意識を壁打ちの壁として聞いていた上田が「それってスナックだよね」と打ち返したのだ。

そして2019年3月3日、1回目のスナックハッシャダイがオープンした。もちろん、ママは上田である。

コロナ期間中など活動できないときもあったが、2023年5月以降、再び月1回ペースで開催されている。知り合いに連れられて顔を出した教職員がハッシャダイソーシャルの活動を知り、講演などを依頼するケースも多く、顧客開拓の場としても機能している。


先生のためになにかしたい――。そんな三浦の思いは、「HASSYADAI Teacher's Forum」というフェスにもつながった。2023年8月に、対面とオンラインで開催した先生のためのイベントである。

全体に流れるテーマは「学校にかかわるさまざまなものを考え直そう」。その中でも、「学校」「夢」「子ども」「やさしさ」「先生」「愛」「学歴」という7つの切り口についてゲストとともに語り合った。

「話し合いではなく聞き合い、答えを出すより考え直す。楽しいは楽しむから始まります。和《わ》気《き》藹々《あいあい》といきましょう」

そう三浦が挨拶したように、フォーラムの目的はあくまでも考える切り口やヒントを提示すること。同時に、現場で奮闘する先生に対して「一人ではなく、みんなで一緒に考えよう」というメッセージを伝える意図もあった。

事実、8時間にわたる長丁場のイベントだったが、三浦やゲストから発せられる言葉の端々には現場の教師に対するリスペクトが感じられた。対面、オンラインを含め参加した3000人を超える聴衆も、それを感じたのではないだろうか。

ゲストには、東京大学公共政策大学院教授の鈴木寛や認定NPO法人カタリバの今村久美、「ほぼ日」の代表を務める糸井重里など既に教育にかかわっている人もいたが、『夢をかなえるゾウ』シリーズで知られる作家の水野敬也や二人組のバンド「MOROHA」のアフロなど、教育という文脈ではなかなか思いつかないような人もいた。


もちろん、学校にはやる気がない教員や適性に欠けると思われる教員もおり、旧態依然とした既存の公教育には変えなければならない点も多い。また、教育は誰もが一家言を持つ分野でもあり、学校や教員はとかく叩かれやすい。だが、多くの教員は制度の枠内でできる限りのことをしている。

その中で、若者に「Choose Your Life」を届けるだけでなく、現場の教員を勇気づけることも、ハッシャダイソーシャルの大切な活動になりつつある。

第4章

広がる波紋

1　プロジェクト・ゼンカイ

とある土曜日の午後6時前。事前に案内されたZoomに入ると、既に大勢の若者が集まっていた。J－POPをBGMに、運営担当の石川拓海《たくみ》や高宮大史《たかみやひろふみ》が参加者になにやら話しかけている。参加しているのは、高校生を中心とした全国各地の16歳から18歳の若者。みんな、スマホで参加しているのだろう。

2023年2月4日のこの日は、「project:ZENKAI（プロジェクト・ゼンカイ）」第2期の最終回。100人近い参加者が「拝啓プロジェクト・ゼンカイ」というテーマで、自分自身の気づきや学び、ゼンカイへの思いをプレゼンする。週1回、3カ月にわたるプログラムのフィナーレである。

そうこうしているうちに、Zoomのウィンドウに参加者の名前が続々と現れ始めた。そして数分後、高校生たちが集まったのを見て、ファシリテーターの田島颯《はやて》は参加者に向けて開会を宣言した。

「プロジェクト・ゼンカイの最終回。テンション高くいきましょう！」

そして、田島からマイクを引き継いだ三浦は、運営サイドを代表して、プログラムに参加した高校生に語りかけた。

「今回、みんなに伝えたいのは、プロジェクト・ゼンカイの一員になってくれてありがとうという感謝の気持ちです。こういうわけのわからないものに飛び込むって、すごく勇気がいることだけど、そこに飛び込んで、ここまでやってくれた。それはすごいことだなと思います」

チャット欄には、コメントや拍手、サムズアップなどのリアクションスタンプが次々に挙がる。

「プロジェクト・ゼンカイは一人ひとりの可能性を探すプログラムですけど、この3カ月で答えが出た人はたぶんいないと思います。逆に、自分自身や将来について、わからないことが増えたのではないでしょうか。でも、わからないことが増えるというのは、実は価値のあることなんです」

「メンターさんやTA、グループのメンバーなど、いろいろな生き方をしている人と話して、これまでの自分の正解がどんどん壊されるような感覚を持った人もいると思います。でも僕は、わからないことがあるということが人生の楽しさだろうと。そう考えています」

「3カ月前と比べて、自分が変わったのかと不安に思う人もいるかもしれないけど、わかりやすい変化なんて人生にはありません。あるのは小さな成長と成功。その繰り返しの中で、大きな変化をつかむタイミングもあるかもしれませんが、基本は納得感のある小さな成長と成功。それを大切にしてください！」

そして、三浦の言葉を受け取った参加者は、最終回のプレゼンのために、10人ごとのブレイクアウトルームに移動していった。

――「内省」「刺激」「振り返り」という三要素

プロジェクト・ゼンカイは、ハッシャダイソーシャルとトヨタ自動車が開催しているオンラインの自己探求プログラム。2022年1月に始まった第1期を皮切りに、2022年11月の第2期、2023年7月の第3期、2024年1月の第4期と回を重ねている（第3期、第4期は定員50人）。

その目的は、「学歴や偏差値だけではない新しいモノサシを提供すること」。

第3章「学歴エリートの憂鬱」で高校教諭の柴山が語っているように、学歴や偏差値にとらわれている高校生は数多く、一つの価値観に縛られていることが生きづらさにつながっている。そこで、学歴や偏差値以外の価値観で自分自身を見つめ直そうと始めたものだ。

実際のプログラムを見ると、1カ月目は高校生が自分自身を知るための1カ月。矢印を自分に向ける内省の時間だ。

例えば、自分のこれまでの人生を振り返り、縦軸に満足度やモチベーション、横軸に年齢を置くグラフをつくり、自分の半生に何があったのかを客観的に振り返る。あるいは、自分自身の感情を絵など言葉以外で表現し、そういうふうにアウトプットした理由をほかの参加者と一緒に考える。

こういったワークを通して、自分自身を理解していくのだ。ここで言う自分自身には、自分が見た自分という側面もあれば、他者から見た自分という側面もある。

2カ月目は自分の興味分野に近い20代、30代を中心としたメンターにつき、塾形式で壁打ちするワーク。メンターはそれぞれの分野で活躍している社会人で、さまざまな大人の価値観や生き方を学んでいく。

通常、高校生の周囲にいる大人は親や学校の先生が中心で、それ以外の大人と接する機会が圧倒的に少ない。それも、一つの価値観に縛られている一因だ。そんな高校生に、普段、なかなか出会うことのできない大人の背中を見せることで、彼らの固定観念を揺さぶるのだ。

そして、3カ月目は振り返りの期間。右で触れたように、高校生にとって社会で活躍する大人と接する機会はほとんどない。自分のことや相手のことを深く語り合う機会もあまりないだろう。

そこで、ゼンカイという非日常の空間で得た学びや気づき、心の揺れ動きなどを参加者同士で語り合い、最後は「拝啓 プロジェクト・ゼンカイ」というテーマで発表する。表現形式は、動画でも、PowerPointでも、詩でも何でも構わない。

現に、2月4日の最終回では、得意の書道でプレゼンした参加者がいた。

カリキュラムなど内容は第2期、第3期と回を重ねるごとに進化しているが、大枠は「内省」「外からの刺激」「振り返り」の3つの要素で構成されている。

プロジェクト・ゼンカイにかかわっている人は数多い。参加する100人の高校生のほかに、参加者をサポートするTA（Teaching Assistant）や社会人メンター、TAを支えるハッシャダイソーシャルの関係者など総勢50人ほどでプログラムを作り上げている。それをまとめているのが、プロジェクトマネジャーを務める髙宮大史だ。

こういった長期にわたるオンラインプログラムには途中で離脱してしまう参加者もつきものだが、第2期の最終回に参加した高校生は90人台前半と、プロジェクト・ゼンカイは離脱者が驚くほど少ない。

このゼンカイには、モデルとなったプロジェクトがある。コロナ期間中の2020年に立ち上げた「BASE CAMP」だ（当初は「BOOT CAMP」という名前だったが、Billy's Boot Campのイメージが強いため、「BASE CAMP」に名称を変えた）。

BASE CAMPとは、全国各地の高校生が社会人や大学生メンターとの対話を通して自分と自身の可能性を探るという3カ月のオンラインプログラム。三浦にはオンラインスクールを立ち上げた経験も運営ノウハウもなかったが、2020年6月にプロボノとして加わった石川とゼロから作り上げた。

そうして2020年9月に始めたBOOT CAMPには、三浦と関係の深い愛知県豊田市の高校生を中心に8人が参加。2021年1月からのBASE CAMPは15人の高校生が受講した。

三浦がオンラインの自己探求プログラムを立ち上げたのは、新型コロナの感染拡大で身動きがとれなくなったことが直接のきっかけだ。

2020年3月にハッシャダイソーシャルを立ち上げた後、学校での講演活動とワークショップを軸に活動を始めようとしたが、その矢先に緊急事態宣言が発令されたことで、講演などのアポが次々とキャンセルになった。決まっていた寄付が流れたこともあったという。

もっとも、BASE CAMPが彼らの新境地を切り拓くきっかけになったのだから逆境も無駄ではない。第5章で詳述するが、三浦とトヨタの人事部の偶然の出会いがあり、一緒にプロジェクトを検討する中、BASE CAMPは100人の高校生が参加するプロジェクト・ゼンカイに拡大・発展した。

大学生が高校生を支える仕組み

私自身、Zoomでの打ち合わせやセミナー参加は日常的にあるが、いきなり集まった100人を前に、自分の意見を述べるというのは簡単なことではない。ましてや高校生である。それにもかかわらず、活発なコミュニケーションが生まれている要因として挙げられるのは、参加者に伴走するTAの存在だ。

プロジェクト・ゼンカイは１００人の参加者が顔を出す全体セッションと、10人ずつ10グループで議論を深めるグループセッションに分かれている。

その中でも、ＴＡは個別グループでのファシリテーションや、週1回実施される参加者との１ｏｎ１を担当する現場の運営担当者。通常、各グループにＴＡ一～二人とそのサポート役が一人つき、参加者の発言を促したり、日々の悩みを聞いたりしながら高校生に伴走する。

前述したように、初めて会った人にZoom越しで自分自身を開示するのは難しい。しかも、ゼンカイに参加しているのはそういう活動に積極的に参加している人ばかりではなく、Zoomが初めてだという若者もいれば、不登校や引きこもりの若者もいる。

事実、１カ月目のゼンカイを見ると、参加者の口数は少なく、場を回すのに苦労しているＴＡも少なくない。ＴＡは現役の大学生が中心で、こういったファシリテーションの経験がないのだから当然だろう。

だが、１カ月もたつと、昔からの友達と話すように、参加者から自然と言葉が出始める。それも、参加者を日々きめ細かくサポートしているＴＡの存在ゆえだ。

この大学生が高校生を支えるという仕組みが、ゼンカイの最大の特徴であり、最大の価値だ。ＴＡは毎週1回、2時間のプログラムのほかに、ＴＡ同士のミーティングや参加者同士の１ｏｎ１などコミットしなければならない時間が多く、高い負荷がかかる。しかも、１ｏｎ１の時の相談も、人間関係や家族の問題など、気軽にはとても聞けない重すぎる話題もある。それでも、高校生にとってTAは先生であり、先輩であり、ともに悩む伴走者。彼らがいるからこそ、安心してゼンカイに参加できる。

何より、ゼンカイの3カ月を通してTAが大きく成長する。高校生の悩みを受け止め、ともに悩み、言葉にして打ち返すという経験は通常の大学生活ではまず得られない。そこで得た気づきや後悔は社会に出た後に間違いなく意味を持つ。

もちろん、参加した高校生にとっても学校や塾、バイトなどでは得られない学びの場である。プロジェクト・ゼンカイに参加するような高校生は、第2章で述べたような複雑な家庭環境に置かれている人もいるが、どちらかと言えば普通の高校生が中心だ。彼らは日々の高校生活の中で、自身の将来や進路、学校での人間関係などに悩みを抱えている。そんな高校生に対して、ゼンカイは家でも学校でもない、安心して心を開くことのできる「第3の場」として機能している。

プロジェクト・ゼンカイは既に4期まで終わっており、これまでにおよそ300人が巣立った。ゼンカイの卒業生がTAになるケースも多く、卒業生が高校生を支えるという循環も生まれている。ゼンカイを通して心に灯をともした若者が、さらに若者を育て導くという学びと育成の循環ができつつあるのだ。

彼らは何を求めてゼンカイに参加したのか。そして、彼らはその中で何を学び、何を得たのか。当事者の声を聞いてみよう。

2 出戻った理由

高校2年
ゆい

前の学校をやめたのは人間関係が理由です。もともと集団生活が得意ではないのですが、クラスの中にできた女子のグループにうまく入れなくて。一緒に帰ったり、クラスで話したりする友達はいたんですけど、授業のペアワークの時に困ることもあって……。正直、学校の居心地は良くなかったです。

陰で悪口を言われたのもきっかけになりました。そのうち、だんだんと耳に入ってくる悪口がぜんぶ自分のことだと思うようになって、悪口を言われているのが事実なのか、被害妄想でそう思っているだけなのか、自分でもよくわからなくなったんです。

自分でも自意識過剰なんだろうなとは思っていたけど、気のせいにもできなくて。この時は、すごく苦しかったです。カウンセラーにも相談しましたが、結局、2学期の10月から学校に行けなくなりました。

もともと内向的なんです。自分のことも、仲のいい人には話せるけど、それ以外の人には話せない。軽い雑談でも、話しかけた時に「どう思われるのかな」と不安になって話しかけられない。

子どもの時はもう少し話していたような気がしますが、だんだんと内向的になっていったような感じですね。これといったきっかけは思い出せません。

中学の時は、とにかく真面目でした。テストでいい成績を取るのが生活の中心で、勉強ばかりしていました。実際、成績は悪くありませんでしたが、高校は第一志望に落ちて……。これは私にとって大きかったです。ショックでした。

もともと0か100かでものを考えてしまうんです。本当に極端に考えるタイプで、受験勉強している時は、第一志望に落ちたら死のうと思っていました。完璧主義なんです。

ただ、受験の1カ月前に燃え尽きて、勉強をしなくなりました。自分の中で防衛本能が働いたということなんだろうと思っています。

いまは通信制の高校に通っています。通信制ですが、実際のキャンパスに通うコースで週3回、学校に行っています。

友達は……いないです。普段は学校に行くか、バイトをするか、図書館にいます。バイトは結婚式場のレストランやホテルの接客。図書館には、よく本を借りに行っています。

――ドロップアウトした過去

プロジェクト・ゼンカイは、お父さんが教えてくれました。前の高校をやめてふさぎ込んでいた時期に、「こんなのがあるけど、どう?」って。学校をやめた後、どうしようと思っていたので、参加してみることにしました。2022年11月半ばから2月までの第2期です。

ただ、想像していたのとは少し違ったんです。一方的に話を聞く進路ガイダンス的なプログラムだと思っていたのですが、対話型の実践プログラムで。最初はあのテンションにビックリしました。

初めは、メチャクチャ緊張しましたよ。Zoomに慣れていなかったし、参加している高校生や運営サイドなど、まったく知らない人がたくさんいましたから。でも、学校をやめて家族以外と話す機会はなかったので、TAさんや参加者と話すのは楽しかった。

ただ、一度ゼンカイはやめたんです。インスタのアカウントも消しました。やめた理由は……、自分の発言で、場の雰囲気を悪くしたと感じたことがあって、「みんなに嫌われたな」と思っちゃったんですよね。

社会人のメンターさんに質問する時間に、その方がnoteに書かれている内容について質問したんです。「人間関係に伴う問題に自分で気づけない場合、そのグループの中の誰に聞けばいいのか」って。なんだか意味がわからないですよね(笑)。

メンターさんにも質問内容がうまく伝わらず、その場も「アレ?」という雰囲気になって。別に、誰かに何かを言われたわけではないんです。でも、勝手に気にしてしまって。それで、ゼンカイの空間にいづらくなりました。確か、2カ月目の終わり。

それでも、やっぱり戻ろうと思ったのは、ほかに居場所がなかったからかもしれません。あのころは学校をやめていたので、ほかの人と会うのは、バイトしかありませんでした。そのバイトでも、なかなかほかの人と話すことができなくて、どこのコミュニティにも属していないように感じていたんです。

その時に、ゼンカイのコミュニティは居心地がよかったなと思い出して。それで、ダメ元でもう一度、参加させてほしいと運営サイドにインスタのDMを送りました。

自分自身がこじ開けられる

私、1on1のような場では、出身地や趣味程度の表面的な話しかしないんです。ほとんど自己開示しないしできない。でも、ゼンカイの場合は強制ではないけど、TAさんとの1on1があるし、グループの活動を通してメンバーと話す機会があるので、話さざるを得ないような状況になるんですよね。

変な話、ゼンカイのプログラムを通して、自分自身がこじ開けられているような感覚でした。それでも嫌な感じがしなかったのは、何を言っても否定されなかったというか、みんなが肯定してくれたからだと思います。

さっきは居心地の悪さを感じてドロップアウトしたと言いましたが、ゼンカイ自体は居心地がよかったんです。戻って、本当によかったと思いました。

TAとの1on1では、主に人間関係を相談していました。バイト先のこととか、自分自身のコミュニケーションの取り方とか。「自分に優しく、人にはもっと優しく」というお話はいまも心にとめています。

私、他の人と話すのが苦手だとずっと思っていましたが、TAさんとのお話は本当に楽しみで。人とお話しすることが好きなんだということに気づきました。

ゼンカイが終わった後は「オ茶会」にも参加していました。哲学やアート、留学などテーマを決めて、Zoomでおしゃべりする会。最近は開かれていませんが、また始まれば参加したいです。

ゼンカイのみんなとはインスタでつながっています。このつながりが、いまは安心感になっているかな。

私の場合、ゼンカイに参加したことで興味を持ったことに挑戦するハードルが下がったように思います。何か新しいことに挑戦するまではいっていないのですが、行動に対するハードルが下がりました。

「0か100かでものを考える」と言いましたが、失敗してもいいからチャレンジしてみようと思えるようになりました。

最近は留学したいと思っています。もともと「いつかは行ってみたいな」と思っていましたが、グループのメンバーやTAさん、メンターさんと話している中で、「行けるうちに行った方がいい」というアドバイスをいただいて。お金の問題はありますが、バイトのお金がたまり次第、行こうと思っています。

あとは大学に行きたい。小学校の低学年ごろまで、研究者になりたいという夢があったんです。いまは通信制だけど大学に行きたい。

ゼンカイは16年生きてきて、5本の指に入るくらいいい思い出です。まだ、感謝の気持ちを表すことができていませんが、TAをやらせてもらえるなら、何年後かにできたらなと思います。

3 「他人の目」からの解放

大学1年
すー

どこから話せばいいのかわかりませんが、私は算数や数学がまったくできないんです。足し算や引き算、かけ算もわからない。その日の授業で理解しても、次の日にはわからなくなってしまう。本当に算数だけができない。

中学になっても数学はわからないままでしたが、英語や国語など他の教科は成績が伸びるのに、数学だけが伸びないのはおかしいよねという話になって、カウンセリングを受けたんです。そうしたら、ディスカリキュア、算数障害だという話で。学習障害の一種です。

私の両親はどちらも理系で、姉妹も算数や数学は普通にできます。数学的な能力は遺伝しやすいという話も聞くので、「なんで私だけ？」とも思いました。生後間もない時に40度を超える高熱を出したらしく、その影響があるのかもしれないと言われましたが、直接の関係はわかりません。

学習障害だということがわかって、学校の先生も私の状況を理解してくれるようになったのですが、中学3年の時の先生がまったく理解してくれず……。授業で、メチャクチャ怒られるようになったんです。そのうち、「そんなことでは一生何もできない！」って他のことも否定される感じになって。

私も「数学ができないと高校にも大学にもいけないよな」「何にもできないな」とかなり落ち込みました。

算数障害は、私の人格形成にけっこう大きな影響を与えたように思います。ずっと「できない」「できない」と言われてきたので、一つでもできないことがあると、「どうせ無理かな」と思うようになってしまうんですよね。「やりたい」と思うところまでいかないというか。

ただ、子どもの時から海外に行きたい、留学したいという夢は持っていました。もう昔から、何でそう思うようになったのかも思い出せないぐらい前から留学したい、と。

それで、高校は受験が面接主体で、留学プログラムがある学校に進みました。でも、コロナで留学ができなくなってしまったんですよね。留学が高校に行った目的だったので、その後の高校生活はぼーっと過ごしていました。

「環境」で変わった自分

プロジェクト・ゼンカイの存在は、ハッシャダイソーシャルの講演で知りました。ハッシャダイソーシャルのたかみー(高宮大史)が講演で高校に来たんです。講演は11月の初めで、確か入試の翌日でした。私は指定校推薦だったので、大学入試が早かったんですよ。

ハッシャダイソーシャルやゼンカイについては何も知りませんでした。ただ、それまで私はゼンカイのような課外活動プログラムに参加したことがなかったし、このままダラダラ卒業まで過ごすのも嫌だなと思ったので、思い切って参加してみることにしました。

それで、11月から始まった第2期に出ましたが、最初はただ参加しているだけでした。いろいろ宿題が出るのでそれをやったり、TAと1on1でお話ししたり。ただ、TAに相談したいことも特になかったので、本当におしゃべりをしているだけでした。

ただ、ゼンカイに出ているうちに、自分からアクションを起こさないと、何も起きないということに気づいて。それから留学や進路のことをグループのメンバーやTAに相談するようになりました。

TAとは、ゼンカイを卒業した後の方が話しているかもしれません。自分のグループ以外のTAと話してもいいということを知らなくて、全然話していなかったんです。他のグループの子が別のグループのTAとガンガン話していると知って、私も話をしようって。

ゼンカイの仲間には、本当にいろいろな影響を受けました。

私は高3で参加しましたが、うちのグループは高2が多かったんですよ。でも、一つ年下なのにみんないろいろなことに挑戦していて、それを楽しそうに話す。それを聞いて、自分は全然チャレンジしていないな、完全に負けているなと感じました。

いまから振り返ると、私にも何かしたいという気持ちがないわけではなかったと思うんです。ただ、学校の友達は勉強の意識があまり高くなくて、ゆるく遊んでいる子が多かった。その中で、私も何もせず漠然と高校生活を送っていたように思います。「どうせ無理」という思いもどこかにあったと思うし。

でも、ゼンカイに来る人たちは、何かをしたい、何かをしようと思っている人ばかりなんです。その中にいるうちに、自分も何かしたいな、できるんじゃないかな、と思うようになった。

私はいま北欧に留学に行こうと思っています。それもゼンカイやグループの仲間と話す中で固まったことです。私がそうだったように、日本では自分で自分の可能性を閉ざしている人が多いじゃないですか。でも、北欧は国民の幸福度が高いし、教育の形も日本とは違う。それを学びたいな、と。

――「ゼンカイの仲間は認めてくれる」

ゼンカイに参加して、自己肯定感はメチャメチャ上がったと思います。

小さい時から人とは違うと感じていたこともあって、自分の考えていることを友達には言えなかったんです。もし友達が違うことを考えていたらどうしよう、それで友達がいなくなったら嫌だなと思うと怖くて。

SNSに書く時も、こんなことを書いて友達はどう思うかな、引かれないかなということを意識していました。でも、いまは周りのことが全然気にならなくなりました。別に誰にどう思われても構わない。

もちろん、私が書いたことを認めない人もいると思いますが、全員に良く思われるということは絶対にないし、少なくともゼンカイの仲間は認めてくれる。いまは自分の思ったことをそのまま書いています。

本当、不思議なほど友人関係に悩むことがなくなりました。何に悩んでいたのか思い出せないくらいに。いまはとてもいい感じです。

ゼンカイにはTAとしてかかわりたいと思っていますが、8月末から大学の文化交流のプログラムでマレーシアに行くんですよ。だから、次の第3期は時間がなくて。将来についてはまだ決めていませんが、2年生が終わった後、休学するか、半年間、大学を休んで北欧に行くことは決めています。

4 鏡の中の自分

大学2年
しおり

私、機能性ディスペプシアという持病があるんです。内視鏡で検査しても何もないのに、胃のあたりがずっと気持ち悪い。高2の秋に症状が始まって、高3になったばかりの春に機能性ディスペプシアという診断が出ました。

私の場合、主に二つの症状があります。一つは、気温が低い時に朝ごはんを食べると、胃がパンパンにふくれて動けなくなる。もう一つは、タンパク質や油分の多い食事を摂ると、胃酸が過剰に出てものすごく気持ち悪い。こうなると、6時間は動けません。

薬もあるにはあるけど、私には効かないので、いまは食べ物に気をつけるしかありません。

突然の病気であきらめた夢

この病気が発症してからの2年間、いつか治ると信じてきました。いつか治ると思ったから、受験勉強も、食事制限も頑張ることができた。でも、大学の秋学期が始まると、少しずつ良くなっていた体調が一気に悪化したんです。

それで、大学病院で精密検査を受けると、「現代医療ではしばらく治らない」「病気とうまく付き合うことを考えた方がいい」って。現実は、本当に理不尽だなと思いました。

子どものころから地理や伝統芸能のような地域文化が好きで、小学校の教員になりたいと考えていました。ただ、いまの病気が見つかって。ストレスがかかるような仕事はダメだということで、教員の夢をあきらめたんです。

最近の小学校はモンスターペアレンツがいるじゃないですか。そういう人が保護者にいたらとても無理だな、と。

この時は、かなり落ち込みました。ただ、病気になったのが高2の秋だったので、大学の学部を決めるために次の目標を決める必要があって。その中で、地域活性化にかかわる研究と実践をしようと決めました。

実は、小学校の6年間、父親の仕事の関係で沖縄に住んでいたんです。ただ、高校の修学旅行で沖縄に行った時に、風景があまりにも変わっていて……。それをどうにかしたいと思ったことが、地域活性化を学ぼうとしたきっかけです。

もちろん、病気のことがあるので、「大丈夫かな」「できるかな」とは思いました。

地域の活性化では人との付き合いが必須になります。地域を体験するために、現地の食材を食べることも重要です。それも、病気が治ればできるようになると信じて受験勉強や食事制限を頑張ってきたけれど、結局は治らないという話で。あまりにショックで、病院の帰りに泣きそうになりました。

いまは大学で地域の取り組みを計測する研究をしています。自治体などの計画に対して、どこまでできているのかという効果の計測。

地域活性化の実践という目標はまだ持っているし、それができるところで働きたいと思っていますが、正直、迷っています。公務員を薦められることもあるので、公務員になるかもしれません。

——高校生と話して感じたこと

プロジェクト・ゼンカイには、大学1年の終わりに、2期のTAとしてかかわりました。たまたま大学1年の時に、ゼンカイのファシリテーターだった田島颯さんが主宰したプロジェクトに参加したんです。そこで、自分の状況や将来について迷っているという話をした時に、「それなら、ゼンカイに参加してみれば」と。

ゼンカイは高校生が対象だけど、高校生をサポートするTAというボランティアがあるよという話で。

オンラインで100人の高校生が参加するプログラムはおもしろいと思ったし、100人もいれば、病気の子もいるかもな、と。病気の子がいれば、私の経験が話せると思ったんですよね。

私自身、病気になった時に、誰もサポートしてくれないと感じたことがあって。授業は具合の悪い人がいない前提で進んでいくし、AO入試の勉強も、どう進めていいのかわからなくて苦労したし。同じような悩みを抱えている子がいれば、少しは相談に乗ってあげられるかな、と思いました。

TAとしての役割は、主に週1〜2回の高校生の1on1でしたが、私にとっては、参加者として自分自身を見つめ直すという意味もありました。

実際にTAをしてみて？ ほかのTAと比べると、自分の仕事の処理量が圧倒的に少ないなと痛感しました。

ゼンカイではいろいろと悩みましたが、自分は前に出て発信するタイプではなく、誰かをサポートする側の人間なんだな、と自分の立ち位置がわかった気がします。

1on1では参加した高校生の精神的な悩みを聞いていたかな。いろいろとしんどいことがあるけど人に言えない、やることがありすぎてきついといったような話。私もあれこれ抱えて精神的にパンクする方なので、一緒に悩んでいました。

プロジェクト・ゼンカイは温かい雰囲気でとてもいいコミュニティだと思いました。苦しんでいるのが自分だけではないということがわかったことも収穫です。ただ、週に10時間はかかわらないといけないので、正直、忙しすぎましたね。これは「聞いていないよ」という感じ。

また、コミュニティの温かさを知るといい空間だけど、私のようにハッシャダイソーシャルとのつながりがなかった人間からすると、なじむまでは孤独でした。同じTAに知り合いは誰もいないし、かかわる時間は長いし、参加者のサポートをしなければいけないし。でも、全体としては参加してよかったと思います。

5 「つながり」の安心感

高校3年
かれん

小学3年からバレーボールを始め、特待生で高校に進みましたが、高1の2月に退学しました。バレー部の顧問だった先生と考え方に食い違いが出て、結果的に顧問の先生が学校をやめてしまったんです。それが私のせいだという話になり、部活やクラスにいづらくなりました。

その顧問の先生は体罰するタイプで、それが許せなかった私は直接、先生のところに話をしに行きました。その時に言い争いになったのですが、その顧問はほかの教員と微妙な関係だったようで、ほかの先生が私の味方についたんです。それで、だんだんと「出ていけ」という雰囲気になってしまいました。

私からすれば、正義感から思わず言っただけなのですが、顧問がいないと部活は活動しにくくなりますから、顧問の先生がいなくなったのは「かれんのせいだよね」って。それから、クラスの女子からハブられるようになりました。

それだけであれば、別に耐えることもできたのですが、クラスの別の男子が私について書き込んだSNSのスクショが回ってきたんですよね。「学費を払わないなら出ていけ」と書かれたスクショが。

顧問がやめたあと、いづらくて部活に出なくなったんです。でも、私は特待生で入学金や学費を免除されていたので、「部活に出ないなら入学金や授業料を返せ」って。その男子はよく知っている子だったので、「もう、やめよう」と思いました。

退学後は定時制高校に編入しましたが、結果的にやめて正解でした。あの環境にはいたいとは思わなかったし、定時制のクラスメイトや入学後に入ったバレー部のメンバーも温かく迎え入れてくれたので。

「大学に入ったらＴＡになる」

ゼンカイには第1期に参加しました。実は、ゼンカイの前にBASE CAMPに出ていたのですが、いろいろあって途中でドロップアウトしてしまったんです。そのリベンジをしようと、ゼンカイに参加しました。

BASE CAMPに参加しようと思ったのは、勝山さんの話が響いたから。２０２１年4月に勝山さんと三浦さんが学校に講演に来たんです。その時に、前向きに生きている姿がかっこいいなって。ちょうど定時制に編入してすぐの安定していない時期だったので、勝山さんの言葉が響いたんだと思います。

それで講演のあと、インスタのＤＭで連絡したら、BASE CAMPのことを教えてくれたので参加しました。

ゼンカイでは小さな気づきはいろいろありましたが、参加している時は、それほど自分が変わっているような感覚はなかったんです。でも、プログラムが終わった後、週1回開かれる全体会に参加したり、TAさんと話したりしているうちに、「みんなに支えられているな」と感じるようになって。

DMを打てばすぐに返事が返ってくるし、何かあっても、この人たちには相談できるなって。そのつながりが安心感になっています。安心して身を委ねられる場所ができたというか。

そもそも3カ月間のゼンカイを続けることができたのは、TAさんがこまめにフォローしてくれたから。全体会には参加できないこともありましたが、そういう時もTAさんがその日の内容をあとでフォローしてくれました。それがなければ、途中で行かなくなっていたかもしれません。

2カ月目のTAさんにも、素敵な言葉をたくさんもらいました。「迷った時は最初の意思を大切にした方がいいよ」「行動してから考えるのではなく、考えながら行動した方がいいよ」って。メチャクチャ影響を受けました。

私も、ゼンカイのみんなのような、人を支えるような存在になりたいと思っています。それがいまの夢です。

大学に入ったら、ゼンカイのTAもしようと思っているんですよ。

もともと大学に行きたいとは思っていましたが、ほかにも選択肢があるんじゃないかと迷っていました。ゼンカイにかかわればかかわるほど、いろいろな選択肢が見えてくるので。

でも、大学に行く方が人の輪が広がるし、ハッシャダイソーシャルでインターンをしたかったので、大学に行くことにしました。大学では、戦争の歴史について研究しようと思っています。

大学生活には漠然とした不安もありますが、それ以上に楽しみですね。そのあとの就職も不安ですが、私にはハッシャダイソーシャルがついているから大丈夫かな。

自分のやりたいことをしていない人ってキラキラしていないと思うんですよ。私も、ハッシャダイソーシャルやゼンカイの人のように、自分のしたいことをしてキラキラしたいと思っています。

6 「常識」の向こう側

大学1年
はな

第一志望の学校に受かった時は本当に嬉しかったです。ちょうどコロナが始まった時で、いきなり休校になってしまったけど、ずっと行きたかった高校で、新しい高校生活が始まると思うと、ワクワクした気持ちで一杯でした。

ただ、その学校での高校生活は……、うまくいきませんでしたね。高1の冬休み前に、学校に行けなくなってしまったんです。

朝起きてトイレに行ったら、ぶわーっと涙が出てきて。家から出られなくなってしまいました。いろいろとキャパオーバーになって、体がSOSを出したんだと思います。

当時の私はバスケ部のマネジャーをしていて、毎日家に帰るのは夜の9時ごろでした。ただ、学校は進学校だったので、毎日宿題がたくさん出るんですよね。だんだんと宿題が間に合わなくなって。

家庭のこともあったと思います。家の中でいろいろあって、リビングにいても気を遣うし、居心地が悪くて。そんなストレスが積み重なったのかな、と思っています。

3学期は一度も学校に行けず、3カ月間、ずっとひきこもっていました。

最初の1週間は早く戻りたいと思っていたけど、1カ月を過ぎたくらいから「もう無理だな」とあきらめて、通信制の高校を調べ始めました。授業の進みが早いので、いまさら行っても追いつけないと思ったんです。

1年生が終わったところで、潔くやめました。とてもいい高校で、人間関係にも別に悩みはなかったのに。不思議ですよね。

やめたことに対して、親は何も言いませんでした。親も何か思うところがあったのかな。私も何も言わなかったのでお互い様ですね。

ぶっ飛んでいたクラスメート

高校は、最終的にS高（S高等学校）にしました。KADOKAWAとドワンゴが作ったN高の姉妹校。ちょうどオンライン通学コースが始まったところだったので、午前や午後で授業の時間が決まっているオンライン通学コースにしました。

2年生の1学期から通い始めましたが、通信制の高校ということもあって、枠から外れたというか、少しとがった子が多い印象でした。クラスに髪を染めていたり、メッシュにしていたり、ピアスをたくさん空けている子がいたりして、最初は軽くカルチャーショックを受けました。

私の通っていた高校は進学校と言われるような学校だったので、校則がそれなりに厳しかったんです。靴下はワンポイントまで。髪の毛も地毛申請が必要でした。そんな高校から来たので、あまりの自由な雰囲気にビックリして。

そうしてS高生になりましたが、最初のうちは家に引きこもっていました。高校をやめたことが自分的に許せず、家を出ることに罪悪感がありましたし、知り合いに会って学校をやめたと思われるのも嫌でした。自分の中にも偏見があって、通信制に通っていると思われたくなかったんです。

ただ、S高に通っているうちに、まわりの目なんてどうでもいいと思えるようになりました。

S高って、授業が普通じゃないんですよ。

一般的な高校は先生が前に立って、生徒は授業の内容を聞くかたちが多いと思いますが、S高には国語や数学のような授業はなく、クラスメイトと共同で作業したり、相手の意見を聞いたうえで自分の意見を発表したり、ディスカッションやグループワークが中心です。

そんな授業に出ているうちに、自分が見ていた世界の狭さに気づいたんです。もっとおもしろい人生ってあるよな、どうせなら人生を楽しみたいなって。クラスメートに感化されたというか。

それで、高2の夏休みに私も髪をブリーチしたんですよ。金髪に。髪を染めている人を見て、昔は自分とは違うテリトリーの人だと思っていましたが、自分がいざやってみると、そんなのどうでもいいということがよくわかりました。

金髪でZoomに参加した時は少しドキドキしましたが、先生も「髪、染めたんだね」というぐらいで。みんな肯定的な反応でしたね。

それからは、いろいろなことに挑戦しました。クラス外の活動でいえば、S高の投資部に入りました。

20万円の原資が与えられて、そのお金を東証1部、2部(当時)の株で運用するんです。20万円を超えるリターンが出れば、20万円を返して残りの分をもらえる。ロスが出て20万円を下回っても、残ったお金を返せばいい。

投資部は楽しかったですが、株のことばかり気になってしまうので向かないなと思って、高3の夏でやめました。トータルでは1万5000円のプラス(笑)。

あと、S高の職業体験プログラムにも参加しました。ほかの参加者と一緒に企業の広告を作ったり、和菓子屋さんと栗を使った新しいスイーツを考えたり、という活動です。

ほかにも、クラウドソーシングに挑戦したり、オンラインのキャリア支援プログラムに参加したり、いろいろ始めましたね。

そうそう、夏前にはバイトも始めました。サイゼリヤのホールの仕事です。

ゼンカイ卒業後はTAに

こんな感じでいろいろと挑戦し始めた時に出会ったのがプロジェクト・ゼンカイでした。インスタ広告でたまたま見て、私も自分のすべてを知ろう、全開になろうと思って参加を決めました。

実際に参加したのは、高2の1月から3月にかけて。1期生です。オンラインのS高では友達が作りづらいので、外の友達を作りたいと思ったのも、参加を決めた理由です。

ゼンカイでの3カ月は、自分と向き合う時間だったように思います。TAさんには、S高の話だったり、自分の昔の話だったり、いろいろなことを話しました。

2カ月目にお世話になった社会人のメンターさんには、「聞く才能があるよ」と書かれたお手紙をもらって。自分の新たな一面に気づくことができました。

ただ、ゼンカイが終わった後の方がコミュニティへの参加度合いが強くなったような気がします。ゼンカイ終了後に始まった「オ茶会」に顔を出すようになって、ほかのグループの人ともお話するようになったんです。

オ茶会は、いわゆる哲学対話の会。「今宵《こよい》、答えのない話をしよう」という感じで。幸せや優しさなど答えのないテーマをみんなで話し合う。毎回楽しみで、毎週のように参加していました。

ゼンカイの第2期の後は、オ茶会の運営側に回ってテーマ出しをしました。7月から始まる3期では、私もTAとして参加する予定です。

いまは「さとのば大学」のプログラムの一環で、秋田県で暮らしています。さとのば大学は、いわゆる市民大学で、地域で暮らしながら地域の人々とプロジェクトを進め、実践的な学びを得るという新しい学校。

新潟産業大学の通信教育課程と連携しているので、オンデマンドで授業を受ければ、大学卒業資格も得ることができます。

いまは地域にかかわることをやりたいと思っていますが、1年に1カ所、4年間で4カ所の地方を回るので、その間に、自分のやりたいことを考えようと思います。

7 動き始めた僕の中

高校2年
しょうた

たまたまTwitter（現X）に流れてきたリツイートを見たんですよね。「こんなのを始めるので拡散してください」という感じの。詳しい内容は書いていませんでしたが、文章からとてつもないアツさがにじみ出ていたんです。

気になったので、プロジェクト・ゼンカイのウェブサイトに飛ぶと、「学歴や偏差値にとらわれない教育や採用のかたちを探すんだ」「人生、フルスロットルで行くんだ」と、さらにアツい言葉が並んでいた。人によっては暑苦しさを感じるほどの。

ハッシャダイソーシャルのことは知りませんでしたが、こんなアツい人たちがいるのかと衝撃を受けました。

僕の学校は進学校なので、ほとんど全員が大学に進学します。ただ、何も考えず、当たり前のこととして進学を目指す状況に違和感もあって。そんな疑問があったので、「学歴や偏差値にとらわれない」という部分が刺さりました。

学校以外のプログラムに参加したいなと思い始めたタイミングだったのも、大きかったように思います。

ゼンカイのリツイートを見たのは高校1年の冬。確かに、大学受験を考えればいい高校でしたが、社会とのつながりが足りないと思うところもありました。高校に行けば、もっと素敵な大人と話す機会があるかなと思っていたのですが、そんな感じでもなかったんですよね。

僕は中学の時に、劇団四季の子役をやっていました。この時に、すごく素敵な大人をたくさん見て。高校に上がれば、もっといろいろな大人に会えると思っていたんです。

それで、外部のプログラムを探そうとした時に出会ったのが、ゼンカイでした。正直、ゼンカイでなくてもよかったけど、たまたま最初に出会ったのがゼンカイだった。

ただ、想いには共感したけれど、オンラインのプログラムだったので、そこまで期待したわけではありませんでした。最初の方のプログラムも、自分のいまの気持ちを絵に描いて……とか、だいぶ抽象的でしたし。

でも、意外な発見もあったんです。オンラインの方が、自己開示がしやすいという発見です。将来の夢や自分のいいところ・悪いところというような話は、照れくさくて身近な人や学校の友達にはなかなか話せません。でも、ゼンカイの場合は家庭や学校とは違うオンラインのコミュニティなので素直に自己開示ができたんですよね。

ゼンカイは2時間のプログラムですが、毎回、終わった後に「放課後タイム」という時間があります。この時にいろいろとお話ししました。ゼンカイは、TAも話を積極的に聞いてくれるから話しやすい。とても温かい場所でした。

タイの孤児院に行った理由

もう一つ、2カ月目についてくれたメンターさんのことも印象に残っています。

ゼンカイの第1期を振り返ると、最初の1カ月は基本的に自分自身を掘り下げる内省の時間でした。次の2カ月は「メンター」と呼ばれる、いろいろな大人の話を聞く時間。最後の1カ月はそれまでに考えたことややってみたことを自分の言葉で発表する時間です。

この2カ月目のメンターが岩本涼さんでした。

岩本さんは裏千家茶道の世界で有名な茶道家で、TeaRoomという会社を起業した起業家。普段は絶対に会えない人の話を聞けるワクワク感と、僕たちのために時間を割いてくれたことに対する感謝の気持ちでいっぱいになりました。

実際にお話しして感じたのは、思考の処理速度の速さと出てくる言葉の深さです。本当に素敵な時間でした。

あとは、グループの仲間との出会いですね。同じグループに、一つ上の人がいました。旭川《あさひかわ》に住んでいる同じ北海道の人です。

彼は留学したいと話していて、この間、実際に台湾に留学しました。留学のために努力している姿を見ていたので、努力するってかっこいいな、選択肢ってひとつじゃないよな、と感じました。

グループには、ほかにも音楽活動をしている人がいました。僕もバンドを組んでいるのでわかりますが、曲を書くって簡単なことではありません。自分にはできないことなので、素直にすごいなと。

ゼンカイでは、高校では会えない人に会うことができました。僕の高校にもすごい人はいるのかもしれませんが、夢がどうとか大っぴらに言いませんから。

ゼンカイの3カ月で得たモノ、それは行動力だと思います。とにかく行動しなければわからないと改めて感じました。

何かをしたいと思ったら、やってみる、つくってみる――。10代でこの感覚を培《つちか》わないと、やってみることに恐怖を感じてしまうと思うんです。このへんの感覚は、ゼンカイで培うことができたような気がします。

実際に何をしたのかというと、高校2年の春休みにタイに行きました。海外の孤児院やスラムで、向こうの子どもたちとミュージカルをつくるというワークショップです。

僕はタイの孤児院に行きましたが、みんな元気で、楽しそうに生きていた。孤児院ということを感じさせない場所でした。ゼンカイに行っていなければ、行くことはなかったですね。

高校を卒業した後は、ワーキングホリデーを使って海外に行きたいと考えています。僕の高校は進学率がほぼ100％ですが、もう一人、進学を希望していない友達がいるので、「進学率を下げてやろうぜ」と話をしています（笑）。

――ゼンカイのその先

その先は……、幼稚園、老人ホーム、舞台を併設した総合福祉施設をつくりたいと思っています。

老人ホームは、地域との交流が少ないと感じていて。特に、コロナの時は家族との面会も制限されていましたので、なおさら交流がありませんでした。高齢者の立場に立てば、誰にも会えないのはつらいだろう、と。

幼稚園を併設するのは、小さな子どもと触れ合うことでお年寄りが元気になると思うのと、高齢者の知恵を子どもが学べるから。地域と密着した老人ホームがあれば、子どももお年寄りも元気になるんじゃないかなって。

舞台は、自分がお芝居をしていたのもありますが、お芝居は教育的価値が高いと思うんです。何かを演じることは、人の心を考えることでもある。お芝居の中では、みんな無意識的にやっていることだと思うのですが、ここに価値があるんじゃないかな、と。

こういう老人ホームが民間ベースでできるのか、それとも公的な部門でやるべきことなのかはわかりませんが、これがいまの長期目標です。

僕が踏み出した最初の一歩は劇団四季でした。いまの僕はその後の一歩一歩を自分で選択し続けていますが、そのきっかけを与えてくれたのが、プロジェクト・ゼンカイだと思っています。そういう意味では、僕にとってとても大きな機会でした。今度は、TAとしてゼンカイにかかわりたい。TAは18歳以上なので、早く高校を卒業したいですね。

8 「働く」ということ

フリーター
こうせい

僕はプロジェクト・ゼンカイの第1期に、TAとして参加しました。どこかでインターンがしたいと思ってTwitterで探していた時に、たまたまハッシャダイソーシャルがインターンを募集しているのを見つけたんです。

その告知画面が本当にひどくて(笑)。インターン募集とは書いてはあるけど、画像一枚で、ほとんど内容が書いてない。唯一わかったのは教育系というぐらい。

ただ、逆に興味が湧いたので、少し調べて宗ちゃんのnoteを読みました。「高卒・元工場勤務の作業員が、東京のベンチャー企業で新規事業を立ち上げるまで」という記事。こんなにおもしろい人がいるんだ、と衝撃でした。

この人のまわりには、同じような人が集まっているに違いない、僕もそんな人間になりたいと思って、DMを送りました。

――オーストラリアの大学をやめたわけ

実は、僕は中学から大学1年まで、オーストラリアのブリスベンで暮らしていました。子どもに英語を学ばせたいと、母、兄、弟、僕の家族4人で移住したんです。仕事があるので父親は日本に残って。

その後、オーストラリアの大学に進みましたが、大学1年で中退しました。ちょうどコロナのロックダウンと重なり、家での生活が多くなって勉強をサボってしまったんです。ゲームばかりしていて、成績が落ちてしまいました。

工学部の勉強に興味がなかったというのもあります。もともと高校で理系だったので工学部に進みましたが、将来にわたって工学系で行くことにあまり魅力を感じなくて。いま考えると少しもったいなかった気もしますが、高い学費を払い続けるのも無駄だと思ったので、大学をやめ、日本に戻ることにしたんです。

日本に戻った後はバイト生活を送っていました。これはこれで楽しかったのですが、定職に就いていない自分にいつも不安を感じていました。

僕は子どものころから夢や目標がなく、将来やりたい仕事もありませんでした。でも、社会に出れば、何かの仕事に就かなければならないという意識は強く持っていた。それがないことに、不安を感じていたんです。それで、インターン先を探し始め、ハッシャダイソーシャルに出会った。

実際にDMを送ると、すぐに連絡が来て、一度話をすることになりました。その時に、「プロジェクト・ゼンカイが始まるので、TAとして参加しない?」という提案を受けて。

僕自身、教育に興味はありませんでしたが、「学歴や偏差値というモノサシよりも自分自身が持っている可能性を信じよう」というプロジェクト・ゼンカイの考え方にはアグリーだし、ここに集まる人がおもしろそうだったので、参加することにしました。正直、プログラムの内容よりも、集まる人の方に関心がありました。

実際にTAとして参加してみると、予想以上に刺激的でしたね。宗ちゃんをはじめ、ハッシャダイソーシャルの方々やほかのTA、社会人メンターなど違う価値観や考え方を持っている人に会うことができて、かなりの影響を受けました。想像以上の収穫でした。

あと、Zoomを使ったオンラインのプログラムなのに、全体の雰囲気がとてもよかったのも、印象的でした。誰かが何かを発言したら必ず拍手で返したり、肯定で返したり。あの雰囲気を作っているのは、間違いなく宗ちゃんの存在だと思います。

高校生については、スクールカーストの上の方というか、成長意欲の高いキラキラした子ばかりが集まるのかなと思っていましたが、グループワークの時に下を向いてしまう子や話せない子もいて、最初はびっくりしました。

ＴＡとして、グループの高校生からいろいろな相談を受けましたが、僕自身が自分探しの途中ということもあり、「一緒に考えよう」というスタンスで接していました。僕が彼らに何かを教えられるわけでもないので。高校生に伴走するイメージです。

こうして振り返ると、ＴＡという立場でしたが、高校生と同じ立場で参加していたのかもしれません。

「職業に就く」＝「仕事」？

先ほど仕事がないことに不安を感じていたという話をしましたが、ゼンカイを通して、仕事に対する考え方が変わりました。

これまでは、世の中にある「職業」に就くことが働くということだと思っていましたが、ゼンカイに参加したメンターさんを見て、「好きなことを仕事にすればいいんだ」ということに気づきました。「ないこと」に対する不安はきれいさっぱりなくなりましたね。

その中でも影響を受けたのは、アドウェイズの岡村（陽久《はるひさ》）会長です。「朝起きたら布団を蹴飛ばして仕事に行く。ディズニーランドに行くように、ワクワクしながら会社に行く。それだけ仕事は楽しいものなのだ」というお話がありましたが、そんな人、見たことがなかったので、話を聞いた時は本当に驚きました。

ゼンカイに参加したことで、自分のやりたいことを追求する勇気をもらえたような気がしています。

いまはサウナのバイト仲間とサウナを作ろうという話をしています。僕はサウナが大好きなので。趣味のサウナを仕事にするなんて前は想像もつきませんでしたが、いまはそれでいいと思えるようになりました。

オーストラリアから戻った時は不安もありましたが、今はとてもいい選択をしたなと思います。これからもいろいろな選択があると思いますが、自分がワクワクする方を選べば、そんなに問題がないんじゃないかと感じています。自分が選んだ方で頑張ればいいだけだろうし。

何か困ったことがあれば、宗ちゃんのところに相談に行きますよ。あの人はいつでも親身になって話を聞いてくれますから。偽りなく人と接しているのを見ると、本気で人が好きなんだなと感じます。

9 「あり方」は無限大

大学1年
かんな

プロジェクト・ゼンカイに参加したきっかけは、課外活動で知り合った友人が流していたゼンカイのツイートです。

気になったのでホームページを見に行くと、サイトの下の方に、三浦さんとトヨタ自動車の方が話している動画があって。こんなにいろいろなことを考えてくれる大人がいるんだな、面白そうだな、と思って参加を決めました。

私たちは高校入学の時にコロナが始まった世代で、入学式も体育祭も何もなかったんです。高校1年の最初は授業もなかったので、課外活動ばかりやっていました。

社会人など大人の話を聞くオンラインプログラムに参加したり、高校生や大学生向けの市民大学に出てみたり。高校2年からは「高校生みらいラボ」という団体が主催している「Co-Living Camp」という合宿プログラムの代表として、合宿の企画や運営にかかわっていました。

Co-Living Campは、60人の高校生と起業家や大企業の社長、政治家、アーティスト、投資家など30～40人の大人が一緒に合宿するというプログラム。社会人との対話やワークショップ、リーダーシップやコーチングのような研修などさまざまなコンテンツを7日間にわたって学ぶんです。

自分が合宿に参加して、面白かったので運営側に回りました。

その活動にあわせて、「旅」にもよく行きましたね。旅にハマった発端はCo-Living Campの合宿。親に黙って合宿に行ったところ、親の拘束がゆるくなって。そこから週末に全国各地に行くようになりました。

LCC（格安航空券）のチケットを安い時に買えるだけ買っておいて、後は友達の家に泊めてもらったり、ヒッチハイクで移動したり。飛行機代は、「大学に行くつもりはないから、ここは投資だと思って旅費をください」と親にプレゼンしました。

幸いなことに、これまでに危ない目に遭ったことはありません。両親は心配していますが、「心が躍ったら行くしかないでしょ！」という感覚です（笑）。

地方に行きたいと思ったのは、自分でどこにでも行けるとわかったことが大きいかな。オンラインプログラムに参加して、全国に友達ができたこともあって旅に出るようになりました。何もできなかったコロナの反動もあったと思います。

本当は海外に行きたかったけど、コロナの影響で国内の旅費が安かったんですよね。それで全国を旅することができました。

――「大人」を見て感じたこと

ゼンカイに参加したのも、こういう課外活動の一環でした。参加してみて？　かなり面白かったですね。

ほかのオンラインプログラムとは違って、参加している高校生の層が広いということがまず驚きでした。ほかのプログラムの場合、参加者は進学校の生徒や親がお金持ちそうな子が多かったのですが、ゼンカイの場合は進学校から地元の公立高校まで、いろいろな人が参加していました。

私の参加したグループを見ても、高校に入り直した人がいたり、中卒の子がいたり、だいぶカオスなグループでした。高校では出会えないような同年代の子に会って、自分のしたいこと、自分にできることがブラッシュアップされたように思います。


あとはTAの存在。年の近いTAさんには、メンタル面のケアを含め、本当にお世話になりました。卒業したいまも連絡を取っています。

特に、グループ担当だった谷口鉄馬さんには刺激を受けましたね。

鉄馬さんは子どもの時に筆文字でお金を稼いでいたそうで、私にも「やってみなよ」って言ってくれたんです。その言葉が残っていたので、旅の途中、自分で撮った写真を路上で売りました。値段はいくらでもいいですって。

めっちゃ緊張したのですが、５００円で売れました。そのお金は大切すぎて、使わずにいまもとってあります。

それまでも写真が好きで撮っていましたが、作品とは思っていなかったんですよね。でも、私が撮った写真に価値をつけて買ってくれた人がいた。その原体験がいまにつながっています。

実は、親には「大学には行かないから投資して」と言って旅費を出してもらったのですが、いまは美大に行って映像を学んでいます。写真や動画を使ったインスタレーションの制作です。

本当は世界を見て回って、そのあとにやりたいことがあれば大学に行こうと思っていましたが、ゼンカイの中で「行くチャンスがあるならいま行った方がいい」というアドバイスをもらって。それで美大を受けることにしました。

試験はグループディスカッションと面接。ぶっつけ本番で受験しましたが、これまでにいろいろな人と話してきたからか、受かることができました。そういう意味でも、ゼンカイには人生の選択肢をもらいました。

ゼンカイだけではありませんが、高校3年間でたくさんの大人に出会って、「いろんな人がいていいんだ」ということに気がつきました。自分は何をしてもいい、自分は何にでもなれるんだ、と。

私は三人兄弟の三番目で、いつも兄や姉と比べられてきました。運動や勉強も兄や姉よりできなくて、「お兄ちゃんはできたのに」「お姉ちゃんより不器用だね」って。そういうのもあって、空気を読むというか、相手の反応をみてしまうところがありました。

当然、自分で何かを決めたような経験はありません。高校も、兄が行っていたからいいかなという程度の決断です。

でも、ゼンカイで会った同世代やTA、旅で出会った大人にはいろいろな人がいました。そういう人を見て、それでいいんだということがわかった。自信というところまではいかないけれど、自分の思うように生きていいんだ、と。

これからの夢は……、村をつくりたいです。誰もが自己表現できる文化、それを実現するための村をつくりたい。オンラインコミュニティでもいいのかもしれませんが、核となる人が抜けると消えてしまうかもしれないので、アーティストが暮らす「リアルな村」。

そこでバーニングマン（※）をやりたい。村長になるのは嫌ですけど（笑）。

※米ネバダ州の砂漠で開催されるイベント。世界中から集まった人々がさまざまなアートやパフォーマンスを繰り広げる。

10 手に入れた「トリセツ」

専門学校1年
かな

宗ちゃんとは、ハッシャダイソーシャルが私の高校で定期的に開いていた職場体験プログラムで知り合いました。パナソニックなど企業の方が学校に来て、実際の仕事について2時間話すというプログラムです。

この時に、企業の方に質疑応答で聞く内容を考える会を宗ちゃんが月イチで設定してくれたんです。その時に「こんな大人がいるんだ!!」とびっくりして。高校1年生の時の話です。

そのあと、高1の3月、ちょうどコロナが始まって学校が一斉休校になったころに、宗ちゃんから電話があったんです。「いま学校なくて暇やろ。学校では出会えないイケてる大人と話せるプロジェクトがあるんだけど、やってみいひん?」って。

直感的に「やります!!」と答えました。また宗ちゃんに会えるし、しかもタダだし。

この時は、BASE CAMPやプロジェクト・ゼンカイのようなプログラムの形が決まっていなくて、毎月1回、オンラインで大人の話を聞き、その人に質問するという「大人インタビュー」が中心でした。

宗ちゃんの知り合いの方が自分の半生や人生観を話して、それに対して高校生の私たちがいろいろと質問するというプログラムです。

それが半年くらい続いて、9月ごろから「BASE CAMP」の前身の「BOOT CAMP」が始まりました。最初は私を入れて10人もいませんでしたが、回を重ねるごとに参加者が増えていきましたね。

その後のBASE CAMPには参加者を支えるサポーターという立場で、高3の1月に始まったプロジェクト・ゼンカイにも1期生として参加しました。ゼンカイの第2期ではTAにもなって。こうして振り返ると、宗ちゃんのプログラムにはほとんどかかわっていますね（笑）。

――肯定で返してくれる場の雰囲気

BOOT CAMPでは、大学生のメンターさんがつきました。参加人数が少なかったので、ほとんどマンツーマンでした。メンターさんとは大人インタビューの質問を一緒に考えてもらったり、日々の悩みを相談したり。

他の参加者とは違って、私はうまく質問ができる方じゃなかったので、メンターさんと遅くまで質問を考えていた記憶があります。日々の悩みは……、友達や部活のことでした。

高校の時はサッカー部のマネジャーでした。マネジャーは二人だけで、もう一人は私と同じクラスの子。いつも一緒で仲もいいんですけど、マネジャーの仕事になると、向こうの方が気が利くのでどんどん仕事をしていくんですよね。あのころは「自分は全然貢献できていないんじゃないか？」と悩んでいました。

私、基本的に楽観的で直感を重視するタイプの人間なんですが、ささいなことが気になってしまうんです。人間関係はいつも悩んでいたような気がします。

BOOT CAMPは、言葉にできないぐらいの学びがありました。イケてる大人に出会って、一生モノの仲間に出会って。自分自身のトリセツを手に入れた気がします。

例えば、BOOT CAMPでは自分自身について深掘りするワークショップがあったんですよ。「こんなの何か意味あるの？」と思ってやっていたわけですけど、だんだんと自分を客観視できるようになって。メンターさんからも、「かなちゃんって××なところがあるよね」と教えてもらって新しい自分に気づけたり。

小中学校の時はノリと勢いだけで楽しく過ごしていたので悩んだことなんてありませんでした。自分のことなんて何も知らないし、考えたこともない。でも、高校に行って、人間関係などいろいろと悩み始めた時にBOOT CAMPに参加することになって。私にとってはいいタイミングで出会ったと思っています。

そんな素敵なBOOT CAMPも終わって、第2期のお手伝いもして、最後の高校生活をのほほんと過ごしていた私に、また宗ちゃんから連絡が来たんです。「このプロジェクト、参加してみいひん？」って。プロジェクト・ゼンカイです。

ちょうどTwitterで募集を見ていて、「ああ、こんなん始まるんだ。どうしようかな」と思っていた時の連絡だったので、速攻で参加を決めました。

ただ、BOOT CAMPの時は自分が明らかに一歩進んでいる感があったのに、ゼンカイでは自分が成長している感がなかったんですよね。

もちろん、何も知らない中で参加したBOOT CAMPと、BOOT CAMPを経験したうえで参加しているゼンカイでは衝撃度は違うと思います。でも、それが自分の悩みだったので、1on1の時にメンターさんに相談したんです。そうしたら、「でも、すぐに感じられる成長って少ないよね」って。

その言葉で、自分の中の不安が薄れていく感覚がありました。

確かに、BOOT CAMPに参加した2年前と比べて、いまの自分は成長している実感がある。いまはピンと来ていなくても、2年後、3年後にはきっと自分が変わっているはず――。そう思うことができてから、一気にゼンカイに入り込むことができたように思います。

終わってみると、同世代の頼れる〝家族〟が全国にできた感じ。地元の友達とは少し違うんですよね。ゼンカイは、受け入れてくれるというか、肯定で返してくれる。人生を豊かにしてくれる仲間です。本当に大切な仲間。

宗ちゃんは……、「会うのはたまにがいい」という存在ですかね。熱すぎるんですよ。1対1で話すと、前向きなエネルギーをもらえるのですが、ミニ太陽みたいな人なので、近づきすぎると燃えてしまう（笑）。

「かっこいい大人」の一言では片付けたくないですね。壁にぶつかったら、相談に行きたいです。で、背中を蹴るくらいの勢いで応援してほしい。

――自分自身で決めた人生の選択

将来は俳優とアーティストを目指していて、いまはお芝居が学べる専門学校に通っています。

小学校のころは美容師になるのが夢だったんですけど、中3で進路を決める時に、美容師は専門学校に行き、お店に勤めて腕を磨き、独立するという決まったルートが見えていて、なんかつまらないなと感じて。

でも、役者は決まったルートはないじゃないですか。それで、「芝居だ」「役者だ」と思ったんです。もともと小学生の時に、地元でミュージカルを習っていたので、演劇と音楽は好きだったんです。

とはいえ、あくまでも夢でしかありませんでした。普通科の高校に進学したのも、大学に行こうと思ったから。でも、BOOT CAMPに通ったあと、当時はやっていた音声SNSのクラブハウス（Clubhouse）で、弾き語りをする機会があったんです。アコギを弾きながら。

そうしたら、たまたまライブハウスに通っている子が聞いて、「めっちゃうまいから、一度、ライブハウスに出てみない？」って誘われて。BOOT CAMPに参加したあとで、とにかく何かしたいという気分だったので出てみたんです。そうしたら楽しくて。

もちろん、「大学に行かないで大丈夫かな」と不安もありましたが、自分がやりたいことは俳優とアーティストなのでこの道に行こう、と。そう思えるようになったのも、BOOT CAMPやゼンカイの存在が大きいと思います。いまは豊橋のライブハウスに出ています。

専門学校はめっちゃ厳しいですよ。私自身がなめてたところもあるのですが、「これ、パワハラなんじゃない？」というレベル(笑)。でも、必要なことだと思うので、いまは全力でぶつかっています。

卒業後は、東京に出てお芝居をもっと学びつつ、たくさんのことに挑戦していきます。初めての一人暮らしもしてみる予定です。

11 僕なりの継承

大学2年
りょうま

僕は高校時代、国立の中高一貫校に通っていました。帰国子女が多い学校で、探究学習に力を入れているところが特徴です。

僕も高校1年のころから探究活動を始めました。実際にeスポーツ大会の企画・運営をテーマに、ゲームが好きな人たちをオンライン上でつなぎ、コミュニティを作り上げるにはどうすればいいかということをずっと考えていました。

ただ、高校2年生の時に炎症性腸疾患になったんです。「クローン病」と言われる難病。安倍晋三元首相は潰瘍性大腸炎で大腸に炎症が起きるタイプでしたが、僕は小腸と大腸に炎症が起きる。どちらも同じ炎症性腸疾患です。

お医者さんからは手術を勧められたのですが、大学受験を控えていたので、手術は受験の後にしようと延ばしていました。そうしたら、SFC（慶應義塾大学湘南藤沢キャンパス）のAO入試に書類を出す3日前に倒れたんです。そのまま緊急手術。生死をさまようような状況でした。

小腸の炎症がひどく、小腸が細くなって食べ物が詰まった。信じられないほどお腹が痛くて救急車を呼びました。手術すると、小腸が破裂して、お腹の中に血や食べ物が飛び散っていたそうです。

手術の後、目を覚ますと、点滴や痛み止め、体内を洗った後の廃液を外に出すドレーンなど体から8本の管が出ていて。それを見て、「サイボーグか、俺は」と思いました（笑）。そんな状態だったので、現役での大学受験は無理で、浪人することになりました。

——田島颯との出会い

もともと大学受験での一般受験は考えていませんでした。病気のこともありましたが、「受験のための勉強はちょっと違うのでは？」と思っていたんです。

勉強することは大切だということはわかるんだけど、何かにすぐに役立つような知識は学問や学びではないよな、という意識が強くあって。

受験勉強も「受験のための勉強」「未来のための投資」という感覚がどうしても抜けませんでした。当時の僕は「いまをもっと生きたい」と思っていたので、自然と課外活動や探究活動に目が向いたんです。

そこで、いま何をしたいかを大切にしつつ、アカデミアでの勉強もしたいと思って、ＡＯ入試にしようと思いました。

その後は一浪して立命館大学の政策科学部に入りました。

いまの社会は高度化、複雑化しているため、一つの専門アプローチでは解決できなくなっていると思うんです。逆に、社会課題を解決するためには、さまざまな専門を掛け合わせる専門横断的なアプローチが必要になる。そのためにはいろいろな分野を学んだ方がいいと思って、立命館の政策科学部に決めました。大きなコンセプトは慶應SFCの総合政策学部と変わりません。

いまフォーカスしているのは、コミュニティディベロップメントです。NPOや一般社団法人のように既存の社会課題に取り組む人は年々増えていますが、すべての社会課題に取り組むにはリソースが限られていると思うんです。

だから、生活に密着した身近な課題は地域の人々が自分で解決するようになれば、投じるべきところに必要なリソースが届くことになるのでは……と思って、コミュニティデザインの理想の形について学んでいます。

まだ研究段階ではありませんが、香川県三豊《みとよ》市がモデルになり得るのではないかと思っています。三豊にいる人たちは、地域に二軒目に行く飲み屋がないから自分たちで作ろうという考え方です。これがとてもおもしろいな、と。

実は、浪人している時にAO入試でお世話になったハヤテ（田島颯）さんが三豊で新しい公共交通のサービスを始めたんです。タクシーの相乗り定額乗り放題のようなサービス。ほかにもいろいろな動きが起きていて、コミュニティディベロップメントの一つの形になるんじゃないかと思っています。

ハヤテさんとは、高校3年の1月ごろに初めて会いました。個人塾でAO入試をサポートしていて。生徒は現役生中心だったようですが、「浪人生でもいいでしょうか」と聞くとOKで。それがハヤテさんとの出会いです。いまでも人生の先輩として、同じプロジェクトを進める仲間として、大切な存在です。

プロジェクト・ゼンカイに参加したのも、直接のきっかけはハヤテさんです。

TAに手を挙げた理由

大学1年の2022年9月ごろ、プロジェクト・ゼンカイというプログラムが始まるという話をハヤテさんから聞いて。すぐに参加したいと思いました。

僕はハヤテさんの言葉の節々にかっこよさを感じていたので、ハヤテさんが作っているものであれば、しかも、ハヤテさんがファシリテーターなら、絶対にいいプログラムだろうという確信がありました。

もちろん、プロジェクト・ゼンカイのコンセプトにも共感したということもあります。そこで、大学1年の10月からゼンカイ2期のTAとして参加しました。

最初は「いいちゃん（僕のあだ名）ならなら運営メンバーでもいけるんじゃない？」という話もい

ただきましたが、いずれ運営にかかわるにしても、参加者に近い視点でプロジェクトを見る必要があると思って、TAとして参加させてもらうことにしました。

TAであれば、プログラムの中身やコンテンツに込められている想い、どんな設計でつくられているのかといった運営側の視点と、それが参加者に伝わっているのかという参加者側の視点の両方が得られると思ったんです。

実際にTAをやってみて……。そうですね。楽しかったけど、僕としては後悔の方が強いです。大学に入った後、個人としていろいろな活動をしていたのもあって、僕自身のキャパの問題でやりきれなかった。もっと参加者に向き合うべきだったと後悔しています。

そんな状況なのに、「いいちゃんと話せてよかった」とかグループのメンバーやTAがいろいろなメッセージを贈ってくれて。それでますます悔しくなりました。これが、ゼンカイのカルチャーなんだろうと思います。

僕自身はゼンカイからたくさんのものを受け取りましたが、僕の方からも、少しでも何かを与えることができたとすれば、嬉しいですね。

グループの参加者にはいろいろな子がいました。普通に高校に通っている人もいれば、部活に打ち込んでいる人、帰宅部の人、不登校の人などみんなバラバラです。

TAとしての僕のスタンスとして、1on1の時間は少しでもいいものにしようと考えていたので、話す内容は参加者に任せていました。いま話したいこと、相談したいことを話してって。

いろんな相談がありましたが、「学校に馴染めず、居場所がない」という話はいまも印象に残っています。僕はその子の話しか聞いていないので、学校がどういう状況にあるのかがわかりませんが、話を聞いていて悲しくなりました。対人関係が理由だとしても、「なんでそうなっちゃうのかな」と。

「家族関係がうまくいかない」という相談もありましたね。家庭環境はその子にはどうにもできません。その子も自分がその家に生まれたことを持って生まれた運と捉えていました。そういう話を聞いていると、自分の無力さを感じますね。

僕は教育の分野に関心があるのですが、ゼンカイを通して、自分の見てきた世界がごく一部に過ぎないということがよくわかりました。僕の周囲にはそういう人はいなかったから。

――受け取ったものを高校生に

ハッシャダイソーシャルにはゼンカイの運営を含めかかわっていきたいと思っていますが、それ以上に自分で何かしたいという気持ちがいまは強いです。

宗ちゃんのことはとても尊敬していて、僕の師匠的な人だと思っています。あの人のすごいところは自分が作った過去をどんどん捨てて、次の新しいことにチャレンジしていくところ。

あれだけ先陣を切って旗を振れる人はいないですよ。

ただ、一方で負けたくないという気持ちもあります。宗ちゃんのプロジェクトはもちろん全力で支えようと思っていますが、一方でそのプロジェクトは宗ちゃんのつくりたい景色なんですよね。僕も、自分の言葉で、自分のつくりたい景色をつくりたい。もちろん、ハッシャダイソーシャルとの関係は切れませんけど。


僕は難病になったこともあって、「受け取ってしまった」という感覚を強く持っています。こうしていまお話できているのも、いろいろな人に助けてもらったから。それって、僕が頑張ったというより運だと思うんです。

だとすれば、僕は受け取ったものを返していかなければならない。そう考えた時の、僕なりの返し方の一つがゼンカイでした。

病気でお世話になった人に感謝の気持ちを伝えると、「いいちゃんがそう思ったのなら、僕じゃなくて後輩に贈ってよ」と口を揃えて言うんです。「なんてかっこいいんだろう」と思いました。

いまの僕は、贈ってくれた当事者に何かを返すことはできません。であるならば、TAとして高校生に返そう。それを受け取った参加者が、また違う誰かに贈ってくれれば、幸せが循環していくだろう、と。

大学1年の時、WAKAZO（ワカゾー）という医学部の学生を中心とした学生団体の代表になったのも、受け取ったものを返していきたいと思ったからです。

もともとは関西万博の誘致活動をしていた学生団体でしたが、現在は「inochiのペイフォワード」をキーワードに、自分のヘルスケアデータを誰かのために提供したいという意思あるデータ提供を普及する活動を進めています。1年ごとに代表が替わるシステムだったため、2022年は僕が代表になりました。

いまは2カ月に1回、点滴を打っていますが、幸いなことに、病気の方は落ち着いています。ハッシャダイソーシャルからもらった刺激を基に、僕も何かをしていきたいと思います。

第 5 章

偶然の必然

1 「古巣」との邂逅

２０２０年1月、トヨタ自動車人事部に異動してきたばかりの山口勇気は上司の笹山義之からある記事を見せられた。ハッシャダイのヤンキーインターンに関する記事である。

国内営業から人事部に異動した山口の主な仕事は中途採用の拡大。ヤンキーインターンを通して中途社員が採れるかもしれないと考えた山口は、お問い合わせ窓口のチャットボットに「トヨタ自動車の山口と申します」とメッセージを送った。ハッシャダイの社内がざわついたのは言うまでもない。

山口と笹山がヤンキーインターンに反応したのは、トヨタ自身が変革の時期だったためだ。その変化は現在進行形だが、当時のトヨタは従来の自動車メーカーからモビリティカンパニーに本格的に移行し始めた時期。Connected（コネクティッド）、Autonomous／Automated（自動化）、Shared（シェアリング）、Electric（電動化）という4つの技術革新、「ＣＡＳＥ」と呼ばれる技術革新によってクルマの概念が変わる中、「クルマをつくる会社」から「モビリティ社会をつくる会社」にフルモデルチェンジするべくアクセルを踏み始めていた。

当然、モビリティの会社に生まれ変わる以上、これまでのような新卒を中心とした人材採用だけでなく、さまざまなスキルと経験を持った多様な人材を採用していく必要がある。その方針の下、中途採用の間口を広げようと動き回る中で、ヤンキーインターンに辿り着いた。

もう一つ、ヤンキーインターンに関心を持ったのは、採用に関するトヨタの姿勢を具体的なかたちとして示す必要があると考えていたこともある。

「人材採用の間口を広げます」と声高に叫んだところで、学生や保護者にはなかなか響かない。その変化を象徴するプロジェクトを実際に見たり体験したりしてもらわなければ、トヨタが本気だということを理解してもらえない。そう考えたのだ。

出会いが生み落としたプロジェクト

そして、山口はヤンキーインターンを視察するため、東京・原宿のハッシャダイ本社を訪れた。その場に、たまたまいたのが三浦である。

実は、ヤンキーインターンの卒業生を採用するというところまでは至らなかったが、その時に三浦が高岡工場で働いていたトヨタOBだと知り意気投合。三浦が進めていたソーシャルの文脈で「何か一緒にやろう」と、話が転がり始めた。

「高岡工場で働いていたということももちろんありますが、若者の可能性について、まっすぐに、熱く話す三浦さんの姿勢に胸を打たれて。それで彼と何かをしたいと思ったんです」

そう山口は振り返る。

トヨタとの邂逅《かいこう》は、三浦にとっても願ってもない機会だった。ソーシャルとしての活動を本格化させようとしていた三浦にとって、トヨタと一緒にプロジェクトができれば大きな実績になる。同時に、自分を育ててくれたトヨタの恩に報いる格好の機会である。

「人生最大の勝負どころ」と気合いを入れた三浦は、トヨタに最高の提案をすべく脳みそをフル回転させた。その中で生まれたものが、２０２１年１月に始めた「じぶんの学校」である。

「じぶんの学校」とは、豊田市内の高校生を集め、内省と社会人メンターとの対話を通して行動変容を促すという3カ月のプログラム。実験的に始めていたBASE CAMPをより洗練させたものだ。BASE CAMPと同様のスキームを提案したのは、それだけ手応えを感じていたということだろう。

実のところ、「じぶんの学校」に参加するのは高校生で、トヨタの中途採用に直結するわけではない。ただ、トヨタが目指しているのは、学歴や偏差値に関係なく、若者が自分の可能性を追求できる社会を実現すること。そのために、高校生を巻き込み、高校生一人ひとりの可能性を追求するプログラムを実践しているという事実は社会に対する大きなメッセージになる。

こうして始めた「じぶんの学校」は参加者の評価も高く、一定の手応えがあった。そこで、山口は上司の笹山とともに経営陣を説得。予算を確保し、より規模を拡大した3年間のプロジェクトとして再始動することにした。それが、プロジェクト・ゼンカイである。

この経緯からもわかるように、山口がヤンキーインターンの視察に行かなければ、山口が三浦と出会うことはなく、三浦がトヨタ出身だということを知ることもなかった。当然、プロジェクト・ゼンカイが始まることもない。その意味で言えば、プロジェクト・ゼンカイは偶然の産物である。

ただ、人生の大半は偶然の連続であり、ふとした偶然をいかにつかむかで人生の選択肢は変わる。

現に、三浦はトヨタに対する感謝の想いを抱き続けており、山口が一緒に何かをしたいと思うほどに「Choose Your Life」の実現に熱い気持ちをたぎらせていた。機会をつかむための準備ができていたと言ってもいいかもしれない。だからこそ、突然の出会いをプロジェクトに昇華させることができたのだ。

三浦の覚醒

参加した高校生が口を揃えるように、3カ月のプログラムは参加者の心に何かの種をまいた。その種がいつ芽吹くかはわからないが、自分自身を知り、さまざまな大人の背中を見せることで、幅広い未来の選択肢を提示したことは間違いない。

このゼンカイは、ハッシャダイソーシャルにとっても一つの転機になった。

ゼンカイが立ち上がる前、ハッシャダイソーシャルは講演やワークショップなどの〝地上戦〟が中心だった。講演で数十人から100人、200人の聴衆に語りかけ、その後の放課後タイムやワークショップで彼らに関心を持った高校生とインスタやＬＩＮＥでつながり、相談があれば話を聞くという対応である。

彼らが訪問する学校は年間１００校を超えるため、彼らの話を聞く生徒はかなりの数になる。ただ、大多数の聴衆を相手にした講演は一人ひとりに伴走するという点では限界がある。ワークショップも、キャパシティの問題があり、そう簡単には増やせない。

その点、ゼンカイはオンラインの〝空中戦〟だが、１００人の参加者にきめ細かく対応できるため、自己変革のきっかけを与えるという点で効果が大きい。講演で聴衆の心を揺さぶり、関心を持った若者をゼンカイにつなぐ。そのサイクルが、活動の効果を高めている。

また、プロジェクト・ゼンカイが始まったことで、ハッシャダイソーシャルにかかわる仲間が格段に増えた。

ゼンカイは参加者の高校生を運営サイドや大学生のＴＡで支えるという仕組み。マイク一本でできる講演とは異なり、運営に携わる仲間が必要になる。１００人の高校生のほかに、グループを回すＴＡは30人から40人、社会人メンターも20人は参加する。こういった協力者を、高宮を中心とした運営サイドが回しており、プロジェクトにかかわる人はケタ違いに多い。

そして、ゼンカイを通して三浦宗一郎がリーダーとして本格的に覚醒した。

ハッシャダイソーシャルに参画して以来、三浦の前には常に勝山がいた。ヤンキーインターンのロールモデルである勝山は存在そのものがストーリー。テレビのドキュメンタリーでも主役は常に勝山だった。

同時期にそれぞれが始めた講演活動も、沖縄から全国と、自分よりも大きく展開していた。三浦も「恵ちゃんの方が、僕よりも大きく、ぶっ飛んだかたちで展開していました」と振り返る。

確かに、ヤンキーが訪問販売を通して生まれ変わったという物語は、勝山自身にしか語れないものだが、三浦にも三浦の物語はある。中学を卒業したあとに自動車工場で働き、人との出会いの中で機会をつかみ、自らの可能性を広げたという生き方は、実は勝山よりも普遍的で、普通の高校生には刺さる物語かもしれない。

だが、三浦は勝山が持っている物語には及ばないと常に感じていた。オレには何もない、オレも爪痕を残したい――。気のいい勝山は気にもとめていなかっただろうが、三浦は勝山に強いジェラシーを感じていた。

そうやってもがいている中で出会い、作り上げたものがゼンカイである。それだけに思い入れは強く、その成功体験は彼にとってとてつもなく大きなものだった。覚醒した三浦は、この後「18歳の成人式」など強烈な企画を連発していくが、それもゼンカイの成功でつかんだ自信があったからだろう。

ハッシャダイソーシャルは、「Choose Your Life」を若者に伝えるというところで意気投合した勝山と三浦が始めた、半ば個人的なプロジェクトである。だが、いまでは多くの人間がプロボノや業務委託などのかたちで企画や運営にかかわっている。二人が唱える「Choose Your Life」というメッセージに共感した人々が、二人が巻き起こしている渦に飛び込んでいるのだ。

その中には、一緒にゼンカイを手がけるトヨタのような企業もあれば、教員のような教育関係者、教育や格差などの社会課題に関心を持つ石川や田島のような同世代の若者、勝山や三浦に背中を押された大学生や高校生もいる。

なぜ彼らはハッシャダイソーシャルという場に引き寄せられたのだろうか。「梁山泊《りょうざんぱく》」に集いし人々のそれぞれの物語。

2　トヨタがかかわる理由

トヨタ自動車
国内営業部
第1需給計画室
オールトヨタG
グループマネージャー
山口勇気

僕は2005年4月にトヨタ自動車に入社して以来、ずっと国内営業でした。ところが、2020年1月に人事部に異動になったんです。採用グループの中の、中途採用の主担当です。ハッシャダイについては何も知りませんでした。ただ、笹山さんがヤンキーインターンに関する記事を教えてくれたので、ハッシャダイのチャットボットにメッセージを送りました。「トヨタ自動車の山口と申します」と。それが、最初です。

その後、彼らから連絡が来て、当時の原宿オフィスにヤンキーインターンを見に行くことになりました。そこで三浦さんに会ったんです。その時に、三浦さんが高岡工場で働いていたことを知りました。コロナ前の2020年1月から2月ごろの話です。

ヤンキーインターンに関心を持ったのは、トヨタ自動車がモビリティ社会をつくる会社に変わっていく中で、学歴にとらわれず、プロジェクトを推し進めることのできる人材、実行力を持った人材を採用するという方針を採ったため。その中でヤンキーインターンがおもしろいと思いました。

実は、この時はヤンキーインターンの卒業生を採用するというところまでは至りませんでしたが、三浦さんとお話しする中で、高校生の可能性を解き放つという方向で何かご一緒できることもあるのではないかと思って、プロジェクトの可能性を模索することにしたんです。

そして、その年の秋に三浦さんが「じぶんの学校」というプログラムを提案し、実際にトヨタとハッシャダイソーシャルのコラボが始まりました。

高校生が内省を通して自分の将来を考える機会はあまりありません。家庭と学校以外で大人に会う機会も少ないと思います。親や先生を評価者と感じている高校生もおり、心理的安全性を担保したうえで、自分のことをさらけ出せる場は大切です。

「じぶんの学校」は小さく始めましたが、参加者の評価も高く、私たちも手応えを感じたので、プロジェクトをより大きくしようと、2022年1月にプロジェクト・ゼンカイを始めました。

社内の稟議《りんぎ》を通すのは大変でしたよ（笑）。経営陣からは、そもそもの意味を問われました。「このプロジェクトは中途採用に直結するのか？」と。もっともな指摘だと思います。

実際、プロジェクト・ゼンカイのターゲットは高校生で、彼らがトヨタを志望するわけではありません。ただ、採用ブランディング的には大きな意味がある。

学歴や偏差値に関係なく、若者が自分の可能性を追求できる社会の実現をトヨタは目指している。そのために、高校生を巻き込み、高校生一人ひとりの可能性を追求するプログラムを立ち上げた。これは、社会に対する大きなメッセージになる――。上司の笹山さんと、そうプレゼンして経営陣を説得しました。

「社会に対して芯を食っている」

――実際に始めた感想？ 社会に対して芯を食っていると感じています。ゼンカイ第1期の初回は参加者の表情がメチャクチャ硬かったんです。それが、2回、3回と進むごとにどんどん顔が変わっていきました。

それまでまったく発言できなかった子が積極的に発言したり、社会人のメンターさんに質問したり。人ってこんなに変わるんだと驚きました。最終回なんて、みんな泣いているんですよ。正直、かなりの可能性を感じました。

また、ゼンカイはとても安全な場です。勉強ができようができまいが、高校に行っていようが不登校だろうが、参加している高校生はフラットな関係です。

何を発言しても否定されることなく拍手してもらえる。じぶんを飾り立てる必要もなければ、大きく見せる必要もない。オンライン空間ですが、「あなたはあなたでいいよ」という雰囲気であふれている。

これはトヨタが体現したい世界そのものです。家庭や学校、会社の中で、果たしてこういう場が実現できているのか。できていないからこそ、ゼンカイが若い人を惹きつけているのではないか。自分がかかわったプロジェクトですが、第1期を見て、そう思いました。

この雰囲気をつくり出しているのは、三浦さんをはじめハッシャダイソーシャルのメンバーです。

ゼンカイの初め、三浦さんは自分自身の半生について話しました。そのうえで、ゼンカイという場を作った理由と想いを熱く語った。何かを教えるのでもマウントを取るのでもなく、ただ自分自身と想いだけを語った。だからこそ、高校生も耳を傾けるのだと思います。

三浦さんとは2年間一緒に仕事をしましたが、さまざまな人を巻き込みながら、昨日より今日、今日より明日と一歩ずつ社会を変えていく姿は今日的なリーダーだと感じています。

同時に、ものすごくトヨタ的な人。

自動車づくりって、一人でできることはないんです。自動車には約3万点の部品があり、日々、生産プロセスを改善しながら仲間との共同作業で一台の自動車に組み立てていく。それが自動車づくりです。

ゼンカイというプログラムも、当然、三浦さん一人では作れません。でも、自分の想いを共有し、さまざまな人を巻き込むことで、一つのプログラムにまとめ上げた。まさに、トヨタを体現している人物だと思います。彼はトヨタをやめてしまいましたが、私たちが採用したい人物像そのものです。

ゼンカイを通して変わったのか、もともとの才能なのか、いまの三浦さんは自信に満ちあふれています。

私は人事部を離れ、国内営業に戻りました。いまはゼンカイとは直接的な関係はありませんが、ゼンカイがより発展していくことを期待しています。

普通でいることが難しい世の中、若い人たちをみんなで認めて一人前にしていくというプロセスは重要です。ゼンカイのような場が、いまの世の中に求められていると感じています。

3 ゼンカイから得たもの

トヨタ自動車
パワートレーン
統括部PT管理室
笹山義之

山口も話していますが、プロジェクト・ゼンカイはトヨタ自動車が自動車メーカーからモビリティカンパニーにフルモデルチェンジする過程で生まれたプロジェクトです。

2018年1月に米ラスベガスで開催された国際家電見本市（CES）で、当時の豊田《とよだ》章男《あきお》社長は「トヨタを、クルマをつくる会社から、モビリティに関するあらゆるサービスを提供する会社、モビリティカンパニーに変革する」と発表しました。

そのためには、人事制度もそれに適したかたちに変えていく必要がある。そこで、人事部でも人事制度の見直しに向けた議論を始めました。

その時の問題意識は、従来の人材やスキルだけでは、モビリティカンパニーへの移行はできないということ。

ものづくりだけでなく、ソフトウェアやAIのようなデジタル領域の専門家も必要になる。トヨタ単体や関係企業だけでも実現できないため、他業種、他企業の幅広いアライアンスも不可欠になる。それを可能にするような人事制度にしていかなければなりません。

その中で、学歴や性別、国籍などの属性に関係なく、変革を進められる人材、言うなれば「人間力」の高い人材が活躍できるような制度にしようという方針を立てました。自分以外の誰かのために貢献できる人材、自分を変え続けるというグロースマインドセットのある人材です。

２０１８年、19年は新しい人事制度をつくるグループ長、２０２０年には人材育成室の室長として、新しい制度に合った採用活動を考えることになりました。ここで、一緒に取り組んだのが山口です。

採用では、「トヨタで××がしたい」という情熱を持つ人を採用する方針にしようと思っていました。すると、その時に何かの記事でヤンキーインターンの記事を見たんです。それで、山口に「こんな記事があったよ」とシェアしたら、次の瞬間にはハッシャダイにメールを送っていた(笑)。

経営陣を説得したロジック

ヤンキーインターンは山口が東京に出張に行った時に視察しました。その時に、ヤンキーインターンも素晴らしいけれど、三浦さんというトヨタ出身の素晴らしい若者がいるという話を聞いて。ならば、１回会ってみたいなと思って、三浦さんが豊田市のトヨタ本社に来る機会にお会いしました。

会ってみた感想は……、やはり熱量が高かったですね。１時間のミーティングがあっという間。ミーティングの終わりには、一緒に何かしようという話になっていました。

その後に始めた「じぶんの学校」という企画は三浦さんと山口が考えたもので、僕は報告を受けただけです。ただ、手応えは僕も感じたので、プロジェクト・ゼンカイとしてプログラムを本格的に始めることに疑問はありませんでした。

もちろん、大きな費用が必要になるプロジェクトなので、経営陣に対するプレゼンはそれなりに大変でした。

会社としては投資に当たるので、ROE（自己資本利益率）を考えます。それでは、ゼンカイのリターンは何かと言うと、わかりやすいのは採用ですが、今回は高校生が対象です。個人情報も取りませんし、採用のアプローチもしません。「じゃあなんのためにやるの？」「目的は何？」「費用対効果はどこで見るの？」とかなり詰められました。

ただ、そもそもゼンカイの目的は採用ではないんです。私たちがどんな人材を求め、どう育成しようとしているのかということ。学歴や偏差値だけでなく、情熱のある人材を採用したいと考えていること。それを社会に発信するための場だということを考えれば、コーポレートブランディングです。

実際に、「じぶんの学校」の参加者の中に、トヨタの採用に応募してきた人が何人かいました。ゼンカイには、トヨタに応募する人を増やすという広告宣伝的な効果も含まれる。そう言って経営陣を説得しました。

ゼンカイに可能性を感じたのは、僕自身が持っていた偏差値に対する疑問もあります。いまの若い人は、偏差値の高い低いで自分の価値が決まると考えていますが、偏差値が高いからうまくいくかというとそういうわけでもありません。トヨタに入った後、元気がなくなる人もいます。「何かがおかしいのではないか?」。人事にいて、ずっと抱いていた違和感でした。なぜ会社に入った後にうまくいかなくなる人がいるのか。一つ感じるのは、「自分にはこれしかない」と考えてしまう人は壁にぶつかった時に苦しいということ。何かがあった時に、自分には「これもある」「あれもある」と思える人の方が、変化に対応できる。

そういう選択肢は、勉強だけでは身につくものではありません。学校外の活動も重要でしょうし、自分が何者なのかを見つめる内省の機会も必要でしょう。いろいろな大人に会って、さまざまな生き方や考え方に触れるのもそうです。

ゼンカイは、きっとその一つの機会になる。そう思ったからこそ、やるべきだと考えました。

社会を変える熱量

実際、ゼンカイでは社会人のメンターと対話するプログラムがあります。社会の一線で活躍する人と知り合えば、人脈だけでなく自身の視野が広がる。

視野が広がれば、目の前の悩みなんてちっぽけなものだと思うかもしれないし、自分のまわりにあるさまざまな機会に気づくかもしれない。

そういう機会に気づくようになれば、人生の選択肢が広がっていく。人と出会うことで機会に気づき、人生の選択肢が広がり、さらに多様な人に出会う――。まさにスパイラルアップです。

ゼンカイでも、参加した高校生が回を追うごとに変わっていく様子にビックリしました。普段、接している大人は親や先生ぐらいのものでしょうから、最初はみんな緊張していました。でも、初めはほとんど話すことのできなかった参加者がどんどん積極的になっていく。身近な大人であるＴＡの存在や社会人メンターの影響だと思います。

例えば、消防士に興味があると話していた参加者が、ゼンカイの期間中、自分で消防署に話を聞きに行くということがありました。大人とつながることに対して、躊躇がなくなったのでしょう。

自分が高校の時と比べると、自分のコミュニティを飛び出していくことに対して本当に躊躇がない。ＳＮＳでどんどんつながっていく。もともと積極的な子ももちろんいますが、ゼンカイの中で変わっているという感覚です。

私たちもいい影響を受けています。ゼンカイでは私も30分ほどお話ししましたが、話した後、質問がバンバンきました。

なぜその時にそういう行動を取ったのか、その時はどうだったのか、今後はどうしていきたいのか――って。自分自身の考えを整理する、いいきっかけになりました。何より、エネルギーをもらいました。

トヨタの他の社員もそうです。

ゼンカイの運営担当として参加した阿部（雅帆）は高校生の姿に影響を受けて、トヨタが出資している全寮制の学校、学校法人海陽学園に出向するという決断をしました。

彼は人にかかわる仕事がしたいと調達部から人事部に来ましたが、ゼンカイの後、より現場に近いところで教育にかかわりたいと、海陽学園のフロアマスターに手を挙げたんです。ゼンカイは、トヨタの若手社員も変えてしまいました。

ゼンカイの雰囲気を一度でも見ると、トヨタとして続ける意味がものすごくあると感じるようになります。

これからは、ゼンカイを一過性の取り組みではなく、プラットフォームにしたい。

既に生まれ始めていますが、卒業した1期生や2期生がTAなどの形でかかわり、彼らが新しい高校生を育てて行くようなサイクルができれば最高ですね。ゼンカイで心に火をともした若者をゼンカイに巻き込んでいけば、その熱はさらに大きくなるでしょう。

それにしても、ハッシャダイソーシャルは素晴らしいですよね。とにかく「変えていこう」という熱量がすごい。「自分で自分の人生を選択できるような社会にしよう」という想いだけでなく、実際に動いていくというあの姿勢。私自身、その熱量に共感している面は間違いなくあります。

正直、大人になると、恥ずかしさもあって、あそこまで熱くなれないことも多い。でも、彼らはごく自然に熱い。目指すべき世界のために、突き抜けて純粋なんですよ。私としても、あこがれます。

ハッシャダイソーシャルにかかわっている人たちは、このままじゃダメだ、変えていこうという熱量がとにかく高い。トヨタも、あの熱量をみならって、もっともっと熱くなっていきたいと思います。

4 いつか芽吹く種

海陽学園
フロアマスター
阿部雅帆

プロジェクト・ゼンカイには、2022年4月から2023年2月までかかわりました。実際の運営という面では、2022年11月に始まった第2期と、第3期の立ち上げまで。

ゼンカイについては、担当する前に第1期の最終回を見ましたが、「こんな高校生がいるのか」と鳥肌が立ちました。高校生が画面越しに堂々と自分の夢について語っていて、これはすごいぞ、と。ぜひともかかわりたいと思いました。

ゼンカイというプログラムのすごさはいろいろと挙げられると思いますが、その中でも僕が大きいと感じるのはTAの存在です。ゼンカイは、表向きは高校生のためのプログラムですが、実はサポートするTAを育てる場でもあるんです。

100人全員が集まる場でのファシリテーションは、三浦さんや田島さんという運営側の人間ですが、10人ずつのグループを回しているのはTA。その日のテーマを基に、それぞれのグループの時間で、どんな話をして、何を考えてもらうか、という内容はTAやTAを補佐するTAサポートが考えます。

私がTAサポートとしてかかわったグループでは、しおりとつばさ（高橋翼）がTAとして頑張っていました。

確かに、TAは毎週1回、2時間のプログラムのほかに、TA同士のミーティングや参加者との1on1など、コミットしなければならない時間や負荷は大きいと思います。でも、教えることを通して得られる学びはとても大きい。

トヨタ自動車には「教え、教えられる」というカルチャーがあります。現に、新入社員研修で教えるのは3年目や10年目の社員です。

教えること、相手に理解してもらうことは簡単ではありません。入ったばかりの社員であればなおさらです。そんな新入社員に伝えることで、自分が部下を持った時にどう伝えればいいのかを体験し悩んでもらう。そのために、チームで若手を教える立場になる3年目と、実際にチームを率いる立場になる10年目に任せています。

同じことはTAにも言えます。高校生の悩みに向き合い、一緒に考える経験は大きな学びになるはずです。

高校生を変える場の力

もう一つ、強みを挙げると、やはり3カ月のプログラムではないでしょうか。

1カ月目は、自分について他者に話すことを通して自分を知る。

2カ月目は、社会人のメンターとの対話を通して多様な価値観を知る。

3カ月目は、半ば強制的に自分の将来についてアウトプットする。

その中でも、ゼンカイの価値は2カ月目にあると感じています。高校生で大人の姿や生き様を見る機会はほとんどない。そうして受けた刺激を、心理的安全性の高い場でさらけ出すことができる。そんな場はゼンカイのほかにありません。

普段の生活の場である家庭や学校、塾はリアルのつながりがあり、なかなか自分をさらけ出すことはできません。でも、ゼンカイはオンラインのコミュニティであり、同じような属性の高校生はいません。しかも、運営サイドやTAがどんな発言も受け止めてくれる。それが、高校生を全開にしているということです。

実際に、初めは画面をオンにできない子もいますが、徐々に画面をオンにしていきます。1回も発言できなかった子が、最後のころには毎回話すようになる。画面をオンにできなかったのに、最後は泣きながら「参加してよかった」と言った子もいます。これは場の力です。

大企業にいると、なかなかああいう雰囲気にはなりません。それをオンラインでやっているところに、三浦さんや石川さん、田島さんをはじめとしたハッシャダイソーシャルの力があります。

実のところ、ゼンカイに参加した若者の芽がいつ出るかはわかりません。ゼンカイに参加している最中に目覚める人もいるかもしれないし、10年後にはたと気づくかもしれません。でも、いつか芽が出て花が咲くかもしれない。トヨタとしては、それでいいと考えています。そのための種まきだ、と。

ゼンカイでの10カ月で、僕自身、さまざまな学びを得ました。人生の選択肢を高校生に示すことがどれだけ大切なのか、ロールモデルとして大人の姿を見せることがどれだけ重要なのか、心理的安全性の高い場をつくることがどれだけ本音を引き出すことにつながるのか。ゼンカイを通して学びました。

今度はそれを自分でも実践しようと、海陽学園への出向を希望しました。

海陽学園は、トヨタ、中部電力、ＪＲ東海をはじめ80社以上の企業が賛同し、設立した男子向けのボーディングスクール。イギリスのイートン・カレッジをモデルに次世代リーダーの育成の場として立ち上げた学校です。

もともと海陽学園についてはゼンカイの前から関心があったんです。海陽学園にはトヨタ自動車も出資している関係で、毎年、数人がフロアマスターとして出向していましたから。

フロアマスターは、生徒の生活指導やキャリアアドバイスの担当者。寮に住み込み、学生の悩み事に膝をつき合わせて話を聞く存在です。私は教育に関心があり、人事への異動希望を出しました。その後、実際に人事部に来てゼンカイにかかわって、中高生の世界に飛び込むのもいいなと感じました。

――ゼンカイを体現した男

もともと僕は調達の部門にいました。2017年に入社した後、初めの3年は生産設備、次の2年は開発設備の調達を担当しました。

開発設備は、次世代の自動車を開発するための設備です。調達部門でも、一人しか担当することのできない仕事で、とてもエキサイティングでした。

でも、ずっと人事に行きたかったんです。トヨタは日本の中で一番と言ってもいいような会社。そのトヨタの社員に影響を与えることができれば、ほかの会社への波及効果もあり、社会を変えることができる。そう思って人事がいい、と。

ただ、人事に行く前に、トヨタの中で働く人と、外で一緒に働いてくれている人を知る必要があると思って調達を希望しました。調達で経験を積んだ後は人事に行きたいと伝えて。それで調達部門で5年勤めたあと、人事の教育関連の部署に異動しました。そこでゼンカイに出会った。

教育に関心を持ったのは、就職活動の経験を通して。大学時代の僕は、将来の目標も、社会に出てやりたいことも特にありませんでした。でも、大学2年になり、就職活動が現実的になると、急に不安になったんです。

それで、自分のやりたいことを探そうと、インターンシップの説明会に参加するようになりました。その時に、しょっちゅう出てきたのがトヨタの名前でした。ある時は取引先として、別の時は「トヨタのように〇〇の分野でトップを目指したい」というコメントとして。

僕は生まれて間もないころに豊田市に引っ越したため、トヨタが市民生活の一部だということを実感していました。なにせ友達の親はみんなトヨタですから。でも、就活の時にトヨタの名前が出てきたのを聞いて、やっぱりすごい会社なんだなと改めて感じました。

それと僕自身、就職活動を通して自分が大きく成長しているという実感があって、人に変化を促す教育の重要性に目覚めたんです。

教育業界もいいなと思いましたが、日本一のトヨタの中で教育にかかわれば、日本全体を考えることができるんじゃないか。そう思ってトヨタを第一志望にしました。デンソーやアイシンのような関係企業も受けましたが、僕の中ではトヨタだけ。プランBはありませんでした。

そこからは死に物ぐるいです。東京や大阪で開催される就活イベントやセミナーにトヨタが出ると聞けば、トヨタを理解するためにガンガン参加しました。僕が通っていた大学は愛知県の中堅私大で、普通に考えれば、トヨタに就職できるような大学ではありませんでしたので。

内定が出た時は、嬉しいというよりビックリしました。内定が出たのはトヨタだけ。僕の大学からは10年ぶりの総合職採用でした。

学歴を重視しないという方向にトヨタの採用方針が変わったのも追い風だったのかもしれま

せん。トヨタは泥臭く一つひとつ、手を動かしながら解決していくという風土。それが僕にあっていたのだと思います。

そういう意味では、「偏差値や学歴にとらわれない生き方」というゼンカイのコンセプトを最も体現しているのは僕かもしれませんね（笑）。

ハッシャダイにも、同じような雰囲気を感じています。三浦さんは猪突猛進で何よりもまず進んでいく。止まれば死んでしまうマグロのような人ですが、泥臭く学校の現場を地道に回っている。勝山さんとはあまり接点がありませんが、きっと同じような人でしょう。

三浦さんはトヨタをやめて活躍していますが、恐らくトヨタに残っていても世に出ていくタイプでしょう。僕は、トヨタだからこそできることをしたい。トヨタの中から日本をよくしたい。そう思っています。

5 友人でも仲間でもなく

ハッシャダイソーシャル
石川拓海

勝山、三浦の二人とは、もともと知り合いでも何でもありません。就職活動をしていた2020年2月ごろに、株式会社ハッシャダイの存在を知り、メールを送ったのが最初です。ただ、全然返信がなくて……。その後、いま勤めている会社の内定をもらったのですが、一度、ハッシャダイの人と話したいと思って、同じ年の5月ごろにもう一度、メールしたんです。そうしたら、今度は恵ちゃんから返事が来て、オンラインで話すことになりました。その場では、事前に用意しておいたPowerPointのスライドで、大阪大学大学院で社会学を勉強していること、ハッシャダイでやりたいこと、自分が入ると何ができるか――といったことをプレゼンしました。

僕は現状の格差をすこしでも解消するために、若い人が持っている力を発揮させるような仕事をしたいと思っていました。

ただ、予備校のような教育関連の企業はすこし違う気がするし、人材紹介はピンハネしているようで違和感があるし、理想の企業が見つからなかったんです。その中でハッシャダイの存在を知り、やりたいことのど真ん中に近いな、と感じました。

僕は大学院で教育格差や高校生の生活環境、彼らが進路に悩む背景について研究していたので、社会的にインパクトのあるプログラムを設計することができる。それで、ハッシャダイで働きたいと思いました。

Zoomでの面談には、恵ちゃんと宗ちゃんの二人が出てきました。詳しく話を聞いていると、ハッシャダイソーシャルを設立した直後だったんですね。その場で、「一緒にやろう」「いますぐやろう」という話になりました。

僕は、一つの仕事で自分のやりたいことを実現するのは難しいと考えていたので、新卒で入ったITベンチャーと並行してハッシャダイソーシャルの仕事を始めました。いくつかの場所で働くパラレルキャリアも悪くないなと思って。

いまもハッシャダイソーシャルは業務委託の関係で、普段はITベンチャーで働いています。

ハッシャダイソーシャルでは、プロジェクト・ゼンカイの前身になったBOOT CAMPを立ち上げました。その後、プロジェクト・ゼンカイが立ち上がったので、そのままゼンカイの運営メンバーとして加わりました。

第2期はプロジェクトマネジャーとして参加しましたが、いまの会社が忙しくなったので、第3期はメンターさんのスケジュール調整などにとどめ、プロジェクトマネジャーはたかみー（高宮）にバトンタッチしました。

ハッシャダイソーシャルでは新しいプロジェクトの立ち上げにかかわることが多いですね。

2023年3月に開催された「18歳の成人式」も立ち上げに参画しました。

――実現したい学びの場

実際にハッシャダイソーシャルにかかわって感じるのは、思い描いた通りのことができているということ。若い人をエンパワーするような仕事をしたいと思っていましたが、それができている実感があります。

逆に、もっとやりたいと思うことも出てきました。

ゼンカイは、どちらかというと、高校生が成長するためのきっかけづくりの側面が強いと感じています。もちろん、これはこれでいいのですが、具体的なスキルを身につける場、もっといえば、メシを食うことにつながるような場づくりも必要だろうな、と。

ほかのメンバーとすこし意見が違うかもしれませんが、僕はもっと教育の色が消せればと思っています。教育はあくまでも手段でしかなく、場合によっては大人が勝手に「良い」と思っているものを子どもに押しつけてしまう可能性もあります。大人や子どもという線引きも、もはや不要だと思います。

いまの時代に求められているのは、さまざまな機会に触れる中で自然と必要なスキルや経験が身につくような場だという気がするんですよ。何かを教えられて始めるのではなく、何か興味を持ったことを行動してみるうちに必要な力を身につけていくという場です。

僕にとって、ハッシャダイソーシャルの活動そのものがそうです。

BOOT CAMPを始めた時は、コロナ禍によって高校生の機会が失われていることに危機感を持っていました。

そもそも高校生は社会との接点がないのに、コロナの影響で、人と出会う経験はさらに減っているよね。高校生の居場所うんぬんが言われるけど、そもそも学校に行けていないわけだから、オンライン上にサードプレイスがいるよね。大人との対話を通して学ぶ場、実際にやってみて気づくような場は必要だよね。じゃあ、オレたちでつくろうと。「他者との対話を通して自分と自分の可能性を知る」という原型です。

僕たちはやりたいことが先にあるんです。宗ちゃんも僕もオンラインの教育プログラムを立ち上げた経験はないけれど、そういうプログラムはつくりたい。そこで、いろいろと必要なスキルを身につけていった。

例えば、参加者へのフィードバックを学ぶために、NiziUの育成時代にフィーチャーした「Nizi Project(虹プロ)」のドキュメンタリーを研究しました。ここに出てくるプロデューサーのフィードバックが素晴らしいんですよ。その振る舞いを見て、参加者へのフィードバックに活かした。

また、開き直ってBOOT CAMPの1期生に、「なにか気づいたことがあればどんどん言ってほしい」「一緒にプログラムをつくってほしい」とお願いしました。そこで得た参加者のフィードバックを基に、プログラムをブラッシュアップしていきました。僕らのような年上世代が勝手に仮説を立てるよりも、本人たちに直接フィードバックをもらった方がいいモノになると思っているからです。

こういった積み重ねが、プロジェクト・ゼンカイのベースになっています。

これは、何かを学んでから始めたのではなく、やりたいことを実現する中で、必要なモノを学ぶというプロセスです。こういう場をハッシャダイソーシャルでつくりたい。

教育というと、どうしても上から目線な印象がありますよね。チューリップはきれいでいいけれど、そのほかの雑草はダメだというような。でも、僕たちはいい土をつくるために活動しているのであって、そこから咲く花はどんなものでもいいと思っています。

それに、いまの若い人は嗅覚が鋭いから、何かを押しつけたり、同情したりすれば、敏感に感じ取ります。「居場所」や「場づくり」という言葉を出せば、「いや、オレ、居場所あるから」と言って離れていく。だから、キャリア教育のにおいは出さず、たまたま参加してみたら、自分のキャリアに気づきがあってよかった、というふうになればいいなと思っています。

――いい場をつくる4つの仮説

大学院では、高校生の進路選択における格差について研究していました。

高校生の進路格差に関する言説では、その多くがエリート層と底辺層の問題に集まっており、中間層、偏差値45から55ぐらいの層がごっそり抜けています。でも、この層の高校生が一番もやもやしている。

基本的に「できる人」や「できない人」はサポートが手厚い傾向があります。それに対して、そこそこできる中間層は放っておかれることが多い。

先生は、できる子やできない子のサポートに追われています。それに対して、中間層は家庭環境が劣悪ということはないけれど、共働き家庭も多く、子どもに対して目が行き届かないケースが生じてしまうこともある。

しかも、中間層の進路は多様です。大学進学、専門学校、就職といろいろ選べるだけに、自分の個性や得意なことをベースに、自分の進路を選ばなければならない。

それまで普通に高校生活を送っていたのに、進路を決めるタイミングになって、お前の強みは？　武器は？　と問われても厳しいですよ。それまで先生にも親にも手をかけられてないのに。

研究のために訪問していた偏差値45〜55の学校の生徒を見て感じたのは、自分のアイデンティティと言えるものがほとんどないという現実です。好きなことや得意なことがないので、「自分はこうだ」というものがない。

プロジェクト・ゼンカイは、こういった中間層に対するプログラムだと思います。しかも、キャリア教育によくあるバックキャスティングではなく、フォアキャスティングのアプローチ。

この部分が中間層にあっていると感じています。

バックキャスティングとは、将来のありたい姿をイメージして逆算して考えるアプローチ。それに対して、フォアキャスティングはいまの積み重ねが未来になるという考え方です。

バックキャスティングでキャリアをつくれる人はそうすればいいと思いますが、明確なアイデンティティのない若者にバックキャスティングを求めるのは酷です。だから、何かを教えるのではなく、やりたいことができる場を与え、そこから何かを学ぶという方がいいと考えました。

BOOT CAMPからゼンカイにかかわったことで、人間をエンパワーする場について、僕なりの仮説ができました。キーワードは「心理的安全性」「出会い」「対話」「行動」。心理的安全性が確保されている場でさまざまな人と出会い、対話し、行動につなげていくということです。

ここで言う行動とは、すぐに何かをするということではなく、本人が行動を起こしたいと思った時にそれを後押しすること。そういう雰囲気を相手が見せた時に、「こういうイベントが今度あるけどどう？　きっと刺激を受けると思うよ」と自然な形で後押しする。

あとは、インスタなどに上がる小さなチャレンジを見たら「ナイス～！」と反応する。この4つが担保されていれば、オンラインであっても、いい場になると感じています。

教育格差を感じた瞬間

社会学の領域を目指したのは、大学時代の経験がきっかけです。

もともとは大学では社会学専攻ではなく、理学部に進学しました。でも、そのまま専攻していた化学の世界に進むべきか、迷うことも多く、悶々としていました。大学2年生のころです。

そんな時に、バイト先の先輩や後輩に「どこの大学に行っているの?」と聞かれたことがあって。僕は東北大学に行っていたので、「東北大学」と答えたら空気が変わったんです。

「ああ、まじめな人だったんですね」「将来を不安に思ったことないでしょ」と。

確かに、大学を卒業した後はどこかに就職するつもりでした。将来について、不安に思ったことも特にありません。でも、仕事の段取りや接客、クレーム対応など、飲食店の現場を切り盛りする先輩や後輩のことは純粋に尊敬していました。

先輩はフリーター、後輩も金髪の高校生でしたが、仕事という面では僕よりも圧倒的にすごいと感じていた。それこそ学歴なんて関係なく。

それまで友人としてフラットに付き合っていましたが、それをきっかけに、微妙な感じになってしまいました。彼らに罪悪感を覚えたと言ってもいいかもしれません。この時、歴然とした学歴格差を認識しました。

その後、学歴格差について調べると、大卒進学率は60%もなく、大卒と非大卒の間には明確な所得格差があるということがわかりました。それを知った時は単純にムカつきましたね。この件もあって、教育を勉強することにしました。僕が感じているモヤモヤは社会全体の問題かもしれない。であれば、その原因と解決策について、残りの学生生活をかけて学びたいと思ったんです。

ただ、東北大学では教育学部に転入できなかったので、父親のすすめで編入が可能だった大阪大学に進むことにしました。編入試験は大変でしたよ。予備校に通ったお金はぜんぶバイトで稼ぎました。

この時は、あえていろいろなバイトをしました。東大受験を目指す生徒の回答を添削したり、「すき家」の夜勤に入ったり、日雇いの工事現場で働いたり、いろいろな人、いろいろな仕事を見ようと思ったんです。現に、素晴らしい才能を持っていたり、目標の実現に向けて努力していたり、「学歴・偏差値」では表現しきれない人たちに出会うことができました。

その後、大阪大学人間科学部に編入し、大学院で教育における中間層のキャリアについて研究しました。「ハッシャダイがやりたいことのど真ん中に近い」と言った理由を理解いただけたのではないでしょうか。

恵ちゃんや宗ちゃんのことは尊敬しています。出会って本当によかった。一方で、二人の境遇やキャラクターが強くてズルいなと感じることもあります。いまの活動につながる背景がある二人はやっぱり強いですよね。

ハッシャダイソーシャルではなく、自分でなにかをしたいという気持ちもありますが、二人と一緒にした方がいいのか、自分でやるべきなのか、難しいところだと感じています。

恵ちゃんや宗ちゃんとは、友人や仲間という言葉では言い表せない関係です。そういう言葉では表したくない。

僕たちの見ている方向は同じ。仲はいいと思いますが、仮に仲が悪くても、若い人のためにやるべきことはやる。そういう意味では、同志なんですかね。

6 彼らが掲げる旗

暮らしの交通
株式会社
代表取締役
田島颯

プロジェクト・ゼンカイでは、主に3カ月のプログラムづくりを担当しました。3カ月の期間を通じて参加者に何を届けるのか。それを考える作業です。

その中で意識したのは、「偏差値だけではない、新しいモノサシを社会に提示する」というゼンカイのコンセプトをいかにしてプログラムに落とし込むか。

また、高校生の中にあるものを彼ら自身が育てていくために何ができるか、高校生と大人との関係や高校生と社会の接点、いわば社会関係資本の構築をどうサポートするかというところも意識した点です。

プログラムづくりについては、プロジェクトが決まったタイミングで声がかかりました。その後、僕たちのチームでプログラムを考え、宗ちゃんたちと議論して詰めていきました。

――彼らを押し上げる方が社会は変わる

僕は宗ちゃんとの関係でハッシャダイソーシャルとかかわるようになりました。宗ちゃんが住んでいたシェアハウスに大学のゼミの先輩（第6章で触れる「くぼなお」）がいて、その人経由で知り合いになったんです。

僕も大学や自分のプロジェクトがあったので、定期的に会って情報交換するだけでしたが、ゼンカイが立ち上がる時にプログラムづくりや大学生TAの育成にかかわってほしいと頼まれて、ゼンカイにかかわるようになりました。

最初のとっかかりは2021年4月ごろですね。


ゼンカイに興味を持った理由の一つはトヨタの存在です。トヨタがかかわっているプロジェクトであれば、日本全体に与えるメッセージ性も強く、社会を変える一つのきっかけになるんじゃないかと感じました。

僕にもコミットできるところがあるなと思ったこともあります。僕は大学の時から教育をテーマに活動しているので、プログラムづくりでたぶん力になれるな、と。

でも、一番の理由は三浦宗一郎と一緒に何かしたかったということですね。彼の思い描いているものに乗っかりたい、同じ景色を見たい。そんな想いがありました。

初めて会った時、宗ちゃんは遅刻してきたんですよ。彼は時間にルーズだから。ただ、話し始めるととんでもない熱量で、彼の持っている世界観に共感しました。常に等身大で、裸の自分で、嘘がない。

しかも、世界観や考え方だけでなく、相棒の恵ちゃんと、全国の高校を講演して回るという、地に足の着いた活動を続けている。

その活動も、トヨタとオンラインプログラムをつくったり、18歳の成人式のようなフェスを開催したり、先生を集めた月イチのスナックを開いたり、既存の教育ＮＰＯがとてもやらないようなアプローチなんですよね。

この輪に自分も加わりたい。そう思いました。

大学で教育関係の研究や活動をしていたように、僕自身、公教育には強い関心があります。どうすれば公教育が魅力的になるのか、外部から考えているつもりです。

ただ、自分自身が旗を立てて何かをやるよりも、宗ちゃんや恵ちゃんを押し上げた方が、世の中が変わると感じたのも事実で……。

彼らが先頭に立って旗を振る方が、いろいろな人が加わってきて間違いなく渦が大きくなる。現に、そうなりつつありますよね。

あの二人には強すぎるほどの原体験があるんですよ。偏差値ばかりを重視する既存の教育を変えよう。若者が自分自身の人生を自分で選択できる世の中にしよう。そう主張するだけの理由と必然性がある。だから、彼らの活動に人が惹きつけられる。

逆に、僕にはその原体験がありません。あの二人のように、家が貧しかったわけでも、機会に恵まれていなかったわけでもない。公教育をより良いものにしたいという強い想いは持っていますが、自分の原体験から湧き出たものではありません。正直、そこにコンプレックスを感じています。

そう考えると、僕自身が旗を立てるよりも、彼らのつくる渦に参加して、その渦をもっと大きくする方がいい。それが、ハッシャダイソーシャルにコミットしている理由です。

――「地方×公教育」

そもそも高校を卒業するまで、教育に関心があったわけではないんです。

高校を卒業する少し前に、探究学習のプログラムを提供するFROM PROJECTという団体が母校に来てくれて。代表の方の姿を見て、ものすごくかっこいいなと感じました。

それで大学に入った後、福島県いわき市での「ふろぷろいわき」の活動に参加するようになりました。教育に関心を持つようになったのは、ここでの体験を通してです。

その後、SFC(慶應義塾大学湘南藤沢キャンパス)に大学を入り直して、地方と公教育を軸に、さまざまな活動を始めました。

僕は公教育を外部から変えていこうというスタンスですが、よりフォーカスしているのは、トップ層でもボトム層でもない中間層の生徒たちです。

成績や学歴のいいトップ層に対しては、既に予算も機会も潤沢にあります。一方のボトム層もNPOやソーシャルセクターの支援が手厚く存在するため、それなりに機会が与えられている。

それに対して、トップ層でもボトム層でもない中間層の生徒たちは公教育の中で見落とされる傾向にあります。

でも、ボリュームゾーンで言えば、この中間層なんですよ。この部分が変われば、社会はより良くなるはず。この部分を変えるには、中間層が数多く通っている公教育を変える必要がある。そう考えて、公教育にフォーカスしています。


香川県三豊市で設立された暮らしの交通株式会社の社長になったのも、「地方×公教育」という流れです。

もともと探究学習を普及させようと、大学4年の時に三豊市の教育委員会と「みとよ探究部」をつくったんです。そのご縁で三豊市と関係が深まり、暮らしの交通の社長になりました。

暮らしの交通は、地元の企業など13社の共同出資で設立された、オンデマンド交通サービスを手がける会社です。

三豊市は徒歩や自転車、マイカー以外の移動の足が限られています。そのため、保護者の送迎がないと、部活や習い事などに子どもたちが通うことができない。送迎の有無が子どもたちの教育の機会や選択肢を奪っているんです。

そこで、町の人々がお金を出し合い、運転手付きのシェアカーを共有する感覚で利用できれば、移動の課題を解消できるのではないか。暮らしの交通はそんな問題意識から生まれました。

実は、僕の本業はこちらで、ハッシャダイソーシャルとのかかわりは、あくまでもプロジェクトベースです。ただ、僕の中では暮らしの交通もゼンカイも、つながっています。

前提としていない参加者の成長

この2年、手作りでゼンカイを作って改めて感じるのは、こんなに参加者を本気にさせるプログラムはないな、ということ。参加している高校生、TAの大学生、メンターとして参加している社会人、裏方でプログラムを回している僕たちの全員が本気です。

参加している高校生の人生がより良いものになるように、みんなが本気で考えているし、それができる環境を整えていると自負しています。

これまでにいろいろなプログラムを体験し実践してきましたが、ここまでの熱量のプログラムはありません。


加えて、いまの教育セクターの課題である「個別最適の学び」を実践できているという実感がある。

これまでの教育は、同じ価値を同じだけ届けることを重視してきました。でも、これからはその子に合う価値をその子に届けることが求められています。これは1クラス30～40人の生徒を一人の先生で見るいまの体制では不可能です。

それに対して、プロジェクト・ゼンカイはオンラインプログラムではあるものの、大学生のTAとTAのサポート担当、社会人の大人一人の3人で10人の高校生を見ています。大人一人で生徒3～4人を見ている計算です。

しかも、TAやTAサポートは高校生との1on1を繰り返して彼らの話を聞いている。高校生にとっては先生であり、先輩であり、ともに悩む伴走者。その分、TAにかかる負荷はものすごく大きいのですが、TAの存在で個別最適の学びが実践できています。

もう一つ、ゼンカイで実践できていると思うのは、「参加者の変化を前提としていない」というところ。

ほかの教育系プログラムは、プログラムを受けた後に参加者が成長するということが前提としてあります。

例えば、「××を鍛える」という宣伝文句にあるように、3カ月後なら3カ月後に、その人が大きく変わっていなければならない。でも、僕たちとしては、そこはどうでもよくて。

参加した高校生の中には、ゼンカイの期間中に爆発する子もいるかもしれません。でも、3カ月間では何も起こらず、数年後に爆発するかもしれない。その変化は人によると思うんです。

僕たちとしては、いつ爆発するかわからない〝爆弾〟をせっせと渡している感覚です。

ゼンカイのプログラムは未完成ですが、このプロジェクトにかかわることができて本当によかったと思っています。ハッシャダイソーシャルとともに、日本の教育を変えていきたいですね。

7 演じるより素敵なこと

ハッシャダイソーシャル
髙宮大史

ハッシャダイソーシャルに加わる前は塾講師をしていました。大学1年の時からバイトしていた塾です。

実は僕、小学校の文集に塾の先生になりたいって書いていたんですよ。そのまま教員を目指して大学に進みました。その意味では子どものころの夢を叶えました(笑)。

僕は小学2年の時から大手の中学受験塾に通っていました。母親は民謡歌手で中卒です。自分に学歴がないので、僕にはいい学校に行ってほしいと塾に通わせたのだと思います。「小2って早いね」と言う人もいますが、僕自身は子どものころから勉強が好きで、全然嫌ではありませんでした。むしろ、楽しみにしていたかな。

ただ、高学年になると、塾に行くために学校の友達と遊べないのが悲しくて、塾の最寄り駅のベンチでいつも泣いていました。塾に行ってしまえば、友達や先生と楽しく過ごして「ああ、今日も楽しかった」と言って帰るのですが、塾に行くところにハードルがあったんですよね。

そんな僕を、塾の先生は毎回ベンチまで迎えに来てくれたんです。僕がベンチで泣いているのを知っていて。それがとても嬉しかったので、自分も子どもを元気づけるような塾の先生になりたいと思ったんです。それで、小学校の文集にそう書きました。

僕がバイトしていた塾は難関中学受験専門のエリート塾でした。「学歴・偏差値だけじゃない、一人ひとりの可能性を信じて応援する」とプロジェクト・ゼンカイでは謳《うた》っていますが、当時の僕は、学歴・偏差値で測られる世界でひたむきに頑張ろうとしている生徒たちを合格に導くために、全力で指導していました。

小6の夏期講習の時なんて、「克己《こっき》」と書いた青いはちまきを生徒たちと一緒に巻いて教えていました。「合格するぞ!」「合格するぞ!!」と声をからすくらいシュプレヒコールを挙げたこともあります。頑張っている生徒を応援したい――。その一念でやっていました。

ハッシャダイソーシャルでの活動とは正反対のことをしていたように思いますが、僕の中では矛盾はあまり感じていません。

学歴・偏差値だけで人を評価するのは違うと思いますが、学歴や偏差値の世界で頑張れる人は頑張ればいいと思います。逆に、頑張るものが見つかっていない人や勉強以外を頑張っている人は、頑張るものを見つけること、いま打ち込んでいることに頑張ればいい。

僕は、人の人生を応援したいと思って生きています。塾講師時代はたまたま勉強を頑張る生徒を応援していた。いまはそれだけでなく、さまざまな若者を応援している。僕の中では一本の線でつながっています。

――充実した大学生活の落とし穴

大学を卒業した後は、塾講師ではなく、私立学校の教員になる予定でした。実際に内定ももらっていましたが、大学3年生の時にうつ病になって、大学4年で卒業できなかったんです。うつ病になったのは、僕の中では大きな衝撃でした。

あの頃は友達と音楽活動をしたり、必要な授業に出たり、大学生活を満喫していました。本当に充実していて楽しかった。ただ、知らず知らずのうちに心に疲れがたまっていたんでしょうね。気分はハイなのに、どうも体が動かないという日が続くようになって。

とりあえず学校に行こうと家は出るんだけど、すぐに家に帰ってきて寝込むという毎日。そんな日が2週間ぐらい続き、おかしいなと思って病院に行くと、軽度のうつ病という診断でした。学校生活が充実していただけに、かなりショックでした。

いまから振り返ると、家庭の問題も影響していたように感じます。

中学の時に両親が離婚して以来、うちは母子家庭だったのですが、母親がその頃に再婚したんです。同じ民謡業界で、僕も知っている人。再婚自体は母の人生なので「好きにすれば」と思っていましたが、結婚式がしんどくて……。

当然、息子の僕も結婚式に参加しているわけですから、親戚から「おめでとう」「おめでとう」と言われるのですが、僕自身は何だか居心地が悪くて。心からおめでたいとは思っていなかったから、その場にいるのもつらかった。

再婚相手の家で暮らし始めた後も、家に帰りたくなくって、友達の家を泊まり歩いていました。その時は意識していませんでしたが、いろいろとストレスを感じていたんだと思います。

母子家庭というのは、僕の中ではずっとコンプレックスでした。中高はまあまあいい私立に行ったため、同級生は裕福な家の子が多かったんですよ。中高の同級生は両親が揃っている家も多くて。

「髙宮」という僕の苗字は父方の名前なので、旧姓に戻した母親とは苗字が違うんです。そのことを気づかれるのが嫌で、学校で親の名前を書かなければいけない時は友達に見られないように隠していました。

母が旧姓に変えた時に苗字を変えてもよかったのかもしれませんが、僕自身は「髙宮」としてずっと過ごしていたし、苗字に別に罪はないので変えませんでした。父親は、もう顔も思い出せませんが、僕と妹はいまも「髙宮」です。

――ハッシャダイソーシャルとの出会い

話を戻すと、うつ病がわかった後、そのまま休学すれば復帰も早かったのでしょうが、当時は休学という選択肢を取れず、だましだまし大学に通ったため、普通の生活に戻るまでに1年半かかりました。レポートや教育実習には参加しましたが、卒論が間に合わなくて……。それで、卒業できませんでした。

その後、5年生になり、就職活動もしてみましたが、どうもしっくりこなくて。そんな状況でも、塾のバイトは続けていました。それが、自分の存在意義のように感じていたんです。生徒や保護者には頼られていたし、自分が小学生の時の想いもありましたし。

ただ、5年生の後半になると、塾講師以外の別の選択肢も出てきて少し迷いました。インターンでお世話になったTeach For Japanや、卒論の研究のために通っていた大阪府内の公立高校から非常勤講師のお話をいただいたんです。

「Teach For Japanはさまざまな人材を教師として学校に配置するプログラムを運営しているNPO法人で、教員免許の有無に関係なく、独自の選考や研修を通して、情熱のある人材を学校現場に教師として派遣しています。

もう一つの公立高校は偏差値が35前後の、いわゆる教育困難校でした。さまざまな事情を抱えた生徒の最後の受け皿のような学校だったので、ここでは小学校や中学校の勉強の「学び直し」について研究しました。なかなかすごい学校で、僕が実習に行った時は、体育祭で棒を持った生徒が暴れて大変でした(笑)。

どちらもありがたいお話でしたが、塾で受け持っている生徒たちが受験するところまで見届けたいと思ったのと、うつ病経験があるため、自分がどこまで頑張れるのかも自信がない。そこで、ずっとバイトしている塾に正社員として入ることにしました。2019年3月のことです。

そんな僕がハッシャダイソーシャルのことを知ったのは、「プロジェクト・ゼンカイ」が始まる半年ほど前だと思います。2022年1月にプロジェクト・ゼンカイの第1期が始まるにあたり、参加する高校生をサポートするTAのボランティアを探していたんです。

TAについては尊敬する方からのお誘いだったので、前向きに捉えていました。塾講師以外にも自分が教育にかかわる方法を模索していたこともあり、ぜひやってみたいな、と。

実は、TAは大学生を対象に募集していたため、まわりのTAは年下ばかりでしたが、話してみるとユニークな人ばかりで、プロジェクトそのものやそこに集う人にもどんどん期待と興味が高まっていったのを覚えています。

TAとしては、毎週、参加者と1on1ミーティングをしていました。グループのメンバーの悩みを聞いたり、ゼンカイに登壇する大人に質問する内容を一緒に考えたり。要は参加者の気軽な相談相手です。

プロジェクト・ゼンカイの開催時期は1~3月と、塾の教え子の受験シーズンにモロに重なりましたが、意外に両立できました。どこまでできるか不安だったので、これは自信になりましたね。

メンバーの相談は人間関係の悩みが多かったかな。部活で一緒の女の子が急によそよそしくなったとか。メンターの話に刺激を受けて何かを始めたいけど、何をやればいいのか、誰に相談すればいいのかわからないという参加者もいましたね。

――「人の人生を応援したい」

プロジェクト・ゼンカイの後は業務委託の形でハッシャダイソーシャルの活動を手伝うことになりました。ゼンカイは完全ボランティアとしてかかわっていましたが、二人に「他の活動にも手を貸してほしい！」と言われたのが嬉しくて、活動に加わりました。

塾の方は副業NGだったので、正社員はやめて、受け持ちの生徒の受験が終わるまでは非常勤講師として塾にかかわることにしました。その後、２０２３年1月に中学受験が終わり、正式に5月にハッシャダイソーシャルの社員として働き始めた。受け持った生徒たちも、めでたく志望校に送り出すことができたので、ほっとしました。

ハッシャダイソーシャルに行こうと思ったのは、単純にプロジェクト・ゼンカイや学校での講演がワクワクしたというのもあるし、会社員的ではない働き方があっていた、などいろいろな要素があったように思います。そもそも二人が社員として誘ってくれたことも、もちろんあります。

ただ、この人たちと一緒であれば、若い人たちにいろいろなパワーを届けられると思ったことが大きいかな。

卒論を書くために通っていた公立高校に、「家が安心できない」と相談に来た女の子がいたんです。その子、お母さん、おばあちゃんの3人家族でしたが、自分がバイトして稼いだお金をおばあちゃんに取られる、と。

その時は話を聞く程度のことしかできませんでしたが、いまの環境であれば、いろいろな人につなぐことができたと思います。僕一人では救えなかった子たちも、ハッシャダイソーシャルであれば救える。そう思ったのが大きいです。

いまは「この活動をして幸せだな」と感じています。ハッシャダイソーシャルって、雰囲気が本当にいいんですよ。

プロジェクト・ゼンカイも、TA同士のミーティングもそうですが、誰かが何かを話すと、本気でみんなが拍手します。「めっちゃ、いいじゃん」と本気で反応します。何かを言う時も、必ず次につながること、前向きな話をします。こういう雰囲気だからこそ、参加した高校生も刺激を受けるんだと思います。

ハッシャダイソーシャル自身が「一緒に楽しもう」というスタンスですからね。この雰囲気は、宗ちゃんや恵ちゃんが作ったものです。

先ほども話しましたが、僕は他の人の人生を応援したいと思っています。子どものころの僕は家に居場所がなく、学校で友達や先生と話すことが心のよりどころでした。仲間に喜んでほしい、仲間と楽しくしたいというのは、僕の根源的な欲求なんだと思います。

だから、これからもハッシャダイソーシャルを通して、いろいろな人を応援したいと思います。

8　追いかける後ろ姿

ハッシャダイソーシャル
森本瑛

ハッシャダイソーシャルには、2023年10月に正式に加わりました。実は、大学4年の時にもボランティアとしてかかわっていましたが、大学卒業後は小学校の教員になったため、かかわるヒマがなかったんです。

でも、小学校の教員を2023年3月でやめたので、改めてハッシャダイソーシャルに参画しました。いまはスクール事業の担当として、全国の高校を回っています。

教員になるのは、高校の時からの夢でした。高校2年の冬に、映画「ビリギャル」を見て、「人の人生にかかわる仕事がしたい」と思ったんです。映画にも感動したのですが、それ以上に「他人の未来のために一生懸命、頑張る人になりたい」という主人公の言葉が刺さったんです。

それまでの僕は、勉強もスポーツもぜんぶ中途半端でした。小中学校では特に勉強を頑張るわけでもなく、香川県の中堅公立高校に進みました。高校での成績も、いたって普通です。

子どもの頃から続けていた野球は打ち込んでいましたが、ぼくらの代はぱっとせず、甲子園には行けませんでした。別の高校に行った小中時代のチームメイトが春の選抜高校野球で準優勝した時は、正直、うらやましくなりましたね。

それでも、教員になりたいと思った僕は、大学進学を目指すことにしました。

小学校、中学校、高校の中では高校の教員が向いているかな、とぼんやりと考えていましたが、いろいろ調べると、教員に一番なりやすいのは小学校という話でした。そこで、小学校の教員になることを前提に、英語と国語だけで受験できる私立大学に絞って受験することにしたんです。

英語はどちらかというと苦手だったんですが、英語の先生が自主学習で熱心にサポートしてくれて。英語の教員になろうと思ったのは、この時に英語が好きになったからです。小学校の英語教員は数が足りないと言われていたので、英語の教員であれば先生になりやすいかな、と考えたことも理由の一つです。

本番の大学受験では、第一志望の大学には落ちましたが、第二志望の大学には合格したので、英語の教員免許状が取れる小学校教員コースに進みました。

とまあ、ここまでは比較的いい感じで進んでいたのですが、大学3年の教育実習で壁にぶつかりまして。教育実習で行った先の先生と合わず、まったくうまくいかなかったんです。自分のやりたい授業をいろいろと提案したのですが、ことごとく却下されて……。教育実習の2カ月間はすごくしんどかったです。

いまから振り返れば、提案として雑だったと思います。ただ、「ここをこう直せば」と指摘してくれればまだ建設的だと思うのですが、「ダメ」としか言われなかったことが残念で。この教育実習をきっかけに、本当に自分は教員になりたいのかと改めて考えるようになりました。

想像とは違った教員生活

実はこのころ、大学以外の活動として、教員不足の解消に取り組むNPOに話を聞いたり、就職活動やキャリアに関する話をnoteに書いたり、といったこともしていました。その過程で、起業もいいなという気持ちも湧き始めて。

教員免許は取っておこうと教員になるための勉強は続けていましたが、この時の僕はかなり迷っていました。

そのまま4年になり、予備校など教育関連の会社の内定もいただく中で、「ここで働きたい」と思うところも正直ありました。「ビリギャル」のモデルとなった生徒が通っていた個別指導の「坪田塾」です。坪田塾の世界観が自分の目指しているものに近いと感じたんです。

ただ、教員になるという自分の夢を応援してくれていた両親の存在もあり、かなり迷いました。あまりに迷ったため、坪田塾の代表を務める中野正樹さんに正直に打ち明けました。教員と坪田塾で迷っている、と。

すると、「3年ぐらい学校に行ってはどうか。それで厳しければ、うちに来ればいいよ」という温かい言葉をいただきました。中野さんの言葉を聞いて、一度やってみよう、と。そう思いました。

大学を卒業した僕は、地元香川県の小学校に赴任しました。僕が通っていた母校です。1年目は4年生、2年目は6年生の担任を務めました。

結局、2年で教員を辞めることになるのですが、教員生活は思い描いていたものとだいぶ違いました。特に最初の半年は職場の人間関係がうまくいかず、かなりしんどい状況でした。

教員になった後も、教育や子育て、人との向き合い方などをテーマにnoteでいろいろと発信していました。もちろん、何かを書く場合も実名は避けたり、鍵アカウントにしたりと気をつけていました。そもそも生徒のことは何も書いていません。

でも、学校は教員の情報発信をリスクと捉えたようで、毎週のように校長室に呼び出されていました。

また、香川の地元でnoteを書いている教員なんてほかにいませんから、意識の高そうなヤツだと思われたんだと思います。職員室で完全に孤立していました。半年近くずっと一人でした。

さすがにその状況がつらくなって、8月ごろ、まわりの先生に自分から謝りに行きました。「いろいろと迷惑をかけてすみませんでした」と。

自分の何が悪かったのかは正直、いまもわからないままですが、自分にも何か悪いところがあったんだろうと思って、頭を下げに行きました。「別に何もしていないのなら謝る必要ないじゃん」という意見もあると思うのですが、ここは自分から謝りに行かないと、何も進まないだろう、と。そうしたら、一気に関係がよくなっていきましたね。その後はたくさんの先生方や子どもたちに支えられて。2年目は職場の飲み会の幹事もやりました（笑）。

――父親が教えてくれたこと

僕は、自分から一歩を踏み出すことが大事だと思っているんです。これは、親父の影響です。中学の一時期、僕は学校に行けなくなったことがあるんです。同級生に暴力を受けていたのですが、親にバレるのが嫌で隠していた。それがつもりつもって学校に行けなくなった。その後、親にバレて事情を話すと、「なんで相談してくれんのや」と寂しそうな顔をしていました。

それから数日後。「おい、行くぞ」と言うと、親父は僕を車で中学校のグラウンドに連れて行きました。グラウンドを見ると、僕をいじめていた相手がいる。「あとはお前が行け」。そう言われた僕は、自分の口で「やめてほしい」と言いました。

親父は向こうの親と話をつけていたんです。そのうえで、あとは自分でやれ、と。お膳立てをしてくれたのは親父ですが、一歩踏み出す勇気を教えてもらいました。それ以来、自分から動くということを意識しています。

先ほど話した通り、小学校の教員は2年で辞めました。2年で一区切りにするということは、教員になった時に決めていました。

教員にやりがいは感じていましたが、小学校の現場で教員を続けるよりも、ハッシャダイソーシャルを通して、全国の学校や先生を支援する方がいいな、と。僕自身も経験しましたが、学校の現場は大変です。そんな学校を支援することで、日本の教育をよくしていきたい。そう思ったんです。

教員を辞める時には坪田塾の中野さんにも相談しました。坪田塾で働くことも魅力的ですが、いまは全国の学校や先生と連携しながら日本の教育を変えたいと思っている。そう伝えると、喜んで送り出してくれました。

勝山さんのことは、大学4年の就職活動の時に参加したSDGs関連のカンファレンスで知りました。3人の起業家が京都市長と話し合うカンファレンスで、その中の一人が勝山さんでした。

選択肢のなかった自分の半生を語り、「だから人生を選択できる若者を増やしたいんだ」と熱く吠える勝山さんを見て、僕もこんな大人になれるだろうか、と思いました。勝山さんは僕の3つ上。3年後、勝山さんの年齢になった時に、同じような大人になれる自信はありませんでした。

この人に会いたい――。そう感じた僕はカンファレンスの後、すぐにTwitter（現X）のDMを送りました。すると、「今度、高校で講演があるから一度おいでよ」という返信が来て。それから卒業まで、BASE CAMPの運営やｎｏｔｅでの情報発信にかかわりました。

教員を辞める半年前にも、勝山さんに相談に行っています。ここで、教員を辞めようと思っていること、何らかのかたちで全国の学校や先生をサポートしたいということを話しました。この時はハッシャダイソーシャルに戻ることは前提にしていませんでした。でも、勝山さんは僕が必要としている言葉をかけてくれるんですね。

「いまのアキに必要なのは、イケてる大人に会うことやな。一緒に全国を回っていろんな大人に会おう」。その言葉を聞いて、この人を勝たせたいと心の底から思いました。

僕はいま24歳です。僕が20代のうちに、ハッシャダイソーシャルをキャリア教育で一番の組織にしたい。いまはそれが目標です。

勝山さんは僕の憧れであり、師匠のような人。この人についていきたいし、この人についていけば夢が見られるという存在です。上下関係ではなく、この人からあらゆるモノを学びたい。それは勝山さんだけではありません。宗ちゃんもそうだし、ほかのハッシャダイソーシャルの仲間もそう。スクール担当としてやり取りしている全国の先生方もそうです。

特に、全国の先生方は僕たちの活動に共感してくれる熱い先生ばかり。こういう先生が教育現場にいるのは日本の希望です。先生方と連携して「Choose Your Life」を全国の若者に伝えていきたい。

9 僕の自己選択

私立大学1年
髙橋翼

希望する中学校への進学が決まった時は、憧れの野球部で野球ができるという期待感で一杯でした。でも、入学早々の6月にささいな理由で部活動に参加できず、そこから学校に行かなくなりました。中学3年間はほとんど不登校です。

僕は小学校の時からリトルリーグで野球をしていました。チームは全国大会の常連で、僕もショートのレギュラーでした。

大好きな野球を続けて甲子園に出たい――。そう思っていた僕は、中学や高校でも野球を続けようと、甲子園にも出場したことのある中高一貫の私立中に進学しました。合格した時は本当に嬉しかった。

ただ、楽しかったのは入学後の1カ月だけでした。

入学後の5月に体育祭があったんです。この時にサッカー部の子と遊んでいたら、僕がその子を殴ったとまわりの人が勘違いして。普通にじゃれ合っていただけで喧嘩をしていたわけではありません。それでも、僕が手を出したという話になって、部活への参加も一時的にできなくなりました。

しかも、その後に野球部の同級生に腹を殴られたんです。別に暴力ではなく、コミュニケーションの一環だというのは僕もわかっていますが、腹をドンと殴られて。こっちはやってもいない暴力で部活に参加できないのに、同級生は実際に手を出しているのに何もなし。それが理不尽に感じて、そのまま学校に行かなくなったんです。

居場所はeスポーツのコミュニティ

家にいる間はずっとオンラインゲームをしていました。ゲームをして、寝たい時に寝るという生活。1日10時間以上、ゲームをしていました。

いろいろなゲームをしましたが、最終的にたどり着いたのは「Call of Duty」でした。プレイヤーの主観視点でプレイするファーストパーソン・シューティングゲーム（FPS）で、チームで戦うゲームです。

公式大会に出られるのは18歳以上で、中学生の僕は大会に出られないのですが、あるチームが僕を仲間に入れてくれたんです。道外の高校生が作ったチームでした。

このチームでは、僕自身もプレイしましたが、時間があり余っているので、海外の事例などを調べ、チームの仲間に伝えていました。その時は親以外とのコミュニケーションがなかったので、eスポーツの中に居場所ができて本当に救われました。

中学の時は学校にまったく行っていなかったわけではありません。

2年に上がった時に、すべてをリセットして学校に行こうと思ったこともありました。やっぱり野球がしたかったんです。でも、野球部の雰囲気になじめず、また不登校になりました。そのあとは、週1回、11〜12時の間だけ登校していました。その時間は別室で先生と雑談したり、勉強を教えてもらったり。学校に通う時間はだんだんと増えて、最終的には毎日1時間だけ登校していました。

学校には週1回しか行っていませんでしたが、実は野球部はやめていなかったんですよ。この野球部に憧れて中学に入ったので。ただ、中3になる前の春休みに、ロサンゼルスに10日間、野球留学に行ったんです。この時に吹っ切れて、帰国後、野球部を正式に退部しました。

お父さんとお母さんは、初めは学校に行かせようとしていました。ただ一度、お母さんとぶつかった時に僕の気持ちを理解してくれて。そこからは無理に行かせようとせず、僕のことを見守ってくれました。

父も心配していたと思いますが、口に出して何か言うことはありませんでした。「ああしろ」「こうしろ」と言われていたらキツかっただろうと思います。両親には、本当に感謝しています。

中学卒業後は、そのまま高校に上がることもできましたが、勉強についていけないと思ったので、不登校の生徒を受け入れている北星余市高校に進みました。「いまのままではダメだ」という危機感と、自立して自分を変えたいという思いもありました。反抗期だったのもあるかもしれません。

実際、北星余市に行ってみると、僕のような不登校経験者が7割ぐらい。少年院や鑑別所に行っていた人もいましたね。

初めはすごい学校だと思いました。宿題はなく、授業中にNetflixを見ていても問題ない。生徒と先生の関係はフラットで、先生のことを呼び捨てにしている生徒もたくさんいます。生徒のたまり場は職員室。普通に職員室のソファーで話している。プライベートの時でも、先生は生徒をどこかに連れて行っていました。

集団生活になじめず、やめたいと思ったこともありましたが、いまから思えばすごくいい学校でした。

大学に行こうと思った瞬間

勝山さんと出会ったのも、北星余市のおかげです。

高校1年の夏休み前に、「ホテルや企業で夏休みにインターンしませんか」という案内のために勝山さんと三浦さんが北星余市に来たんです。ただ、インターンは関東地方に実家がある学生のみ。僕は実家が札幌なので参加できませんでした。

でも、インターンに興味があったので、「僕もどこかでインターンをしたいです」と勝山さんに相談したんです。そうしたら、北星余市でのプログラムを協賛してくださっている鈴木商会さんを紹介してくれて。夏休みの1カ月、鈴木商会さんの工場で働きました。

この時は、僕からすれば「バイトを紹介しに来た人」という認識です。

僕は人間関係で学校に行けなくなったこともあり、大人を信用していませんでした。でも、勝山さんは「お前が頑張れば、次の後輩の機会につながるから頼むぞ」と言ってくれたり、仕事中に「元気か！　終わったらメシ行こうな」と電話してくれたり、こまめに声をかけてくれたんです。そんな大人に出会ったことがなかったので、勝山さんに憧れるようになりました。

それから1年以上がたった高校2年の10月に、今度は講演で来てくれたんです。特に聞きたいことがあったわけではありませんが、「とにかくこの人と話がしたい」「この人の近くにいたい」と思って「講演のあと、話す時間はありませんか？」と聞きに行ったんです。

そうしたら「あるよ」という話だったので、講演が終わったあと、余市から札幌まで出て、スタバで話す機会をいただきました。

その時は進路の話をしました。当時は何となく大学に行きたいと思っていたので、そのことを話すと、「大学に行ける環境があるんやったらトップの大学を目指してみーや」ってコテコテの関西弁で言うんですよ。

「ちなみに、どのへんですか？」と聞くと、早稲田や慶應というわけ。この人、何を言っているんだろうと思いました。

中学には行っていない。高校でも勉強していない。そんなヤツが行けるわけないじゃないですか。ただ、ビックリするくらいあっさりと言ったんですよ。「早稲田や慶應を目指してみーや」って。その自然な感じが引っかかって、「あれ、もしかしたら行けるのかもしれない」と思いました。

それで、スタバでの話が終わったあと、ＬＩＮＥで「僕、勉強して大学に行きます」とメッセージを送りました。指が勝手に動いた感じでしたね。

そのあとは、プロジェクト・ゼンカイの前身だったBASE CAMPに参加しないかと誘われました。うまく言語化できませんが、話を聞くだけでワクワクするような、いままでに会ったことのないような人がたくさんいてビックリしました。

同時に、自分のことを考えるいい機会になった。自分の好きなことは何か。自分にしかできないことは何なのか。BASE CAMPの時にいろいろと考えて、三つの目標を立てました。

僕自身の経験を伝えること、不登校になっている人にｅスポーツを通して勇気と元気を与えること、ハッシャダイソーシャルに加わって人として成長すること——という三つです。そのためにも、大学に行こうと思いました。

――偏差値25からの逆襲

とはいえ、僕の偏差値は25程度で、底辺からのスタートです。それからは猛勉強を始めました。高校３年の４月から、１日11～12時間は勉強していたと思います。

勉強は毎日、参考書を解きまくってオンライン予備校の講師にスラックで送り、週1回、講師に解説してもらうというかたちで進めました。英語はｂｅ動詞と一般動詞の違いやｔｏ不定詞って何？というところから始めました。国語も漢字の勉強からです。

突然、猛勉強を始めた僕に、先生や同級生はビックリしていました。最終的に、早稲田や慶應は無理でしたが、東京の杏林大学に合格することができました。

大学入学後はハッシャダイソーシャルで半年間のインターンを経て、２０２２年12月から業務委託のかたちで手伝うようになりました。

ハッシャダイソーシャルでは、講演やワークショップなどスクール事業の担当として講演先の学校を開拓したり、高校とスケジュールを調整したりしていました。僕が自分の体験を話すこともあります。

また、２０２２年11月から始まったプロジェクト・ゼンカイの第2期ではＴＡも務めました。ただ、仕事にのめり込みすぎて大学の単位がヤバくなったので、スクール事業の担当はアキ君（森本瑛）にバトンタッチしました。いまは仕事のペースを落として大学の方に専念しています。

もう一つの目標にしたｅスポーツは、東京でフリースクールを運営している方の支援もあり、ゲームの家庭教師を始めました。ゲームを教えるというより、月2回、2時間一緒にゲームをするかたち。
不登校の子は人とのコミュニケーションが苦手だったり、自己肯定感が低かったり、親の理解がなかったりと、いろいろな問題を抱えています。でも、ゲームという共通の話題があれば心を開くこともある。その中で、悩みを打ち明けてくれるかもしれないし、それが変わるきっかけになるかもしれない。

そこで、まずは一緒にゲームをするところから始めようと、ゲームの家庭教師を始めました。実際、中学から不登校だった高校生は、自分からはほとんど話せない状況でしたが、半年でだいぶ話せるようになりました。少しずつ前向きになったようで、友達とカラオケに行くなど、初めに会った時とはだいぶ変わっています。

それにしても、勝山さんと出会った時にハッシャダイソーシャルの仕事をしているとは思いませんでした。勝山さんの背中を追いかけているうちに、ここまで来たという感じがします。好きな人と好きなことをやるという、1年前に思っていたことが叶えられて、いまは嬉しいです。これからは僕が勝山さんに与えられたものを高校生に届けていきたいと思っています。

第 6 章

共感の連鎖

1 18歳の成人式

２０２３年３月８日。水曜のお昼時にもかかわらず、恵比寿ガーデンプレイスのザ・ガーデンホール周辺には、10代後半と思しき人々が集まっていた。一人、また一人と会場の中に吸い込まれていく。

その列に交じって受付を済ませると、中には石川や髙宮など知った顔がスタッフとして来場者を案内していた。ザ・ガーデンホールは座席利用の状態で７００人余りが収容できる。その大部分は埋まっているように見える。

そして、定刻の13時。主催者を代表して壇上に上がった三浦は、会場にいる18歳を見渡すと、「みなさん、こんにちは！　本日は『Choose Your Life FES 18歳の成人式』にご参加いただき、誠にありがとうございます!!」と声を張り上げた。

ハッシャダイソーシャルが新たに立ち上げた「18歳の成人式」の始まりである。

18歳の成人式とは、２００４年４月２日から２００５年４月１日までに生まれた18歳の新成人を祝うイベント。長年、成人式は20歳になる年度の１月に開催されており、成年年齢の引き下げ後も従来通り、20歳を対象とする自治体が大半を占めた。

それを知った三浦が、新たに成人になる18歳をオレたちの手で祝おうと思い立って始めたものが「18歳の成人式」。従来の20歳を対象にした「20歳の集い」を否定するものではないが、新成人を祝う場も必要だと考えたのだ。

そのテーマは「これから先の〝人生のお守り〟を手渡す」。18歳の若者は進路選択をはじめ、家族や恋人、友人などの人間関係に悩みを抱えている。子どもから大人になっていく中で、そうした悩みに直面しつつも、未来に向けて一歩を踏み出そうとしているタイミングである。

そんな18歳の若者に対して、「これからの人生であと一歩を踏み出せる、あと一歩を踏ん張れるような体験をお守りとしてプレゼントしたい」「この日の記憶を握りしめ、自分の人生を選択する時の勇気としてほしい」という想いを込めて作り上げた。

ちなみに、18歳をお祝いするイベントのため参加費は無料。地方在住者も参加できるように、交通費として上限1万5000円を支給した。

──本気の大人の本気のイベント

ずっと記憶に残るものに──。そう語るだけあって、18歳の成人式の熱量は高く、温かくも楽しい、ハッシャダイソーシャルらしいイベントになった。

冒頭の三浦の挨拶の後、オープニングステージに立ったのは、二人組のバンド、MOROHA。「魂の叫び」とも称されるMC（ラッパー）・アフロの叩きつけるようなラップと、ステージに鎮座するUKの研ぎ澄まされたアコースティックギターがぶつかり合う独特のサウンド。現実の厳しさや未来に対する希望、他者への憧れや大切な人への想いをストレートな歌詞とギターで紡ぎ上げる彼らのステージは参加者の心を揺さぶったに違いない。

次のトークライブでは、タレントの峯岸みなみ（元AKB48）と『夢をかなえるゾウ』の作者として知られる作家の水野敬也が登壇した。将来の夢や失敗体験、コンプレックスや自分らしさについて、ファシリテーターを務めた三浦や会場の18歳から寄せられた質問に、彼らの〝しくじり〟を交えつつ、本音ベースで回答していた。

このトークライブのあとは会場を巻き込んだワークショップ。周囲にいる同じ18歳の仲間とともに、18歳の成人式で心に残った言葉を振り返り、シェアし合うというワークだ。その後、希望者は「新成人の主張」と題して、三浦のいる壇上で発表した。

そして、最後のトリは10代、20代に絶大な人気を誇るSUPER BEAVER（スーパービーバー）のライブである。

ビーバーは2005年に結成された4人組のロックバンド。2009年にメジャーデビューを果たしたが、2011年にメジャーでの活動に終止符。その後はインディーズから再出発し、地道なライブ活動で評価を高め、2020年にソニー・ミュージックレーベルズと再契約したという、「Choose Your Life」を体現しているような存在だ。

その紆余曲折のバンドヒストリーが表すように、ボーカルの渋谷龍太が歌い上げる言葉は正直かつストレート。インディーズに戻ったあとはライブを軸に活動していたからだろう。ライブで語りかけるときは常に「あなた」。今回も、一人ひとりの18歳に向けて歌を届けた。

イベント当日の盛り上がりやそのあとの参加者のコメントを見るに、新成人を祝うイベントは星の数ほどあるが、ここまで熱量が高く、会場が一体化するようなイベントはほとんどないのではないだろうか。

もちろん、MOROHAやビーバーのライブ、峯岸や水野のトークも異常な盛り上がりを見せた要因だが、三浦とハッシャダイソーシャルのスタッフが作り上げた会場の雰囲気、それが「18歳の成人式」を特別なフェスにしたのは間違いない。

それを強く感じたのが、会場を巻き込んだワークショップだ。

通常、この手のイベントで会場の参加者が壇上に上がって発表するということはほとんどない。ところが、三浦が「新成人の主張」のために壇上に上がるよう促すと、次々に手が上がった。最後は順番待ちの行列ができたほどだ。

その内容も、用意されたものではない、心からの叫びである。

18歳が発した偽りのない言葉

「自分は高校の時に精神を病んでしまって、もう死にたいと思ってました。だけど、『このまま終わりたくない』と一念発起して、MIT（マサチューセッツ工科大学）に進学しようと決めました。休学した期間で学力は低下してしまったけど、この2カ月間、本気で努力をして、MITと交流のある東京理科大学に編入できる大学に合格しました。次は東京理科大学に編入するため、大学で成績上位者となり、この東京に戻ってきます！」

「昨日、高校を卒業しました。友達はみんな学校生活を振り返って、その時間がなくなることが惜しくて涙を流していた。だけど、自分は思い入れがなくて涙が出なくて。だけどそのあと、なんだか人と帰るのが嫌で、友達とは別の道で帰りました。その場では笑っていたけど、友達と同じ気持ちを分かち合えない自分、充実した日々を送れなかった嫉妬や羨ましさのような感情が湧き出て、涙が出ました。だけど、それを作ったのは自分。人とかかわることを遮断していたから。

去年、一人で沖縄に行った時に、ある人から『人は点と線でつながる、その先に円になりつつながるんだよ』と言ってもらって、それからは人とつながることを頑張ったけどもう遅くて。昨日は卒業できてよかった、楽しかったと思えなかった。

進学した先では、言われた言葉を大事にして、自分に落とし込んでいって、人とのつながりを頑張ろうって思いました。自分が変わりたいと思ったから、今からできることをやろう。人とのかかわりを大事にしたいと思ったし、ここにいる人たちとのかかわりも大事にしたいと思いました」

「18歳の成人式の企画を知った時、3年間コロナに制限されてしまった高校生活を送っていたので、嬉しくて、感動して。この企画を考える大人がこの世にいることが希望だと思いました。大人を信じられなくて怖いと思うこともあるけど、キャストの方も優しくて、暖《ママ》かい大人の姿を見ることができて、将来に期待が持てるようになった。自分が恵まれていて、贅沢な経験ができたことを噛み締めています。

SUPER BEAVERの曲で『なんて贅沢な人生だ』という歌詞が好きです。私は高校で大病を患い、転校もしました。いろんなことがあった人生だった。そんな悲しい思い出も全部自分だから、丸ごと愛せるような、贅沢な人生だと思える生き方をこれからしたいと今日思いました」

（出典：https://prtimes.jp/story/detail/DBnqALh8Qdb）

500人近い観衆の前で参加者が次々と壇上に上がるという〝奇跡〟が起きた要因の一つは、三浦のファシリテーションにある。

ほかの人の発言には常に拍手を求める。どんな発言でも受け止め、ポジティブに返す。その姿勢に嘘がないからこそ、参加者は心を開き、想いを口に出す。三浦はワークショップの前に、「こういう場では、聞き手の聞き方が問われる」と話していたが、まさにあるべき聞き方を実践したと言える。

加えて、会場に配置された54人のスタッフの存在も大きい。ワークショップの時には初対面の人同士が話しやすいように積極的に声をかける。孤立している参加者がいれば、ほかの人の会話に入れるように寄り添う。プロジェクト・ゼンカイで見たような光景が、この場でも繰り広げられていた。

ゼンカイを通して、三浦やハッシャダイソーシャル関係者の場づくりのうまさは知っていたが、ほとんど初対面同士が集まる、しかもハッシャダイソーシャルのことをほとんど知らない18歳が集まる場であの雰囲気をつくるのは普通ではない。

現に、全国から集まった18歳の中には学校での講演やゼンカイを通して三浦や勝山とつながりのある人もいたが、大半はMOROHAやビーバーの無料ライブを目当てに参加した若者だ。単にライブを楽しみに来ただけで、ああいうワークショップがあるということ自体、知らない人も数多くいただろう。

そういう若者が手を挙げたということは、それだけ「安全な場」だったということ。仕事柄、また性格的に物事にあまり感動しないタチだが、この成人式は心が震えた。

――吉田侑司の参戦

結果的に大成功に終わった「18歳の成人式」。だが、できあがるまでのプロセスを見れば、すべてが綱渡りで、開催にこぎ着けたこと自体が奇跡と思えるようなプロジェクトだった。

そもそも三浦が成人式をやろうと思い立ったのは半年前の2022年9月。MOROHAやビーバーのようなアーティストを呼ぶフェスを開催するには、時間があまりになさ過ぎることは素人目にもわかる。

実際、会場を押さえるため、三浦はパッと思いついた日本武道館や国立代々木競技場第一体育館に電話したが、当然、スケジュールは埋まっていた。仮に空いていたとしても、イベント開催の実績もない団体が借りるのは難しかっただろう。

出演アーティストの方も、自分たちが聴かせたいアーティストを呼ぼうと、MOROHAとビーバーに決めたが、このクラスのアーティストは半年先、1年先まで予定で埋まっている。

三浦には大規模なイベントを開催した経験がなく、フェスを開催するためにはいつまでに何をしなければならないのかという根本的なところの知識がない。半ば思いつきのプロジェクトを実行に移そうと考えたのは、実現に向けたプロセスの解像度がむしろ低かったことによる。

もちろん、周囲の大人からは反対の声も多かった。アーティストを呼ぶようなリアルのイベントはケタ違いのカネがかかる。失敗すれば、生まれたばかりのハッシャダイソーシャルにも悪影響を与える。反対した大人は、彼らの取れるリスクを超えていると感じたのだろう。

もっとも、「18歳の新成人をオレたちの手で祝いたい」という三浦の想いを理解し、背中を押した人間が一人いた。相棒の勝山である。

勝山は基本的に三浦がやろうとすることに「Ｎｏ」と言わず、実現するにはどうすればいいかと一緒に考える。今回の成人式も、実現可能性については心配もあったが、イベントそのものについては「やるべきだ」と背中を押した。

実のところ、勝山はスクール事業や資金調達の任務があるため成人式の準備にはかかわらず、本番当日もワークショップのファシリテーション程度の出番しかなかったが、彼の姿勢が実現に向けた後押しになったのは間違いない。

もう一人、「18歳の成人式」の実現に向けて決定的な役割を果たした人物がいた。電通テックでイベントプロデューサーを務めていた吉田侑司《ゆうじ》である。

三浦が暮らしていたシェアハウスに共通の友人（後述する「くぼなお」）がおり、もともと三浦とは顔見知りだった。そんな吉田が成人式の話を聞いたのは、たまたまあった友人同士の飲み会の帰り道。一緒になった電車の中で、「実は、成人式をやりたいと思っているんだよね」と三浦に打ち明けられたのだ。

初めはあまりの粒度《りゅうど》の粗さに「それは無理でしょ」と思った吉田だが、成人式の意義を熱く語る3歳年下の三浦の姿を見ているうちに、「オレが手伝わないと無理だな」とプロジェクトへの参画を決意した。当時の吉田は電通を辞め、別のスタートアップで働き始めていた時期。三浦を手伝う時間的な余裕があったことも奏功した。

そして10月半ば、イベント企画の経験がある吉田がプロジェクトに加わったことで、「18歳の成人式」は実現に向けて動き始める。

――ビーバー快諾の奇跡

その後のプロセスはこのあとで吉田自身が詳しく語るが、三浦、吉田、石川、くぼなお、ゼンカイにTAとしてかかわった飯塚遼馬などをコアメンバーに、三浦とつながりのあるイベント制作会社などに声をかけてプロジェクトチームを結成した。

なお、「くぼなお」こと久保直生《なお》は三浦のシェアハウスの同居人で、育児や保育に忙しい親の精神的・時間的なゆとりをつくるべく、課題解決に取り組む株式会社Kazamidoriの代表。18歳の成人式など、ハッシャダイソーシャルの活動には、スポットで参戦している同世代の仲間だ。

会場は3月8日に恵比寿ガーデンプレイスのザ・ガーデンホールを確保。アーティストについても制作会社のスタッフに「500％無理」と言われていたが、知り合いのツテをたどってMOROHAのアフロとビーバーに接触。運良く面会の機会を得ると、想いの丈をぶつけた。

すると、三浦のまっすぐな想いと18歳の新成人のためのプロジェクトという大義があったたからだろうか。アフロは11月下旬、ビーバーも12月上旬に出演を了承した。

特に、ビーバーについては奇跡的と言っても過言ではなかった。3月8日にはライブ自体はなかったが、レコーディングの予定が既に入っていた。また、3月はツアー中でライブが多く、ボーカルの喉への負担を考えると、受けてくれるかどうかはかなり微妙な状況だった。

それでもマネジャーにメンバーの意向を確認してもらうと、「喜んで出たい」と快諾。ライブが入っていなかったという偶然はあるにせよ、18歳の門出を祝いたいという三浦の想いがメンバーの心を動かしたのだろう。

その後は開催資金を集めるため、1000万円を目標にしたクラウドファンディングを実施。当日の締切ギリギリまで時間がかかったが、目標値を上回る1043万円を集めきった。

その間、三浦が過労と寝不足で倒れるという事件も起きた。東京・渋谷から六本木のオフィスに向かって歩きながらインターンの大学生と1on1をしていたところ、突然、意識が飛んだのだ。気がついた時は病院のベッドの上。成人式の準備やクラウドファンディングなどのストレスに体が悲鳴を上げたのだ。

「アーティストのブッキングからクラウドファンディングまで、すべてが奇跡的でした」

成人式の後、三浦がそう漏らしたように、通常であれば、まず実現不可能なイベントだった。それを成し遂げることができたのは、もちろん運の要素も大きいが、「18歳の新成人をオレたちの手で祝いたい」という三浦の一念。その純粋な気持ちが伝わったからこそ、多くの人が手を差し伸べた。

ハッシャダイソーシャルのこれまでの歩みを振り返れば、学校での講演事業に始まり、プロジェクト・ゼンカイのようなオンラインプログラムや「18歳の成人式」のようなリアルのフェスまで、すべてがその繰り返しだった。

すべての若者が自分の人生を自分で選べる社会にしたい――。その目標を実現するために、ある時は学校でマイクを握り、ある時は高校生の悩みに耳を傾ける。その姿に嘘偽りがないために、10代や20代の若者だけでなく、多くの大人が彼らに共感し協力してきた。それが、ここまでの道のりである。

広がる共感の連鎖。設立から4年がたったいまも、その連鎖は止まることなく広がっている。いや、その連鎖は時とともに、さらに大きくなっているかもしれない。

2 存在しなかった「プランB」

ハッシャダイソーシャル
吉田侑司

最初に「成人式」の話を聞いたときは驚きました。「なんとかなるっしょ」「たぶん大丈夫」みたいなノリで。僕が入らないとダメだなと直感的に思いました。

「18歳の成人式」のアイデアを宗一郎から聞いたのは、2022年10月中旬だと思います。たまたま友達同士で飲む機会があって、帰りの電車の中で成人式の話になりました。

成年年齢の引き下げによって18歳から大人になる。それまでは20歳の成人式で若者を祝福していたけど、18歳に引き下げられたことで、大人になる若者を祝福する場がなくなってしまった。だから、オレたちで18歳の新成人を祝おうぜ——。

そのコンセプトは素晴らしいと思いました。それは「ぜひやろう」「やるべきだ」と。ただ、宗一郎は日本武道館を借りて、有名なアーティストを呼んで……と言うのですが、高校3年生が卒業する2023年3月に開催するのだとすれば、あと半年しかありません。

通常、日本武道館のような施設は1年前から押さえて取れるかどうかというスケジュール感です。そもそも無名の団体が押さえようとしても相手にもされません。アーティストも、人気があればあるほどスケジュールは先々まで埋まっていて、半年前から話をしても間に合わない。

「やるならチームを作るところから始めないと。チームのメドは立っているの？」と聞いても、「ゆうじ君が一人目」だという話で（笑）。

僕は電通テックでイベントプロデューサー的な仕事をしていましたが、半年前でこの状況はありえない。正直、「これは無理じゃないの？」と思いました。ただ、彼の熱意と企画が必要とされていることを考えると、何とか実現させたい。それで、「18歳の成人式」を手伝うことにしたんです。

――オレたちのグーを出そう

最初にしたのは、クラウドファンディングの準備でした。何しろお金の算段がまったくありませんでしたから、クラウドファンディングで集めるしかないなと。ただ、クラウドファンディングをやるためには、イベントの中身を詰める必要があります。それから1カ月、平日の夜や土日に宗一郎と二人で企画を詰めました。

成人式のコンセプトやプログラムの内容、主催者として参加してくれる18歳の若者に何を与えたいのか、何をすべきでないのか――など、二人でひたすら壁打ちを続けましたね。

最初はフェス的なイメージで考えていましたが、「それはハッシャダイソーシャルらしいのか」と改めて問い直して、アーティストのライブとワークショップを中心としたものに変えたり、最初は18歳が聴きたいと思うアーティストを呼ぼうとしていたけど、オレらが聴かせたいアーティストを呼べばいいんじゃないかと考え直したり。そんな議論を通して、「大人が楽しんでいる姿を見せる」という一つの方向性が決まりました。

アーティストは最終的にビーバーとMOROHAにお願いしましたが、これはほとんど決め打ちです。ピンポイントで浮かんだというか、この二組以外、あり得ないという感じでした。

なぜビーバーとMOROHAなのか。このあたりは宗一郎の強い想いですが、ビーバーやMOROHAは歌詞のメッセージ性が強く、数十年後に思い返した時に「いい」と思えるような普遍的なメッセージを歌に乗せます。また、ライブに強く、メッセージやパフォーマンスという面で、当日、何か奇跡を起こしてくれそうな気がしたというのもあります。

ビーバーとMOROHAの客層は異なりますが、ビーバー目当てで来た高校生が、オープニングアクトのMOROHAにぶん殴られる感じになるのはいいんじゃないか、と。僕たちも、MOROHAのライブを見に行って度肝を抜かれましたし。本気で聴かないといけないという気にさせられますから。

ただ、ビーバーもMOROHAもいまをときめくアーティストなので、難しいと思っていました。手伝ってもらっていたイベント制作会社のチームにも、「500%無理だよ」と言われました。実績のない団体のオファーなので、それも当然だろうと感じましたが、行けるところまで行こうと、あらゆる手を尽くしてつながりを探しました。

最終的に、「ほぼ日」の糸井重里さんやベストセラー『夢をかなえるゾウ』の水野敬也さんつながりで、ビーバーの渋谷龍太さんとMOROHAのアフロさんにお目にかかることができました。

そうしたら、二人とも、「高校生の門出を祝うのであれば」と快諾くださいまして……。本当に奇跡が起きたと思いました。特に、ビーバーは「18歳の成人式」の予定日だった3月8日にレコーディングの予定が入っていましたが、その予定を動かしてくださいました。

ブッキングがダメだったらどうしたか？　僕たちには「プランB」はなかったんです。ビーバーとMOROHAがダメだったらどうしようかという話は宗一郎ともしました。でも、考えると本当にダメになるから考えるのをやめよう、と。

恵比寿ガーデンプレイスのガーデンホールを3月8日で押さえたので会場はある。その中で、アーティストがブッキングできなければ、ワークショップとトークセッションだけの成人式になってしまう。本当に不安でした。

それにしても、宗一郎は徹底していましたね。企画会議の時に、「オレらのグーを出そうぜ」と言うんですよ。オレたちはジャンケンのグーしか出せない。握り拳しかない。そんな握り拳でも、握り拳の強さがあればパーにも勝つんだ——と。「そんなわけないだろ」と思いましたが、あいつは本当にグーしか出さないんですよ。

どう考えてもスケジュールや作業量的に厳しいと感じたので、どこかで妥協した方がいいんじゃないの？　という話もしたのですが、「それはグーじゃないんじゃないか」「大切なのは、18歳のためにオレたちが100%やりきれたかどうかじゃないか」って。だから、プランBを持たずやりきりました。

――会場全体にかかった魔法

当日参加する18歳のことだけを考えてやりきる――。この姿勢は、最後まで貫きました。実は、前日のリハーサルのときに、ワークショップの内容を全部変えたんです。もともとは18歳という節目ということもあり、過去の自分を振り返り、その先の将来を考えるというコンセプトで考えていました。

ただ、リハーサルのときに学生スタッフにやってみてもらうと、どうもしっくりこなかったんですよね。それで前日の夜、宗一郎とくぼなおで話し合って、中身を変えることにしました。成人式は、MOROHAのライブ、トークセッション、ワークショップ、ビーバーのクロージングアクトという流れです。でも、MOROHAにガツンとやられて、水野敬也さんと峯岸みなみさんのトークセッションと続いたあとに、「過去を振り返る時間なんてあるか?」ということに気づいたんです。

「18歳の成人式」は、いろいろ考えた末に「参加したみんなに〝人生のお守り〟を渡す」というコンセプトにしました。じゃあ「お守り」って何なのかということを改めて考えると、成人式で与えられた言葉や感じたことなのではないか、と。ゆくゆく社会に出て思い返した時に、「ああ、あの時にあんな大人がいたな」「あの時にあんなに応援してくれた大人がいたな」と、思い返すことがお守りなんじゃないか、という話になったんです。

だから、成人式の初めにノートを配って、「感じたこと、刺さった言葉をメモしてください」と参加者に伝え、その言葉をどう感じたのかをワークショップの時間にシェアし合うというプログラムにしました。結果的に、シンプルでとてもいい流れになったと思います。

ワークショップの後には「新成人の主張」というプログラムを入れました。参加者がステージに上がって、自分の感じたことや決意表明を発表するというプログラムです。

イベントをつくる側からすると、一人も手が挙がらなかったらどうしようと心配になるので、「サクラを用意した方がいいんじゃないの」という話になりがちです。成人式でも、サクラの話は少ししました。最終的に「18歳を信じようぜ」という結論になりましたが、当日のその瞬間まで本当に不安でした。

でも、ステージで宗一郎が「話したい人は手を挙げてください！」と言うと、すごい数の手が挙がったんです。その瞬間、会場にいたスタッフと思わず顔を見合わせました。「マジか!?」って。僕たちスタッフの温度が一気に上がりました。

500人近くが参加するようなイベントで、ステージに上がって自分の意見を言うなんて、普通はあり得ないんですよ。でも、マイクの前で順番待ちまでできている。会場全体が魔法にかかったような感覚でした。

電通テックでは得られなかったもの

――なぜ手が挙がったのかと言えば、会場の空気感だと思います。「ここでは自分のことを話してもいいんだ」という安心感。それが、魔法の理由なのかな、と。

この辺は宗一郎がうまいんですよ。イベントでも、宗一郎はことあるごとに拍手を求めていたでしょ。誰かが話せば拍手する。あの「あなたの言うことは聞いているよ」というリアクションが、「話してもいいんだ」「ここなら聞いてもらえる」という雰囲気をつくったと思う。

いまでも忘れられない光景があります。ステージ上で一発ギャグをカマした参加者がいたんですよ。そのギャグがスベって、「思ったよりもウケがよくなくて……」とステージで言うわけ。それに対して、宗一郎が笑いながら「せっかくだから、もうちょっと言ってみようか」と言うと、ステージ上で1分ぐらい考えて、ビーバーの歌詞を引用しながら、「やらない後悔よりもやった後悔の方がいいので、これからはいろいろなことにチャレンジしていきます！」と宣言したんです。その間、会場は後押しするような雰囲気で、「頑張れ！」という声も上がって。

彼はステージ上で成長したんですよ。このときは鳥肌が立ちました。こんな瞬間ないですから。電通テックにいた時だってないですよ。

こうして振り返ると、「18歳の成人式」にかかわることができて本当によかったな、と思います。

もともと教育の分野には関心があったんです。電通テックのときは、目標としていた東京オリンピックの仕事にかかわることもできて、それなりに充実していました。

実は、オリンピックにはあまり関心はありませんでしたが、オリンピックの仕事ができるのは電通グループの中でも選ばれた人だけ。オリンピックの招致が正式に決まった翌年に入社したので、僕もいっちょやってやろうと思ったんです。実際に、競技会場の運営や会場のビジョンで流すエンタメコンテンツの制作などを担当しました。

ただ、やっているうちに、「これって世の中のためになっているのかな」というはかなさを感じたんです。オリンピックの運営業務を巡り、電通が批判されたことも、そう感じた理由の一つです。

その後、もっと社会に必要とされることをしたいと思って、パラリンピックが始まる前の2021年8月に電通テックの退社を決意しました。そして、IT関連のスタートアップで働いているときに、宗一郎に成人式の話を聞いて、手伝うことにしたという流れです。

いまはハッシャダイソーシャルの執行責任者を務めています。勝山と三浦という二人が思う存分、動けるように執行面で支えるという役割です。企業で言うCOO的なポジションですかね。

ただ、ハッシャダイソーシャルの社員ではなく、スタートアップの経営者をサポートする

URAKATA（ウラカタ）という会社からソーシャルに派遣されているイメージです。ソーシャルの仕事が大部分を占めていますが、いまはURAKATAの社員なんですよ。

年齢は年下ですけど、あの二人の人間的な魅力はすさまじいと思っています。信念があり、その信念に基づいて真っ直ぐに突き進む。それでいて、二人とも不完全だから助けたくなる。僕には、とても真似ができません。でも、僕にも二人にないものがあり、やりたいこともある。

実は、成人式のあと、宗一郎たちと打ち上げをした時に、あいつに怒ったんです。なぜかと言うと、宗一郎が「ゆうじ君がいなければ成人式ができなかったのに、ぜんぶオレがやったような感じになってゴメンね」と言ったから。

別に僕にすれば、あの素晴らしいイベントにかかわることができたことで大満足なんですよ。別に、誰がやったかなんてどうでもいい。でも、宗一郎がそんなことを言うから、「お前、オレをなめんじゃねえよ。そんなことを気にして手伝ってねえよ」と言ってやりました。

宗一郎や恵ちゃんにしかできないことは間違いなくある。でも、僕にしかできないこともある。これからも、いい補完関係でハッシャダイソーシャルを盛り上げていきたいですね。

3 なりたい大人

大学1年
まな

「Twitterを見ていたら、「Choose Your Life Fes」の告知が流れてきたんですよね。「成人年齢の引き下げで18歳から成人になります。一緒にお祝いしませんか?」って。

情報量が少なく、細かな部分はよくわかりませんでしたが、ビーバーのライブがあるのに、参加費は無料で交通費も支給してくれるという。第一印象は「何だこれは?」でした。別にビーバーの大ファンというわけではありませんでしたが、タダで聴けるのであれば参加してみたいなと思いました。

もちろん、怪しいとは思いましたよ。和歌山からわざわざ東京まで行って、「誰もおらんな」となったら嫌やなあって。

当時の私は大人を信じることにあきらめを感じていたのですが、最後の賭けで参加してみようと思って、夜行バスで東京に行きました。

フェスのおかげでだいぶ変わりましたが、大人に疲れていたんです。

高校3年の進路相談の時に、どの先生に聞いても決まったことしか言わないんですよ。何かこう、安定しているように見える未来のことしか言わない。

実は、いま通っている大学は行きたいところではなかったんです。私は芸術大学に興味があって、そっちの方向に行きたいと思っていたけれど、相談すると、みんながみんな「そんなん行って、結局、何になるの？」と言うんです。

言っていることはわかります。私をけなそうと思っていっているわけではないということも。芸術大学に行って、その後の就職はどうするのか、それでごはんを食べていけるのか、という心配は当然です。

でも、いったん肯定してくれてもいいじゃないですか。あの時は、そこまで間違ったことを言っているのかなとかなり悩みました。

それだけではないんです。中学の時も、信頼していた先生に「あれっ？」と思うことがあって。私のことを信頼しているからではなく、私に信頼してもらうために振る舞っているのかな、と感じることがあったんです。それから「大人は信用ならんなあ」となりました。

――わき起こった衝動

フェスについては、すごいものに参加してしまったというのが率直な印象です。一番の印象は、同じ18歳の子たちが壇上に立って、自分のやっていることや将来の不安を話していたこと。「こんなにすごい18歳がいるんやなあ」と、ずっと感じていました。自分がしょうもなく思えるほど。

みんな目標があって、それに向けて頑張っているわけですけど、私は目標が全然わからなくて。将来についても、大学進学の時に興味のない方向に進んでしまったし。ほかの人の話を聞いているうちに、うらやましさと焦りから、目標を見つけたくて仕方がありませんでした。

それもあって、フェスに参加した後、インターンを始めました。

フェスの帰り、夜行バスの中で配られたチラシを見ていたんです。その中に、インターンの案内が出ていたんですよ。正直、インターンが何かもわかっていませんでしたが、その日にフェスで感じたすごさと、嘘偽りのない大人に会ったという感激もあって、直感的に参加を決めました。きっと同じような大人がいるに違いない、きっと何かがあるはずだ、と感じたんです。

インターン先は、株式会社URAKATAという会社でした。5月~8月の4カ月間、週1回、オンラインで参加するインターンです。ここでは、インスタのコンテンツづくりなどを体験しました。ほかのインターン生と素材をつくり、最後に発表しました。

インターンは面白かったですね。あらゆることが新鮮で。会社ってこういうところなんだと思いましたし、標準語のビジネストークにも圧倒されました。

学びもたくさんありました。どれから言おうかという感じですが、URAKATAの社員さんはよく原点を見直していました。何かをしていても、何のためにしているのか、常に原点を振り返るんです。それを見ていて、私も自分の行動を振り返るようになりました。

こういった仕事のこともそうですが、私にとっては、社員さんとのやり取りも大切なものとして残っています。

実は、8月の発表会に向けた時期は、親の離婚や人間関係などでいろいろあってだいぶ疲れていたんです。発表会で話す内容も固まらなくて、何を言えばいいのかさえも整理できないような状況でした。何がわからないのかがわからないというどうしようもない状態。

その時に、泣きながら社員さんに相談したのですが、「そういう時もあるよね」とずっと話を聞いてくれて。それまで、何かあっても絶対に何とかしないといけないと思っていました。でも、「どうにもならんか」という時もあるんですよね。社員さんとの話を通して、そう思えるようになりました。

――嘘のない言葉

私にとって、フェスに出たのは本当に大きかったと思います。インターンにつながったというだけでなく、大人を信じることができたという意味でも。「あんな大人がおるんや」って。

嘘ついている大人ってわかりやすいじゃないですか。感情がこもってないな、仕事だからやってんちゃうかなって。でも、あの人たちからはそういうのはまったく感じませんでした。三浦さんも、「来てくれてありがとう」って何回言ったかわからんくらいに言っていましたが、その言葉に嘘は感じなかった。

あんな大人っているもんなんですかね。嘘がないってすごいことですよね。私、人の意図を考えてしまうというういらん癖があるんですけど、もしかしたら、嘘のない大人もいるのかもしれないと思うようになりました。

私も新成人になりましたが、あれだけの熱量を持った大人になれるかと言えば、難しいかもしれません。でも、自分が嫌いな大人にはなりたくない。絶対になりたくない。

ずっとそう思ってきたのですが、インターン中に自己嫌悪に陥るような出来事があったんです。

夏の暑い日に自転車に乗っていたら、向かいから男の子が歩いてきたんです。よく見ると、靴を履いてない。気温は35度を超えていましたから、アスファルトは焼けるように熱い。その熱さを避けるために、チラシを踏んでずらしながら少しずつ歩いているんです。

暑い中、6キロぐらい自転車をこいでいたので、一瞬、目がおかしくなったのかなと思って通り過ぎたんです。そうしたら、ものすごくガッカリとした男の子の表情が見えた。その時に「ああ、これは嘘じゃないんだ」と思って警察に連絡しました。

あの人たちであれば、見た瞬間に助けたと思うんですよ。自分の目を疑わずにすぐに保護した。でも、私は通り過ぎてしまったんですよね。その瞬間、そんな大人にはホンマにならないと心に誓いました。

人生の目標はまだ見つかっていません。でも、大学で勉強しながら、自分の好きなことを探そうと思っています。

4 心に灯った炎

高等専門学校4年
のぞみ

「18歳の成人式」に関心を持ったのは、単純にスーパービーバーのファンだったから。公式SNSに「18歳の成人式」に出演するという情報が出て、「なんだろう」と思ってウェブサイトに飛ぶと、成年年齢の引き下げで新しく大人になる18歳の若者に「これから先の〝人生のお守り〟を手渡したい」と書いてあって。

私が通っている高専（高等専門学校）は5年制なので、ほかの高校生のように18歳のタイミングで卒業式がありません。中学の友達が卒業式だと言っている中、ただ進級するだけなのが少し残念だという気持ちもあったんです。

そこで、一つの区切りになるかも、と思って応募することにしました。ビーバーのライブがタダで見られるというのが一番の理由ですけど。

ただ、お母さんに「ビーバーのライブを見に東京に行く」と言うと、「本当に大丈夫なの？」とすこし心配そうでした。確かに、SNS経由の告知で、超人気のビーバーのライブが無料というのは、釣り広告っぽくていかにも怪しいですよね。主催者のハッシャダイソーシャルも、聞いたことがないし。

でも、ビーバーの渋谷（龍太）さんが動画で出ると言っていたので、信じて参加することにしました。これで裏切られたら、ビーバーのファンをやめようと思って（笑）。

その後、運良く抽選を通ったので、2泊3日で東京に行きました。

お母さんは「いい機会だから楽しんでおいで」という反応でしたが、お父さんは初めから言うと「ダメだ」と言われると思ったので、ホテルや新幹線のチケットを取った後、開催3日前に伝えました。お父さんは「本当に大丈夫なのか？」と心配していましたが、最後はOKでしたね。

胸に刺さったビーバーの言葉

18歳の成人式は、本当に最高でした。ビーバーのライブもそうですが、それ以上に会場の雰囲気がとてもよかった。

最初は私のように一人で来ている子はあまりいないのでは、と不安もありましたが、まわりには一人の子も多くて。みんなビーバーのファンだから、すぐに仲良くなりました。5、6時間しかいなかったのに、昔からの友達のような感覚。キャストの大学生がまわりの子と話すきっかけを作ってくれたのも大きいと思います。

成人式で印象に残ったのは、渋谷さんの「手を差し伸べてくれる人の手はつかんでいい。一度つかんだら放してはダメだ」という言葉。これまで一人で悩んでいる時も、「どうせ自分だけ」という感覚があったんです。でも、手を差し伸べてくれる人がいたのに、自分が気づかなかっただけなのかな、と改めて思いました。

私は小学2年のときからずっとバレーボールをしています。高専に進学したのも、数学が好きだということもありますが、その高専が高専の全国大会で5連覇するほど強かったから。

私は昔から学級委員やキャプテンをやることが多くて、いまもバレー部では部長を務めています。その立場上、先生とチームの間に入ることもよくあります。しかも、ポジションはセッターなので、アタッカーとレシーバーの間にも入る。いつも誰かと誰かの間にいる感じなんです。

それで、けっこう大変な思いをしてきましたが、ビーバーのライブを聴いていて、いままでの大変なことがあふれ出ました。

部活だけではないんです。

高専では学生寮の寮長も務めていて。ほかの仲間がしっかりしているのでうまく回せていますが、寮長として言うべきことは言わなければならない場面もあります。それで、友達と微妙な感じになることもありました。

私としては距離を取っていたいと思う時があるのですが、仲良くなると、悪気はないけど距離を詰めてくる人もいるじゃないですか。そのときに素っ気ない対応になって微妙な雰囲気になるという。

あの対応でよかったのかな、これまでの選択でよかったのかな――。そんなことにずっと悩んでいたので、渋谷さんの言葉は本当に刺さりました。子どもの頃から人の顔色をうかがうところがあるので、何かを話した後も、「相手がどう思ったのかな」と考えることが多いんですよ。ビーバーは歌詞もステージでのトークも最高ですよね。自分では上手く表現できないことを表現してくれるというか。成人式でのトークもグッと来ました。

MOROHAさんについては、友達から「すごくいいよ」と聞かされていたので、すこし聴き始めていましたが、ライブは初めてでした。ビーバーとは違って、立ってワーワー盛り上がる感じではありませんが、アフロさんの一言一言がすごく深くて、こちらも刺さりました。

成人式の冒頭、壇上の三浦さんに「配ったノートに印象に残った言葉を書きとめてね」と言われましたが、アフロさんの言葉ももちろん書きとめ、まわりの人たちとシェアし合いました。言葉を自分の中に落とし込む。それがしやすい雰囲気だったと思います。

――人生で初めてのアクション

実は、今年（2023年）7月に始まるプロジェクト・ゼンカイの第3期にTAとして参加することにしたんです。

成人式のときのグループワークで一緒になったはなちゃん（第4章に登場）がプロジェクト・ゼ

ンカイの話をしていて、「なんだろう」と思って終わった後に調べたんです。そうしたら、第3期のTAを募集していたので、私も参加しようと。

ずっと新しいことに挑戦しようと思っていたけど、実際に行動を起こすところまではいけていなかったんです。

それがどうなのかなと思っていたときに、「18歳の成人式」のことを知って、見に行こうと自分で決めて、実際に行ってみると、新しいことをやると決めている、実際にやっている同世代の子がたくさんいた。それで刺激を受けて帰ったときにゼンカイの話を見て、私もやろう、と。私にとって、人生で初めてのアクションです。

成人式には、本当にいろいろな子がいました。私のように部活に打ち込んでいる子がいたり、音楽レーベルに所属して活動している子がいたり、一人でどこかを旅行している子がいたり。高専では会ったことのない子ばかりでした。人に会うとこんなにも刺激を受けるんだ、幅が広がるんだ、と思いました。

ゼンカイのTAをやるということは母に伝えました。「なにそれ?」という反応でしたが、「自分がやりたいならやればいい」と言ってくれました。

ゼンカイは15歳から18歳のプログラム。もし知っていれば、TAではなく参加者として出たかったですね。

TAはかなり忙しいと聞いています。学校の勉強や部活との両立については実際にやってみないとわからないので、やったうえで調整します。

将来については、正直、不安しかありません。高専では、化学生物コースで無機化学や有機化学、分析機器の原理などについて勉強していますが、将来、自分がなにをつくっているのか、まったくイメージがわかないんですよね。どういう人とかかわり、どういう仕事をしているのかもよく見えない。

就職活動の時期までもうすこし時間があるので、企業見学に積極的に参加して、イメージを膨らませたいと思います。

ハッシャダイソーシャルについては何も知らず「18歳の成人式」に参加しましたが、新しいことに挑戦するという行動力をもらったような気がします。

5 大人になるということ

大学1年
たいせい

「Choose Your Life Fes」は友達に誘われて参加しました。友達がインスタでフェスのことを知って、ビーバーのライブに無料で参加できるみたいだから行こうよって。それで音楽好きの友達5人で東京に行きました。

ハッシャダイソーシャルのことは何も知りませんし、「ビーバーの無料ライブってどういうこと？」と思いましたが、「まあ、大丈夫だろう」と奈良から東京まで出て行きました。

ビーバーのライブには、それまでも友達と何度か行っていたんです。毎回、渋谷さんの歌やMCには心を揺さぶられています。ビーバーは完璧ではない自分を認めて寄り添ってくれるんです。歌詞やMCを通して、そう感じます。

一番好きな曲は「ひとりで生きていたならば」。ひとりで生きていたならば、こんな気持ちにはなっていない。まわりの人がいるから、いまのこの特別な気持ちがある――。ほかの人に対する感謝と、いまの自分の感情を肯定する歌詞がとても好き。

この曲に限らず、ビーバーは人間の弱さや不安定な感情をありのままに受け止めた歌を歌う。そこが素晴らしいと思います。

僕は高校2年の時に7カ月間、地中海に浮かぶマルタ共和国の高校に留学しました。僕の通っていた高校にマルタの高校との交換留学プログラムがあり、それに参加したんです。

実は、中学の時まで住んでいた徳島県神山町には、地元の中学生がオランダに行くという国際交流プログラムがあって。そういう体験の中で英語が好きになったので、高校は英語特化コースのある大阪の学校に進学しました。

ただ、マルタへの留学はコロナの真っ最中だったこともあって、なかなかしんどかったです。入国後の隔離や現地で暮らすための手続きなどがいろいろあって、授業に出るまでに時間がかかったんです。

授業に出たあとも授業についていくのが大変だったし、既に仲のいい人同士のグループができている中で友達を作るのも大変でした。最後はうまくなじめましたが、途中は日本に帰りたくなった時もありましたね。

その時に心の支えになったのがビーバーでした。そういう経緯もあったので、フェスに参加しようと思ったんです。

――同年代に受けた衝撃

正直、僕はビーバー目当てで参加しましたが、それ以外のところもすごかったですね。

MOROHAについては何も知らない状況でライブを見ましたが、ドスンと衝撃を受けました。あの歌詞とメロディは、心に響いた。

その後の峯岸さんと水野さんのトークも、大人になるということを考えさせられるいい機会になりました。これまで何も考えずに生活してきましたが、「自分はもう18歳なんだ」「もう大人なんだ」ということを強く意識した。いつかは大人になるんだろうなと思っていましたが、大人になるってどういうことなのか、それをもっと考えないといけないな、と思いました。

あとは、参加していた同年代ですね。同じ年齢なのに、見ている景色が全然違ってビックリしました。

その中でも印象に残っているのは、ヒップホップをしているという参加者の言葉。「どれだけバカにされてもやり続ける」という決意表明でしたが、僕が同じ立場だとして、果たしてやり続けることができるだろうか、やめちゃうだろうな、と考えましたね。

僕は「上には上がいる」という言葉が好きなんですが、「すごいな」と思える同級生に出会えたことがいい意味で衝撃でした。

スタッフの大学生も印象に残っています。年で言えば、一つか二つしか変わらないのに、自分よりはるかに年上に感じたんですよね。いまは僕も大学生ですが、あの人たちのような大人になれるのかと、いつも考えています。

それにしても、フェスではかなりの刺激をもらいました。

実はフェスの後、奈良に帰る途中で何者にもなれていない自分が悔しくなったんです。とにかく何かをしたい。でも、何をしたらいいかわからない。その時に、フェスでもらった袋の中に、インターンの案内が入っていたんですよ。何も考えずに応募しました。

今後は、司法試験を受けようと思っています。小学生の時に、親戚の知人が逮捕されたんです。本人はえん罪だと主張して、最後は最高裁まで行きましたが、結局は有罪になりました。この時に法律に興味を持ったんです。

同時に、音楽活動にも力を入れたい。僕はバンドのボーカルなんですよ。やりたいことがいろいろあって時間がない。

僕の中には、フェスにもらった熱がまだ残っています。この気持ちを忘れずに生きたい。

6 呪縛からの解放

MOROHA・MC
アフロ

三浦君については、水野敬也さんの紹介でお会いしました。イベントを開催するのでオファーしたいという話でしたが、大人数の食事会だったので、じっくり話す時間がなくて。それで後日、改めてお茶をすることにしました。

オファーを受けたのは、純粋に面白そうだったから。MOROHAは年50回から60回のライブを開催しますが、ファンの年齢層は幅広く、18歳だけが集まるライブはまずありません。18歳の前に立った時に自分がどうなるのか。そこに興味が湧きました。

もう一つは、三浦君が素敵な人だなと感じたから。話をしている最中に、もうバイタリティが体からあふれ出している感じなんですよね。

それでいて、話しぶりは理路整然としているし、てきぱきしていていかにも仕事ができそうだった。言葉の端々から謙虚な人柄を感じたし、まわりの人からも愛されているんだろうな、と。

もちろん、ちゃんとしたギャラも提示いただいたので、仕事として喜んで出演させていただきました。

ただ、俺自身のことを言うと、10代の頃は、この手のイベントではいつも腕を組んで壇上の人間をにらんでいたんですよね。自分らに目線を合わせてくるような大人は信用していなかったから。「君たちのためだよ」とか言ってくるヤツは気持ち悪いじゃないですか。

だから、会場にいる18歳の腕組みを解こうと思って、最初のMCで言ったんです。「君たちには、主催者の三浦君がみんなのためにやっているように見えるかもしれないけど、彼は自分のためにやっているんだよ」って。

昔の俺のように、「うわっ、キモっ!」って思っているであろう連中の腕組みを解くために、「いやいやそうじゃなくて、自分のためにやったことが、回り回ってほかの人のためになっていくんだ。別にお前らのためじゃないんだ」と伝えたかったんです。

でも、あの場には、俺のようなひねくれたヤツは一人もいなかった。みんな、最初から腕組みを解いていたんですね。その時に、「ああ、これは過去の自分が自分にかけた呪いなんだ」と思った。世の中を斜《はす》に見て、ひねくれていた過去の自分が俺にかけた呪い。そんな人間ばかりではなかったということです。

――「自分のため」だから頑張れる

この「自分のため」というのは、俺の後にステージに立つ三浦君に向けたメッセージでもあったんですよ。
俺は、自分のために頑張るヤツが最後には強いと思っています。だから、三浦君に対して『君たちのため』とかダサい逃げ方をすんなよ」「自分のためだろ」と伝えたかった。18歳の成人式は三浦君や水野さん、ビーバーとの「対バン」だから、MOROHAならではのエゴに振り切ったメッセージを刻みたかった。

音楽シーンでは「誰かのため」「みんなのため」に歌うというアーティストが多いと思うんです。でも、ある時から俺は「自分のため」に歌うと決めました。自分が歌いたいから歌っているんだ、と。

自分のためでないと、うまくいかなかった時にキツいんですよ。これだけみんなのためにやっているのに、こんなに頑張っているのに、なんで俺が報われないのかって考えてしまうから。でも、自分のためであれば、自分が足りないからだと素直に思える。俺だけかもしれないけどね。

昔は苛立ちのかたまりでした。なんで俺がここまでやっているのに、お前らはやんねえんだよって。相方のUKに対してもそうだった。でも、「これは自分のためにやっているんだよな」「自己満足のためにやっているんだよな」と考えるようになって救われた。やりたい人間が頑張るのは当然だから。

自分が持てるすべてを出し尽くした時に、初めて他人のせいにできるという意味もあるけどね。

変な話、頑張れば頑張るほど人は孤独になっていくんです。どこまでやるかという熱量は人によって違う。仕事にかけるウェイトも、人生がかかっているのか、サラリーのためなのかという状況で変わる。

正直、自分はけっこう頑張れる方だけど、それもこれまでの成功体験の中で培われてきたバイタリティがそうさせている面もある。

MOROHAがここまでやってこられたのは、半分は自力だけど、残りの半分はいろいろな人との出会いのおかげ。しかも、その出会いは運なんです。その部分には謙虚な気持ちを持って、自分の野心に基づく頑張りが誰かの幸運になればいい。いまはそう考えられるようになりました。


なぜ変わったかって？　俺自身、あるいはMOROHAとしての活動に自信が持てるようになったからかな。

２０２２年２月に、武道館で単独ライブをやったんですよ。その頃から自分たちのライブに自信が持てるようになった。オレらのことを茶化す人間がいても、ライブに来れば真顔にさせることができる。そんな自信が生まれたんです。

それまでは、そこまでの自信はなかった。

恥ずかしさの本質

俺が生まれ育ったのは、長野県青木村という、四方を山に囲まれた、コンビニが一軒しかないような田舎。だから、高校を出るまでどうやってここを抜け出すかということばかりを考えていました。「俺の人生がうまくいかないのはこんな田舎にいるからだ」と思っていたから。

そして高校卒業後、ようやく故郷を抜け出して東京の専門学校に進学した時は、自分にまとわりついていた足かせが解かれた気分になりました。

同時に、ラッパーとしての活動も本格的に始めました。それまでも地元でラップの真似事のようなことは始めていましたが、東京に来て、イベントに出るようになったんです。19歳の時の話です。

その時は7人MCの一人DJというクルーに参加していましたが、当時のラップはいまのような身を削ったものではなく、ラップを聴いてラップをしているというか、ラップに憧れてラップをしているようなラッパーでした。

ただ、東京に飛び出したは飛び出したけど、進学した学校ではあまりうまくいかず、一人暮らしの孤独も感じていて。その時に、もう少し自分のことを掘り下げるラップをやってみようと、いまの作詞スタイルのラップを始めました。

その後、俺が所属していたクルーが解散して、相方のUKのバンドも解散して、できることを持ち寄ってやってみようということで、20歳の時に結成したのがMOROHAです。

MOROHAは「諸刃」。相手をえぐりながら自分もえぐる。お互いの切れ味を磨こうということで、MOROHAというバンド名にしました。UKは高校時代の同級生なんですよ。同じ長野の田舎出身。

MOROHAとしての活動を始めた後は、自分たちのスタイルを認めさせようと必要以上に肩肘を張ってきました。ほかのあらゆるバンドを「許せない」って思っていましたから。あらゆるバンドに嫉妬して、そのエネルギーをバンド活動にぶつけてきた。もうフラストレーションのかたまりですよ。

仮想敵を作って自分を盛り上げてきた側面もあります。「あんなのラップじゃねえ」という声と戦ってきたところもありますので。まわりに勝たなければ、自分のことを認められなかったということなんでしょうね。

ただ、いまは売れる、売れないとは別の価値基準もできました。

もちろん、数万人のライブは素晴らしいし、数字にはこだわっています。でも、一回のライブがその人の人生の分岐点になる場合もある。こういうことって数字には現れません。その価値がわかるようになりました。

こうして話していると、三浦君たちは俺とは全然違う道を進んでいますね。あいつらは仲間を巻き込んでいく。やっぱり人を巻き込んでいく力はすごいと思う。俺は自分でやり抜くことに誇りを持っているけど、巻き込む力はどうしても弱くなってしまうよね。

俺は「恥ずかしい」と思うようなフレーズが思い浮かぶと、「ああ、これで一つ稼げるな」と考えるんですよ。例えば、彼女と喧嘩した時に仲直りするきっかけになったのは「寂しかったんだよ」という一言だったりするじゃないですか。かっこ悪くて、一番言いたくない一言。

本当のことって、恥ずかしいんですよ。本当のことを言うのはとても恥ずかしい。だから本質的だと思うんです。この恥ずかしさだけを出しても作品にはならないので、音と表現力で包み込む。それが俺たちのスタイルです。

その意味で言うと、三浦君たちが発している言葉も行動も、ストレートで恥ずかしい。でも、そんな恥ずかしいことを、彼らは気にせずにやる。だからかっこいいんでしょうね。

7 「共感」の正体

作家
水野敬也

僕は「縁」というものをそれほど重視していません。「会いたいな」と思う人には自分から会いに行くので。でも、三浦君の場合はすこし違いました。たまたま『夢をかなえるゾウ』の担当編集者が彼のことを知っていて、そのつながりで「一回、会おう」という話になったんです。その時に三浦君が話していた「学歴が若者の可能性を奪っている」という問題意識については僕も近いものを感じていました。しかも、語り口は熱いけれども柔らかく、どこかおしゃれな雰囲気を身にまとっている。一緒に何かをしたことは一度もないし、三浦君のことはよくわからなかったけれども、彼がどこまで行くのか、見てみたいと思いました。それで、「何かあればサポートしますよ」と初めてのミーティングの最後に言いました。コロナの前、2019年の初めのことです。

僕が初めてハッシャダイソーシャルとかかわったのは、社会人メンターとして参加したプロジェクト・ゼンカイです。最初にゼンカイのコンセプトを聞いた時はうるっと来ましたね。本でも映画でも、本当にいいものに触れた時、人は心が揺さぶられるじゃないですか。それと同じ感覚です。

その後の打ち合わせもよかったんです。トヨタの担当者や高校の先生が集まった打ち合わせに僕も参加しましたが、すべての人が本気なうえに、出てくるすべての話が僕の知らない学校現場の現実でした。子どもたちに真剣に向き合う、世の中には知られていない先生の話。とても感動しました。

僕も、子どもが通う小学校で素晴らしい先生に出会っていますが、こういう子どもの未来にかかわるようなプロジェクトには、先生こそかかわるべきだと思っています。三浦君は学校の先生を大切にしています。それを自然体でやっている三浦君はすごいな、と思いました。

正直なところ、ゼンカイの第1期は4人目の子どもが産まれたあとということもあって、時間のやりくりは大変でした。ゼンカイは土曜の18時から20時という、子育て中の親にとって忙しい時間ですから。でも、メンターとして参加できたことは、僕にとってとてもいい経験になりました。

社会が必要としている関係性

ゼンカイのすごさについては既にいろいろな人が話していると思いますが、その中でも、僕はTAの存在にこそ価値があると考えています。

TAは僕のような社会人メンターと高校生の間に入り、彼らの話を聞き、時に励まし、時に泣き、彼らを優しく受け止めて安心して話せる場をつくる存在。この関係性に、いまの教育、あるいは社会に対する可能性を感じました。

僕たちのような社会人メンターは、ある意味で客寄せパンダです。特定の分野で知られている人が登壇することで、参加する高校生はアドレナリンが出るかもしれません。でも、これはいままでの資本主義の延長線上の話で、新しさはありません。

新しいのはTAと高校生の密度の高い関係性です。この関係性は、参加した高校生の人生の深い部分に触れ、併走しながら良い方向を目指すことができる。社会が本質的に求めているのは、こういった関係性だろうと思います。

僕は三浦君が「本物」だと思っているので、彼に声をかけられれば基本的に断りません。「18歳の成人式」も、トークセッションのパネリストとして登壇しました。

本当はもっとまじめな話をしようとしていましたが、恋愛や進学に悩む18歳を前にしたからか、ずいぶんと自分の恥をさらしました（笑）。スクールカーストの最下層だった高校時代から大学デビューした話まで、モテるために死ぬほど努力した話をぜんぶぶちまけましたから。

正直、三浦君から成人式の構想を聞いた時はピンときませんでした。三浦君は話しながら興奮していましたが、思いつきのイベントに感じたんですよね。ただ、三浦君のことは応援しようと決めていますから、「たとえハードルが高くても、一番呼びたいアーティストを呼ぶべきだ」とアドバイスしました。

自分の経験上、会場を使ったイベントは人集めが最重要だと感じています。高校生が来たくなるような人選でないと、そもそも成立しないと思ったんです。

――すべてがフラットだった「成人式」

「18歳の成人式」は、完璧な美しいイベントで、大成功だったと思います。いろいろな論点がありますが、何よりも感動したのは、大人と若者という対立軸ではなく、フラットな場だったということ。

例えば、冒頭のMOROHAのアフロさんがMCでこう言いました。

「オレはオレのためだけにここにやって来ました。自分のため、自分が変わるため、自分がマシになるために。この催しを考えた人も同じ。ここにいるみんなに愛情を与える。その中で自分が変わろうとしている。だから、この催しができたんだろう、と」

「新成人のため」と言っているけど、それ以前に、ここにいる大人がやりたいからやっているだけだと、いきなり本質をガツンと突きつけた。ここにいる大人は、壇「上」から若者たちに向かって語るのではなく、若者たちと対等な立場で、同じ目線を持っていることを伝えたんです。

その後の僕と峯岸さんのトークは大人の「かっこ悪さ」をさらけ出す場でした。

僕はモテるための涙ぐましい努力や女の子に振られた話、峯岸さんも丸坊主にしたＡＫＢ時代の話など、かっこ悪い話をこれでもかというぐらいにさらけ出した。現在の地位や立場なんて関係ない。みんな対等な大人なんだということを、結果的に示すことになりました。

最後のスーパービーバーのライブもコンセプトは同じでした。ボーカルの渋谷さんが会場を見渡して、こう言ったんです。「僕たちは、いま36歳だけど、音楽活動を初めてちょうど18年。オレら、タメじゃん」。ただ、自分のした話と比べて「かっこよさ」という点では圧倒的に差をつけられていて、猛烈に嫉妬することになりましたけど（笑）。

――スマートに熱い男

もう一つは、自己啓発にかかわる書籍を書いてきた私の個人的な感動です。

自己啓発というジャンルは、どこか日陰で、どこか臭みのある、恥ずかしいものだと捉えられています。何かのコンプレックスがあって、それを解消するために自己啓発本を読むわけですから当然かもしれません。人を成長させるという考え方や行為自体が、どこか気持ち悪いんですよ。

僕は、「18歳の成人式」はある種の自己啓発イベントだと思っています。特に、三浦君と勝山君がやっていたワークショップは自己啓発そのもの。会場に来ている18歳の中で希望者を壇上に立たせて自分の夢を語らせたのですから。

でも、これが本当に素晴らしかった。

たとえば、スーパービーバーは「あなたたち」ではなく「あなた」に向けて歌を歌います。今回のイベントでも、自分たちのライブの前に壇上に立つ18歳の顔を見ています。18歳たちが自分自身を語る姿は、間違いなくビーバーのモチベーションに影響を与えたと思います。また、18歳たちが立ったステージは、先ほどまではMOROHAがいて、そのあとビーバーが登場する。この対等さが、自己啓発の臭みを消して、美しいイベントとして昇華していたと思います。

もちろん、このことは完全に意図されて作られたものではありません。三浦君や勝山君、ハッシャダイソーシャルの情熱が呼び寄せたのだと思います。

「18歳の成人式」を通して、三浦君とハッシャダイソーシャルのすごさを再認識しました。ビーバーに出演してもらうためのプロセスは理想的だと思います。

ほぼ日の糸井（重里）さんの関係でビーバーへの接点ができたと聞きましたが、それとは別に、ビーバーが参戦した早稲田祭に参加したり、ほかのライブ会場で出待ちしたり、本当に出てほしい人に出てもらうために、あの手この手で食い込んでいった。

そういうプロセスがあるから、糸井さんもライブの控室に三浦君を連れて行ったんでしょう。

三浦君がいろいろな人を惹きつける理由は、彼に嘘がないからだと思います。仕事をしていると、嘘が混じる瞬間があるじゃないですか。社会活動にしても、人によってはどこかに偽善を感じる瞬間がある。でも、彼には嘘がない。彼がやると、そういう偽善を一切、感じない。それは、本音で、本気で、やっているからだと思います。

僕は18歳の成人式まで勝山君とは接点がありませんでしたが、彼の言葉にも本音の情熱を感じます。ハッシャダイソーシャルにかかわっている人は、みんな同じようなマインドを持っているんだと思います。だから10代、20代が支持している。

また、彼らがそういった活動を自然にできている理由は、時代の価値観が変わろうとしているからなんでしょうね。

たとえば、自分たちの世代は、年収を上げよう、知名度を上げようと仕事のピラミッドを上り、夜景のきれいな湾岸エリアのタワーマンションに住むというような価値観が色濃くありました。でも、子どもが生まれると、そんなものはすべてが不要になる。子どもが熱を出したり、自分に緊急の問題ができたりしても、同じマンションに住む隣人の誰にも頼ることはできません。

タワマンの話は一例ですが、僕たちや、僕たちの親の世代が自己実現のためにしてきたことであったり、自己成長や学歴を重視するような価値観であったり、そういったもののしわ寄せが10代、20代の若者に向かっていると思うんです。

だから、彼らには僕たち上の世代の価値観をぶっ壊してほしいし、実際、それをやり遂げることになるでしょう。本当に、彼らには希望しか感じません。

8 彼らに重ねた自分自身

ヤマト電機
代表取締役
中嶋冬彦

勝山君のことを知ったのは、2019年3月に日経新聞で掲載されたヤンキーインターンの連載です。

地方のヤンキーを東京に呼び、半年間の営業研修で鍛えて企業に就職させる。中卒、高卒のヤンキーは一般的なレールから外れているが、ハングリー精神と根性があるので戦力になる――。すごいビジネスモデルだと思って、すぐに「一度、話を聞きたい」と株式会社ハッシャダイに連絡を取りました。

ただ、問い合わせが殺到していたんでしょうね。アポは3カ月から半年後だと言うわけ。「いいから来てよ」と半ば強引にアポを取って来てもらいました。

そしてアポの当日、会社の応接室に入ると、勝山君が座っていた。思わず「君だれ？」と聞いてしまいました。当初、来る予定だった人が来られなくなり、代わりに勝山君が来たんです。まさか日経新聞に出ていた本人が来るとは思わないじゃない。それで、思わず聞いてしまった(笑)。

ヤンキーインターンにピンときたのは、うちの会社にもそういう人材がいたらいいなと思ったから。

僕自身はヤンキーではありませんでしたが、僕のまわりにはけっこうヤンキーがいて、彼らがどんなパーソナリティかはある程度、わかっていました。だから、ヤンキーに営業スキルを叩き込めば、きっと活躍するだろうな、と。

ただ、実際に勝山君に話を聞いてみると、すこし想像とは違いました。ヤンキーインターンを立ち上げた当初は気合いの入ったヤンキーも多かったようですが、僕が話を聞いたころは引きこもりや不登校だったような若者も増えていた。

それでも、ヤンキーインターンには興味があったので、見に行くことにしました。その場では、ヤマト電機について紹介し、「よかったら受けてみて」と話しましたが、実際に応募してきた人はいませんでした。彼らには刺さらなかったということだと思います。

――「ここで縁を切りたくない」

これで縁が切れるかなと思ったのですが、1年ほどたったあとに、勝山君と三浦君が訪ねてきたんです。ハッシャダイソーシャルという一般社団法人を立ち上げようと思っているので、何かしらのかたちで協力いただけないかという相談です。

二人は、選択肢のない全国の若者に選択肢を届けたい、すべての若者が自分の人生を自分で選択できる社会にしたい、偏差値やテストの点数だけではないモノサシを世の中に提供したい——と熱く語っていました。

その話にはとても共感しましたが、話を聞きながら「この人たちはいったい何を言っているのだろうか?」という疑問も感じていました。

ヤンキーインターンを通して人材を獲得するという、僕の当初の目標は達成していません。そもそもヤンキーインターンの実態が変わっており、メディアで書かれているようなヤンキーばかりではなくなっている。二人は何かこう一方的に話しているけど、こちらがしたいと思ったことは何もできていないわけです。それなのに「協力ってどういうこと?」と正直、思いました。

ただ、話している勝山君と三浦君の目が本当にキラキラしているんですよね。そんなキラキラした目で、「自分たちはこれがしたい!」とはっきり口に出せる人が世の中にどれだけいるのか。うちの会社には400人ほどの従業員がいますが、ここまで言える人間が果たしているだろうか、と。

熱弁を振るう二人の姿を見て、ここで縁を切りたくないと感じました。ハッシャダイソーシャルにお金を出しても何の見返りもありませんが、この二人がここまでやりたいというのであれば、サポートしてあげたい。そう思ったんです。

現状、ハッシャダイソーシャルへの支援は寄付がメインです。数回、うちの社員が高校に行ってキャリアの話をしたことはありますが、協賛というかたちでプロジェクトを立ち上げたことはありません。一緒に活動するというより、二人を支援することが僕の役割だと考えています。

なぜそこまで惹かれているのか？　勝山君に自分を重ねている部分があるかもしれませんね。勝山君は若い時に悪さもしてきましたが、人との出会いと別れの中で現在の彼がある。実は、僕も似たような経験があるんです。

自分を変えた父の死

18歳の時に、この会社を創業した父親が死にました。中学や高校の時の僕は仲間と遊んでばかり。成績や内申点も悪く、どうしようもないバカでした。父の病気のこともあまりわかっておらず、入院した父の様子を見て、初めてヤバいと感じたぐらいです。

そんな父の姿を見て、亡くなる前にすこしでも成長した姿を見せたいと思いました。僕は、運動はそこそこできましたが、勉強の方はまったくダメだったので、苦手なものを克服して安心させたい。そう心の底から思ったんです。

そこから、猛勉強を始めました。予備校と個人塾に通い、起きたその時から寝る瞬間までひたすら勉強する日々。食事もロクにしないで勉強していたので、体重も30キロ台まで減りました。それでも死期が迫っていた父のために、大学に合格する姿を見せたかった。

結局、父は大学受験の前に亡くなってしまいましたが、僕のことを応援してくれた塾の先生との出会いもあり、早稲田大学商学部に受かることができました。これで父も安心するんじゃないかと、ほっとしたことを覚えています。

いまは父親が創業した会社を経営していますが、死ぬほど努力した受験勉強のことを考えれば、あれ以上につらいことなんて何もない。集中治療室の中で、父親の手を握りながら別の手で世界史の参考書を読んでいましたから。

受験勉強をやり切ったこと。それがいまの自信になっているのは間違いありません。

ただ、すぐに会社を引き継いだわけではないんですよ。父が亡くなったあと、会社がゴタゴタした時期があって、母親が社長にならざるを得ない状況になったんです。その後、すぐにリーマンショックが襲ってきました。

ヤマト電機は、電気設備事業者や建設会社向けに電線や照明器具、スイッチ、コンセントなどを扱う電気設備(電設)資材の専門商社。建設市場と密接にかかわっているだけに、リーマンショックによる需要の消失で売り上げが大きく落ち込みました。

僕は大学を出たあと、パナソニック電工で働いていましたが、これは戻らないとマズいなと思って会社に戻ることにしました。父との約束があったから。

父親が亡くなる前に「お母さんを頼むぞ」と言われたんです。「会社を頼むぞ」と言われれば「会社なんて知らないよ」という反応になったかもしれませんが、「お母さんを頼むぞ」と言われれば「わかった」と言うしかないですよね。

その時は、まさか母親が社長になるなんて思っていませんでしたが、社長にならざるを得ない状況になり、リーマンショックというこれまでにない危機が訪れている。「お母さんを頼むぞ」と言われたのに、会社の舵取りに苦しんでいる母を見て、何もしないわけにはいきません。それで、ヤマト電機に入ることにしました。2009年、26歳の時のことです。

――「彼らの目はまだキラキラしている」

ヤマト電機に入るにあたっては、現場の営業所からのスタートにしてもらいました。ただ、営業所で働き始めると、現場の社員が会社の文句ばかりで当事者意識がまるでないんですよ。ほかの営業所はどうなのかと思って回ってみると、やっぱり会社の文句ばかり。

外部環境は最悪で、会社の中は不満ばかり。このままでは本当につぶれてしまうと思った僕は母親に言いました。「このままだと本当につぶれるから、オレに経営をやらせてほしい。つぶすなら自分の手でやる」と。

そこからはもう全力です。年齢など関係なく、なりふり構わず顧客開拓と意識改革を進めました。社長に就任したのは2010年でしたが、僕についてきてくれた現場の社員の頑張りもあって、数年後にはV字回復を果たすことができました。

すこし話が長くなりましたが、人との出会いと別れを通して変わったという経験は僕も共有しています。それがとてつもなく素晴らしいことだということはわかっている。だから、勝山君たちの活動を支援しています。

彼らとつきあい始めて4年がたちますが、彼らの目はまだキラキラしている。これまでは二人の個人的な活動がベースでしたが、仲間も増えて、活動も組織だってできているように感じます。彼らがどこまで大きくなるのか、楽しみですね。

9 絶望が希望に変わる時

アドウェイズ会長
岡村陽久

彼らとかかわりができたのは、「ヤンキーインターン」のコンテンツの一つとして「岡村塾」を始めた2017年ごろです。

当時のヤンキーインターンは営業研修として実際に訪問販売をしていました。私もアドウェイズを起業する前に訪問販売をしていた時期があるので、営業についての哲学や営業職というキャリアについて、インターン生に話してほしいという相談を受けたんです。

その前から久世さんは知っていましたが、「岡村塾」を通して本格的に勝山君たちと付き合うようになりました。

ヤンキーインターンがすばらしいと思ったのは、選択肢を知らない若者に選択肢を提示してくれるところ。

僕自身、16歳の時に高校をやめて働き始めましたが、実際に働こうと思った時に、中卒の自分が働ける場所は力仕事か悪い仕事のどっちかしかなかったんですよね。選択肢がない。さすがに悪いことはしたくなかったので力仕事をしようと思って入った会社がたまたま営業の会社でした。

でも、ヤンキーインターンであれば、講演を通して若い人に選択肢を提示し、実際のインターンでスキルを身につけることができる。この仕組みがすばらしいな、と感じました。20年前の僕が必要としていたサービスです。

――卒業生を断らない理由

もちろん、ヤンキーインターンの卒業生も採用しています。グループ全体で10人は採用しているんじゃないかな。

働きぶり？　メチャクチャ活躍していますよ。その中でも、オールドルーキーサウナ事業を担当している並木（雅貴）君は大活躍もいいところです。

アドウェイズは傘下のグループ会社で365日営業の会員制サウナを運営しています。そのサウナ事業の現場を切り盛りしている人物です。

彼は中卒で18歳までひきこもりでした。親にヤンキーインターンを紹介されて参加しましたが、人とコミュニケーションをとるのが苦手なゲームオタクで、どこからどう見ても営業には向いていない。当然、本人は営業職を希望しておらず、インターンでの営業成績も悪かった。

私はヤンキーインターンの卒業生は断らないことにしているんです。勝山君が面接し、推薦してきた子は基本的にグループ企業のどこかで採用する。でも、並木君は断りたかった（笑）。

彼には営業は無理だと思ったから。

「じゃあどうしようか」ということで、ためしにオールドルーキーサウナの仕事をさせてみたんです。そうしたら、すごいんですよ。

オールドルーキーサウナは、サウナですが無人店舗で店員を置いていません。入口の顔認証システムで顔認証して入るだけ。利用者からの問い合わせはクラウドカメラを使った遠隔オペレーションで、何かあればカメラや公式ＬＩＮＥのやり取りで対応する。サウナ設備も遠隔で管理しています。

こうした運営は既存のシステムの組み合わせなんですが、並木君にすこし教えたら、自分でやり方を考えてどんどんオペレーションをカイゼンしていくんですね。20年近くＩＴ業界に身を置いていますが、彼ほど優秀な人は見たことがありません。とても19歳とは思えない。

これがヤンキーインターンのおもしろいところだと思うんです。学歴や偏差値ではどうってことがないけれど、ある部分では特異な才能を示す人を採用することができる。

僕は、18歳、19歳ぐらいの若者は誰もがすばらしい才能を持っていると思っています。ただ社会に出た時に、大半の若者がその才能を発揮する場に出会うことができず、本来持っている才能を失っていってしまう。

現に、並木君がそうです。並木君に営業の才能はたぶんありません。普通の会社であれば、それで「×」がつき、「あいつには営業は無理だ」という評価が下される。その中で「自分はダメだ」と洗脳されてしまうんですね。

並木君の場合はたまたまサウナの運営でしたが、18歳の若者の持っている才能を丁寧に見ていけば、大卒の人材を上回るような才能を発揮する。僕はその部分に価値を見出しているので、ヤンキーインターンの卒業生は断らない。

――「ヤンキーインターン」の継承

実は、ヤンキーインターンはアドウェイズとハッシャダイソーシャルが共同して運営する体制に変わっています。

もともとは株式会社ハッシャダイが半年間、営業研修したインターン生をアドウェイズが採用するというかたちで進めていましたが、いまはハッシャダイが担っていた「インターン生の衣食住の面倒を見る」という部分を僕がやっています。

コロナの影響もあって、ハッシャダイはヤンキーインターンの新規募集を停止しました。でも、ヤンキーインターンにかかわり、卒業生を数多く採用する中で、その意義を強く感じていたので、インターン生の受け入れの部分をお手伝いすることにしたんです。

インターン生の募集や面談はハッシャダイソーシャルにお願いし、インターン生の受け入れは僕が担当する。そのうえで、卒業生をアドウェイズが採用するという仕組みです。そのために、自宅のそばにインターン生用の家も買いました。

うちにはいろいろな若者が来ますよ。それこそ特殊詐欺で捕まった経験のある子もいます。特殊詐欺は被害者もおり、許されるものではありませんが、少年院で矯正し、社会に出てきた以上、彼らが働く場所を用意してあげないといけない。僕には、ヤンキーインターン経由の若者を受け入れるぐらいのことしかできませんが、なるべく受け入れたい。

実際にそういう子を受け入れての感想ですが、たいていはどうしようもなく素直なんですよね。でも、素直であれば、何歳でも変わることができる。逆に、どう変わるのか楽しみです。

勝山君や三浦君は昔からあんな感じです。あの二人は目の前のインターン生を何とかしたいという純粋な気持ちを持ち続けている。これは、すごいことだと思います。

久世さんが始めたヤンキーインターンはれっきとした事業でしたが、いまの活動は寄付ベースの社会貢献活動で、ぜんぜん儲かっていないと思います。でも、彼らはそんなことには興味がない。目の前にいる若者の可能性を広げたい。本気でそう思っている。

僕は43歳ですが、僕から見ても、あの二人は「すげえな」「かっこいいな」と思います。だから、仲間が集まるのでしょう。

勝山君はもう一度、ヤンキーインターンを再生しようと考えています。僕もヤンキーインターンを通して、若者の選択肢を増やしたい。

選択肢や可能性が自分にもあるということを知るだけで、生きるエネルギーになるんですよ。将来に対する不安で人生に絶望しか感じない時に、似たような境遇の人から選択肢を提示されれば、絶望が希望に変わる。二人には、僕の代わりに全国の若者に「選択肢がある」ということを伝えていってほしい。

10 二人の故郷

株式会社
ハッシャダイ
創業者
久世大亮

僕の中では、教育はお金が集まらない世界だという認識なんです。塾のように、お金が集まる分野もあるけれど、特に貧困層や偏差値が低い層を対象とした事業は儲からない。お金のあるところにいいものを売るということがビジネスの大前提だとすれば、いま挙げたような分野はビジネスとして成立しない。

その部分とビジネスをつなげようとしたのが、ヤンキーインターンでした。

人材紹介会社は、いい企業にいい人材を紹介して30％ほどの手数料を抜いています。そういう人材は高収入なので手数料も高いですが、そういういい人材の登録、言い換えれば仕入れにコストがかかる。

それに対して、ヤンキーインターンに参加していた若者は、言葉を選ばずにいえば、どの人材市場からも相手にされなかった存在です。つまり、仕入れ値が安い。

中途社員の紹介料は年収の30％が相場。ヤンキーインターンに集まって来た若者を教育し、戦力として企業に送り出せば、その差分の価値を生み出したことになる。それは、企業にとっても、社会にとっても意味がある。

経済ベースに乗っていない若者を経済に乗せる――。ヤンキーインターンは、そんな僕の仮説を実践する場でした。

それに対して、勝山と三浦が始めようとしていたスクール事業はＮＰＯに近く、ビジネスになるとは思えませんでした。当時のやり取りは覚えていませんが、だから止めたんだと思います。

ただ、あの二人は協賛企業や寄付の賛同者を開拓し、教育事業を持続可能なかたちでつくり上げていきました。サポーター企業の協賛で講演やワークショップなどのキャリア支援を提供するというかたちをね。

それで、スクール関連の事業を切り離すことにしました。最初の1年は会社の中の一事業部という位置付けでしたが、あの二人が責任をもって進めていけるということはわかりましたから。

勝山と三浦のやっていることですから、求められれば経営的な観点からのアドバイスはしますよ。でも、僕はハッシャダイソーシャルの理事ではありませんし、基本的に彼らの活動には関知していません。

僕が後ろで指示していると思っている人もいるようですが、彼らの活動は彼らが自分たちの判断でやっていることです。

「継続して努力できる人間だった」

勝山に初めて会ったときのこともよく覚えていません。たぶん妹に会いに来たときに会ったんだと思います。

印象？　勝山が夜中に警察に連れて行かれたのは覚えています。夜中に妹とケンカしたか何かで勝山が暴れて。それでうちのオカンが警察に通報した。勝山がオカンの車をガンガン蹴って叫んでいてうるさかったんでしょう（笑）。僕は部屋で寝ていました。

勝山にビビったことはないなあ。向こうの方がガタイはいいからケンカすれば間違いなく負けると思うけど、いまの日本でいきなり殴りかかるヤツもいないでしょ。言うても口論くらい。それなら僕の方が口は回る。

僕？　僕も、まあやんちゃだったと思いますよ。僕の地元も、勝山のところと同じように荒れていたから。

ただ、僕は武闘派というよりもインテリ系。仲間がパクってきたバイクを改造して売った時に、売り先の開拓や交渉を担当したのは僕でした。このときは、暴走族の先輩に売りつけたはいいけれど、バイクに不具合があってボコボコにされました（笑）。中学のころの話です。

家庭環境も、勝山のところに似ていますかね。母子家庭で実の父親は知りません。でも、そんな話は僕のまわりでは珍しくも何ともない。

正直、勝山と妹は別れると思っていたので、かかわっても仕方がないと思っていました。ただ、子どもができたと聞いて、ちょっと考えが変わりました。同じ家族になるのだとすれば、ちゃんとさせないとダメだな、と。それで、営業を一緒にやろうと声をかけました。

初めは、僕の友達をどうにかしたかったんですよ。大阪から帰ってみると、昔の仲間は相変わらずぶらぶらしている。こいつら、マジでどうしようもないな、と。

僕は大学を中退した後、大阪にある通信会社の二次代理店で働いていました。企業の社用携帯としてスマホを入れてもらう提案営業。ちょうどiPhoneが出た後で、ソフトバンクが法人営業を強化していたんですよ。

営業成績はけっこうよくて、すぐに10人、20人を動かすマネジャーになりました。チームのメンバーに成果を出させるのがうまかったんですよ。実際、僕たちのチームは社内でもケタ違いの数の契約を取っていました。

営業の仕事は、継続さえすれば、ある程度までは誰でもできるんです。特に、僕たちがやっていたような法人営業は試行回数が多いので、うまくいかなくても改善の機会がたくさんある。

大学をやめて営業の仕事を始めたのは、自分のカネを使うのはここじゃないと思ったから。大学に行くために、解体現場や居酒屋で働いてカネを貯めましたが、行ってみると何か違う。別に起業マインドが強かったわけではありませんが、ビジネスをしたいと思って営業の仕事を始めました。

僕が働いていた大阪の会社には大学生のインターンがけっこういて、僕のチームにも何人もいました。ただ、マネジャーとしての立場で見ると、学歴が高いからといって営業成績がいいわけでもない。逆に、大学に行っていなくても、正しく努力を継続し、経験を積むことで実績を出すようになる人もたくさんいた。

大阪の会社で働いていたのは2年ほどですが、彼らのマネジメントを通して、うまく導いてあげれば、若い人はどんどん変わるんだということを痛感しました。

そして地元に戻ると、昔の友達は昔のままニートのような生活を送っていた。その姿を見て「何も変わってないやん」とガッカリしましたが、同時に営業の仕事をさせれば変わるかもしれないと思って、彼らを誘ったんです。

勝山は声をかけた4人の関係性でいえば、一番関係がありませんでした。妹の彼氏であって、僕の友人ではありませんでしたから。

そのころの勝山は、まあひどかったですね。本当にひどかった。あげればキリがないくらい一般的な常識がなかった。ただ、勝山は継続して努力ができる人間だった。確かに、漢字も読めず、計算もできなかったけど努力ができた。それが大きかったと思います。

あとは、彼は人に好かれるタイプなんですよ。「こいつ、漢字が読めていないな」「日本語がおかしいな」と初めのころのお客さんは思ったと思います。でも、それを超える人間性があった。だから、契約が取れたんだと思いますよ。

心境の変化

ハッシャダイに関して言うと、２０１８年にＤＭＭの傘下に入った後、２０２１年12月にDMM Boostと社名を変更しました。このときに僕は代表取締役を降りました。

ヤンキーインターンも、グループ会社で続けていますが、僕はかかわっていません。いまはお世話になっているアドウェイズの岡村さんを中心に、事業を展開しています。

ハッシャダイを離れたのは、新型コロナを通して僕自身に心境の変化があったから。

ヤンキーインターンは地方の若者を東京に連れてきて働いてもらうというところに根本の思想がありました。でも、コロナが起きたことで、東京で働くということに疑問を感じたんです。

働き方の多様化とＡＩの進化もあります。

コロナ禍で訪問販売から法人向けのテレアポにシフトしましたが、そのテレアポにしても、いつまで続くのかわかりません。ＡＩの登場で、仕事の仕方からすべてが変わっていくことも間違いない。その時に、僕たちが出口として考えていた営業職という仕事が今後どうなっているのか。それを考えた時に、ヤンキーインターンという事業に意味を見出せなくなったんです。

冒頭でも言いましたが、教育については勝山と三浦の方が熱いので、僕はかかわらないようにしています。いまは地方で、次に何をやろうかと考えているところ。ジャンルはあまり考えず、僕が価値の出せるところはどこかな、と。まあ、何か始めますよ。

第 7 章

Choose Your Life

1　「仲間」とともに歩む未来

2023年9月16日。土曜日にもかかわらず、東京・六本木にあるハッシャダイソーシャルのオフィスでは、あるイベントが開かれていた。8月のTeachers' Forumから間を置かずに開催されたこのイベントは「3・5周年 記念報告会」。設立以来、3年半にわたる活動を関係者に共有するための場である。

日々の活動の中でハッシャダイソーシャルの活動に加わる仲間や協力者は格段に増えた。そんな新しく参画した人々に、ハッシャダイソーシャルがどこから来て、どこに向かおうとしているのか、これまでの活動や今後の方向性を伝えるために企画されたイベントだ。

「3・5周年」という中途半端なタイミングになったのは、3周年のタイミングだった3月が「18歳の成人式」に忙殺され、誰も気がつかなかったことによる。

活動報告が目的ということもあって、その場にいたのはハッシャダイソーシャルに資金を出している協賛企業や個人のほか、日ごろから講演活動を通してつながっている学校や施設の教職員、ゼンカイなどにかかわっている大学生が中心だった。ヤンキーインターン時代に彼らと連携した懐かしい顔もちらほらと見られた。

この報告会では、ハッシャダイソーシャルを設立する前のヤンキーインターン時代の話から、スクール事業を始めた経緯やソーシャルの設立、その後に立ち上げたそれぞれのプロジェクトなど、これまでの歩みについて振り返った。

ハッシャダイソーシャルとの接点があっても、すべてのプロジェクトにかかわっている人はほとんどおらず、彼らの存在を知ったばかりの人も少なくない。何となく断片的に知ってはいるものの、全体像についてはよくわからない。そういう人に向けた、自分たちの活動を知ってもらうための報告会である。

決められたレール

この報告会は、これまでを振り返る前半と、これからの活動について話す後半の二部に分かれていた。その後半の冒頭、三浦が発したのは、彼らが掲げてきたビジョンとミッションの刷新、そして向き合う課題の再定義だった。

ヤンキーインターンのＤＮＡを引き継いでいるハッシャダイソーシャルは、次のようなビジョンとミッションを掲げていた。

ビジョン：「Choose Your Life」すべての若者が自分の人生を自分で選択できる社会を実現する。

ミッション：選択格差を是正する。

プロローグで勝山が語っているように、人生における選択肢は平等ではない。生まれた家庭や地域などの環境によって、選択のベースとなる機会は大きく異なっているのが現実だ。

そんな選択格差を是正するため、人生をあきらめている若者に人との出会いや縁の重要性を伝え、自分の人生を自分で選択するという自己選択と自己決定の重要性を説く。これは、ヤンキーインターンの時から続く、ハッシャダイソーシャルの揺るぎのない哲学である。

だが、ハッシャダイソーシャルの活動を続ける中で、一つの変化に直面したのも事実だ。講演活動の主戦場だった定時制や通信制、「教育困難校」と呼ばれる低偏差値の高校だけでなく、中堅クラスの高校や進学校からのオファーが増えたのだ。

進学校の生徒はほとんどが大学に進学していく。そもそも進学校を目指したのも、いい大学に行き、いい会社に就職することが安定した人生を送る近道だと漠然と考えていたからだろう。だが、そのルートに乗りながら、「それでいいのか」と自問自答している高校生は少なくない。

あるいは、医師や弁護士のように、〝家業〟を継ぐためにその道に進む若者もいるが、それが本当に自分のしたいことなのか、決められたレールを進んでいるだけではないのか、と逡巡する人もいる。

このように自分で自分の人生を選ぶことができないという状況は、何も厳しい環境に置かれている人だけではない。多様な15歳から18歳が集まるプロジェクト・ゼンカイを見れば、それは明白だ。

従来の「選択格差の是正」という言葉だけでは「Choose Your Life」を必要としている若者をカバーできないのではないか。そんな問題意識を持ったハッシャダイソーシャルはビジョンとミッションの見直しに着手。侃々諤々《かんかんがくがく》の議論の末、新しいビジョンとミッションを策定した。

誰もが感じていた「選べなさ」

そして、新たに策定したビジョンは、「Choose Your Life! それでもなお、人生は選べる」。「Choose Your Life」については「!」がついただけで、それ以外はまったく同じ。この言葉はハッシャダイソーシャルの象徴であり、ここは変える必要がないという判断だ。

その代わり、ビジョンのサブメッセージは先に述べた問題意識を反映し、文言を変えた。

もちろん、自分で選べないことはたくさんある。でも、人との出会いを大切に、自分で選び決めていく。それがよりよい人生を歩むために必要だということは変わらない。それがゆえに「それでもなお」という言葉を加えた。

もう一つのミッションは「ひとりひとりの〝元気〟をあきらめない。」。

以前のミッションは社会課題と問題意識をストレートに出した言葉だったが、「社会のため」という大きな目標を抱えずとも、ほかの人の元気に触れることで前を向ける人はいる。そういう人が増えていけば、結果的に社会もよくなっていく。そのために、ハッシャダイソーシャルは伴走するという決意表明である。

実は、この「元気」という言葉は、紆余曲折があった半年間の議論の中で最後に残った言葉。いまの世の中、元気を犠牲にして何かを手に入れようとしている人は少なくない。その部分に意義を唱えるという意味も、このミッションには込められている。

今回はビジョンとミッションのほかにバリューも設定した。「positive」「physical」「playful」の3つの「p」。ポジティブはいつでも前向き。フィジカルはオンラインの時代でもface to faceのコミュニケーション。プレイフルは常に楽しみながら全力で。ハッシャダイソーシャルの雰囲気を改めて言語化したものだ。

ビジョンとミッションの再定義で示したのは、若い人の「選べなさ」にフォーカスし、彼らの「Choose Your Life」を支援していくことであり、それぞれの「Choose Your Life」が実現すれば、社会は必ず変わっていくということ。いまの積み重ねが未来であり、そのいまを変えようということだ。

その言葉が実装される日

そのために、ハッシャダイソーシャルとして何をするかという方向性も、ビジョンやミッションの再定義とともに提示した。

まず、ハッシャダイソーシャルの存在を知ってもらうための仲間を増やす活動だ。既存の取り組みでいえば、従来のスクール事業や「騙されない為の教科書」の配布、18歳の成人式や

Teachers' Forumなどのフェスが該当する。

次に、一人ひとりの「Choose Your Life」に伴走する活動。実際にハッシャダイソーシャルとつながった若者に対する具体的な支援だ。プロジェクト・ゼンカイやヤンキーインターン、KAZAANAプロジェクトなどが挙げられる。

そして、最後が「Choose Your Life」を体現する活動。これは、仲間になった人々にハッシャダイソーシャルという御輿《みこし》を一緒に担いでもらう、ある種のコミュニティづくりだ。具体的なプログラムは議論しているところだが、企業や個人を対象に会員制プログラムをつくり、会員となった人には高校生の前で話してもらったり、社会人メンターとして話を聞いてもらったり、ともに御輿を担ぐ仲間として一緒に彼らの活動にかかわってもらうことを想定している。

この輪が広がれば、より多くの若者に「Choose Your Life」というメッセージを届けることができる。その輪が広がれば、自分たちの巻き起こすムーブメントも、より大きく、より強くなる。そう考えているのだ。

20代半ばの若者二人が社会に提起した一滴の波紋。それは4年の時を経て、同年代の若者や教職員などを巻き込みながら徐々に大きな渦になりつつある。その軌跡を見れば、「Choose Your Life」が社会に実装される日も、そう遠くないのかもしれない。

2 僕たちの「ありたい自分」

ハッシャダイソーシャル
共同代表
三浦宗一郎

２０２３年10月から大学に通い始めました。慶應義塾大学ＳＦＣの総合政策学部です。ハッシャダイソーシャルの活動があるので、授業は最低限のコマ数しかとれていませんが、「学ぶのは楽しい」と改めて感じています。

大学に行こうと思った一番の理由は、大学で何を学べるのかを知りたかったから。自分が知っていることなんてごくわずかで、世の中の大半のことを知りません。「自分が何を知らないのか」ということすらわかっていない。

でも、大学に行けば、その部分がすこしでも見えるかもしれない。そう思って、大学進学を決めました。

あとは、自分たちの活動を解像度高く言語化したいと思ったこともあります。ハッシャダイソーシャルでやっていることは、教育学や社会学の枠組みでは言語化できません。

僕たちの活動の意義については研究者など外部の人たちがいろいろと言語化してきましたが、自分たちなりのかたちでも理解したい。そう思ったこともあります。

その中でＳＦＣを目指したのは、一つのジャンルではなく、幅広くいろいろなものが学べそうだと感じたから。

知らないことは残らず知りたい。そんな僕の知的好奇心を満たすには、専門的な学部よりも、分野横断的に学べる学部がいい。僕たちの活動を言語化するという意味でもそうです。それで、総合政策学部を目指しました。

授業のシラバスを見た時は、どの授業も面白そうで興奮しましたね。シラバスだけを何時間も見ていました。

実際に、ソーシャルイノベーションやコミュニティデベロップメントなど、いまの活動に直結するような授業もあれば、出生前診断のような生命倫理の授業があり、知的好奇心がガンガン刺激されています。まだ、大学に通い始めて1カ月ですが、メチャクチャ楽しいです。

支援者の方々には「何でいまさら大学に行くんだ。SFCは真逆だろ」「せっかく作った〝高卒ブランド〟はどうするんだ」という声もいただきましたが、行ってみたいんだから仕方ないですよね。

それに、大学って高校を出たあと、すぐに行くことが常識になっていますが、自分の学びたいことが高校卒業時点で決まっているとは限りません。すこし社会を経験し、そのうえで学びたいことが湧き出てきた時に大学に行くという選択もあっていいと思うんです。僕にとっては、いまがその時でした。

今後は僕たちの活動をより大きなムーブメントにするために、教授や学生ともつながっていきたいと思っています。

成功体験と失敗体験

「Choose Your Life」の活動を始めて5年ほどがたちましたが、僕個人としては何かが変わったという感覚はありません。特段、何かができるようになったという実感はないし、ものの考え方や行動も基本的に以前のまま。いろいろ話してきましたが、僕のことを知っている人であればご存じのように、あれこれ難しいことを考えて行動しているわけではなく、直感的に面白そうだと思うことを勢いでやってきたというのが正直なところです。

ただ、俯瞰《ふかん》してみれば、大きく変わったのは間違いありません。見えている景色も違えば、自分のまわりにいる人も変わっている。逆に、あの程度の解像度でしか社会が見えてなかったのに、5年前は何であんなに自信満々だったのかと恐ろしく感じます。そういう意味では、成長しているのかもしれません。

もう一つ変わったことがあるとすれば、価値観でしょうか。

5年前は「挑戦が一番だよね」「成長って最高だよね」と何の違和感もなく語っていました。でも、いろいろな価値観に触れる中で、いまは「挑戦【も】大事だよね」「成長【も】重要だよね」と考えられるようになった。

挑戦も成長も重要ですが、その人のタイミングもあります。機が熟していない中で挑戦しても、うまくいきません。大切なことは、その人のタイミングを信じて待つこと。僕も、待つことができるようになったかな。

僕自身のタイミング？　それはまだ来ていないと思います。僕の人生には、まだまだこれから大きな波が来る。そう感じています。


もちろん、ハッシャダイソーシャルを立ち上げてからの3年半はメチャクチャ充実していますよ。高校生に対して、マイク一本で人生の可能性を語るという活動はもともとしたいと思っていました。いまは当たり前のようにそれができていて、とても幸せです。

トヨタ自動車と始めたプロジェクト・ゼンカイもそう。恩返しになっているかどうかはわかりませんが、僕にとっては夢が一つ叶ったような感覚で、めっちゃ嬉しい。

ただ、ゼンカイについては成功体験と失敗体験の両方があります。プロジェクト・ゼンカイが立ち上がったことは、素直に僕にとっての成功体験です。でも、僕は〝立ち上げ屋〟でオペレーションに対するモチベーションがない。

こうして第4期まで続いているのは、プロジェクトマネジャーを務めるたかみー（高宮）のおかげ。自分の好きなことと向いていないことがよくわかりました。

また、短期的な成果はある程度、出ているように感じていますが、あくまでも苗が育ったような状態で、実際の収穫、つまり参加者が大きく育つのはまだまだ先だろうと思います。

ゼンカイが好きだといってくれる参加者もたくさんいて、足もとの満足度としては悪くないと感じていますが、本当の成果はまだまだ先です。いつかは「やってよかった」と思いたいですが、それも含め、まだわかりません。

成人式についても、1回目はアーティストの調整から資金調達まで、すべてがうまくいきすぎました。自分の実力ではなく、奇跡の連続によって成立しただけだということは僕自身が一番わかっています。

僕たちが試されるのは、2回目、3回目と回を重ねた時。「18歳の成人式」はインパクトが大きく、これまでとは異なる人たちと接点を得られるという点で、僕たちにとって意味のあるイベント。1回目の成功に浮かれることなく、しっかりとやっていきたい。

——イシューでもビジョンでもなく「スタイル」

この2年間、いろいろな事業を立ち上げてきましたが、いったん立ち止まり、足もとの事業を最大化する方向で考えています。正直、やりたいことはいろいろとありますが、そのために、いったん組織を強くしよう。そう恵ちゃんと話しています。

やりたいこと？ 恵ちゃんも話すと思いますが、一つはヤンキーインターンのリメイクです。ゼンカイや「18歳の成人式」は、言ってしまえば、あってもなくてもいいようなものです。もちろん、あれば嬉しいけれど、なくても大して問題ではない。それに対して、ヤンキーインターンは社会に必要な機能。なければダメなものです。

営業職に特化している点など、ヤンキーインターンには時代からズレているところもあるので、いまの社会に合うよう変えていく必要はあるとは思いますよ。

例えば、ニュージーランドにシェアハウスを作って、インターン生をワーキングホリデーで送り出し、向こうで働くというプログラムなんていいと思うんですよね。いまは円安だから、向こうで稼ぎながら、新しいキャリアを切り拓くことができる。ニュージーランドは最高だから、みんなにも行ってほしい。


この間、久しぶりに恵ちゃんとごはんを食べたんです。二人っきりで食べるのはけっこう久しぶりでした。

この半年間、ハッシャダイソーシャルのビジョンやミッションを見直していたんです。その過程で、二人の中の意識のずれや考え方の違いも明確になりました。

具体的に言うと、恵ちゃんは現実の社会課題、つまりイシューを重視するイシュードリブンなのに対して、僕はどちらかというと、内から湧き出るものを重視するビジョンドリブンなアプローチ。ビジョンやミッションを見直す中で、このふたつの考え方で引っ張り合っていた。その部分のせめぎ合いについて、お互いに完全に腹落ちしていなかったので、改めて語り合った。その中で、ようやく一つの着地点が見えてきました。

結局のところ、僕たち二人には「ありたい自分」があるんです。目の前に困っている人がいれば、手を差し伸べてあげたい。環境など自分以外の要因であきらめている人がいれば、勇気づけてあげたい。それでいて、常に楽しく本気で、時にバカバカしい。そんな「ありたい自分」

でいるために、いろいろな活動をしている。

イシューよりもビジョンよりも先に「ありたい自分」、すなわち僕たちの「スタイル」がある。「スタイルドリブン」という言葉はないけれど、これがオレたち二人の共通点であり、この活動をしている原点だ――ということで、お互いに腹に落ちた。

――未来はいまの積み重ね

僕が恵ちゃんをかっこいいと思うのも、そこなんですよね。この時、メシを食べていて、「コイツ、クソかっこいいな」と思いました。

イシューやビジョンを語っている時の恵ちゃんもいいけれど、「オレはこう思うねん」「あいつらに、こうやって向き合いたいねん」と自由に語っている時の方が圧倒的にかっこいいんですよ。僕を含め、そのスタイルに惚れて巻き込まれている人はたくさんいます。

恵ちゃんのすごいところ？………。「存在」かな。スペックという面では恵ちゃんは大したことないんですよ。仕事がメチャクチャできるわけでもないし、気合いでやっているところもあるし(笑)。でも、そういう話ではない。

彼がそこにいることで得られるパッションがあり、エネルギーがあり、優しさがある。だから、みんな恵ちゃんのところに集まる。

僕と恵ちゃんは、ホンダの技術と販売を支えた本田宗一郎さんと藤沢武夫さんのような補完関係にはありません。二人とも足りないところだらけで、何も補い合っていない。でも、機能ではなく、一緒に何かをしたいから一緒にいる。

足りない部分は、たかみーやアキ、ゆうじ君などソーシャルにジョインした仲間の関係性で補完できています。ゼンカイも成人式も、僕ら二人では何もできないので。

10年後のことはよくわかりません。10年後の自分もイメージできない。でも、このままみんなで年を取りたい。できれば、みんなと一緒に何かをしていたい。10年後にやっていることは変わっているかもしれないけど、考えていること、思っていることは変わらないと思う。

僕は、いまの積み重ねが未来になると考えています。そして、いまの偶発的な出会いが未来を変えていく。変わってほしくないものを大切にしながら、人との出会いで変わる自分を楽しみたい。そう思っています。

3 それでもなお、人生は選べる

ハッシャダイソーシャル
共同代表
勝山恵一

19歳の時に営業の仕事を始めたあとの10年を振り返ると、まるでジェットコースターのような人生だったように感じています。日々の講演の中でも話していますが、自分がスーツを着て営業したり、高校生の前で話をしたりという未来を想像したことは、10代後半の僕には1ミリもありませんでした。

営業という仕事なんてそもそも知らないし、知ったとしても、当時の僕はまったく興味を持たなかったと思います。教育に至っては、なぜ僕がこんなことをしているのか、いまでも不思議な気分になる。当時の僕が知れば、ビックリするんじゃないかな。

そんな僕がこの場所に立っているのは、人との出会いがすべて。

営業の世界に飛び込むことができたのは、嫁の兄ちゃんである久世大亮との出会いがあったから。

自分の半生を語ることに意味があると思ったのは、ヤンキーインターンに参加したインターン生との出会いがあったから。

全国の高校を回って「Choose Your Life」を高校生に伝えようと思ったのは、東京大学の西尾さんとの出会いがあったから。

そして、荒くれ者だった僕に人の心が宿ったのは、嫁さんと子どもたちに出会ったから。実力もスキルもない僕が、いまのように活動できているのは出会いと環境がすべて。自分の人生に紐づいた、人生を賭ける価値のあるテーマに巡り会えたことに、いまはただ感謝しています。

――三浦宗一郎と出会った奇跡

その中でも、宗ちゃんに出会ったことは僕にとって大きかった。

なんで仲良くなったかはもう覚えていないけど、あいつはメチャクチャいい奴なんですよ。いままで見てきた人の中で、あそこまでいい奴を見たことがない。あいつといると本当に楽しい。

意気投合したのは、僕たち二人には似ているところがあるからかもしれません。

僕たち二人は、根っこのところで誰かの役に立ちたいと思っています。自分のキャリアを通して、人にきっかけを届けたいと思っています。

別に二人で話し合ったわけでもないのに、宗ちゃんは自分自身の活動として学校を回り、僕もヤンキーインターンを通して学校を回っていました。誰かの役に立ちたい。人にきっかけを与えたい――。当時の僕はまだ言語化できていませんでしたが、心のどこかにそういう想いがあったから、僕はスクール事業を始めようとしたんだと思います。

そんな二人がたまたま出会い、同じ目標に向かって歩んでいるという現実は、ある意味で奇跡だと感じています。


もちろん、僕と宗ちゃんで違うところもあります。

これまで話してきたように、僕と宗ちゃんでは育ってきた環境も違えば、カルチャーも違う。ハッシャダイソーシャルを一緒にやっている中でも、違いを感じる瞬間がある。僕と宗ちゃんでは、見ているターゲットが微妙に違うんです。それが端的に表れているのが、ヤンキーインターンとプロジェクト・ゼンカイだな、と思っています。

僕は自分が育ってきたバックグラウンドがあるので、貧困やDV、ネグレクトなど環境に恵まれない若者に機会を届けたいという思いが強い。半グレややんちゃがかっこいいと思っている若者に、新しいかっこよさや価値観を届けたい。僕が人前で話す意味はそこだと信じていて。まさに、ヤンキーインターンの世界です。

それに対して、宗ちゃんは見ている対象はもっと幅広い。貧困層に限らず、進学校の生徒やお金持ちの子どもにも人生の自己選択ができていない人はいる。であるならば、同じように「Choose Your Life」を届けるべきだと彼は考えている。

ゼンカイが典型です。ゼンカイに参加しているのは、進学校の生徒から中卒や高卒の若者まで幅広い。でも、みんなそれぞれに、何かしらの悩みを抱えています。その悩みに答えたいと宗ちゃんは考えている。

また、僕は貧困のような社会課題をどう解決するか、言い換えれば、イシューで動くタイプだけど、宗ちゃんは「ワクワクするからやろう」「楽しいからやろう」と、内側から湧き出るものにかき立てられている。その部分も全然違う。


宗ちゃんと一緒に活動するようになって、結果的にハッシャダイソーシャルの活動領域は従来のヤンキーインターンの領域から大きく広がりました。それは、間違いなくプラスです。「Choose Your Life」を届ける対象が広がったという側面もあるけれど、それ以上に、仲間が増えたことが大きいと感じています。

例えば、プロジェクト・ゼンカイを回しているたかみーや「18歳の成人式」で加わったゆうじ君は、宗ちゃんがいなければ、ハッシャダイソーシャルにはジョインしていません。ゼンカイにかかわっているハヤテ（田島）やいいちゃん（飯塚遼馬）もそうです。

仮に、僕一人でソーシャルを立ち上げていれば、ヤンキーインターン生のOBが集まった、男くさいガテン系の集まりになっていたと思います（笑）。正直、宗ちゃんの人を巻き込んでいく力はちょっとどうかしている。僕もだけど、宗ちゃんと何かしたいと思わせる魅力があるんですよね。

――活動が広がる中での戸惑い

また、「Choose Your Life」を届ける対象が広がったことで、宗ちゃんの持っていたポテンシャルも爆発したと思います。

ヤンキーインターンの時も宗ちゃんは活躍していたけど、あいつの良さが100%発揮されているかといえば、必ずしもそうではなかったかもしれません。でも、対象が若者全般に広がったことで、宗ちゃんの能力、宗ちゃんの持っているエネルギーやパワーが文字通り全開になった。ゼンカイや成人式を客観的に見て、そう感じます。

株式会社ハッシャダイは京都出身の、似たようなルーツを持つ仲間同士で始めた会社でした。ある意味、京都のヤンキーカルチャー。その部分が、別のカルチャーを持つ宗ちゃんにとって制約になっていたのかもしれません。でも、ソーシャルになり、普通の高校生がターゲットに入ってきたことで、宗ちゃんの才能が解放された。

正直なことを言えば、ハッシャダイソーシャルの対象が広がっていくことに、最初は戸惑いがありました。例えば、ゼンカイはメチャクチャいいプログラムだけど、「なぜ僕たちがやるのか」というところが、僕自身うまく言語化できませんでした。

宗ちゃんからすれば『Choose Your Life』ができていないのはみんな同じ。だからやるんだ」

という話だけど、僕からすると、「進学校の子は選択肢があるやん。親も金持ちが多いやん。その中でオレらがやる意味って何なん？」という話です。

僕は、生まれた家庭や環境など本人にはどうしようもできない外的要因によって選択肢が閉ざされている若者に、移動を通して出会いと体験を届け、「Choose Your Life」してもらうこと、それこそが自分たちの活動の意味だと考えてきました。

でも、相対的に機会のある普通の家の子にも「Choose Your Life」は必要なのか。仮に必要だとして、それは自分たちがやらなければならないことなのか。その部分が言語化できず、この1、2年ずっとモヤモヤしていました。でも、宗ちゃんやハッシャダイソーシャルの仲間と議論する中で、だいぶ消化できたように思います。

結局のところ、僕たちのやりたいことは、選択格差の中にいる若者に「選択肢がある」ということを伝え、人生を自分自身で選んでもらうこと。「Choose Your Life」の伝道師として、苦しんでいる若者が自己選択できるよう彼らを社会に接続していくこと。それは、僕も宗ちゃんも、ほかの仲間も変わりません。

そして、一人ひとりの若者が「Choose Your Life」できるようになれば、社会はもっとよくなり、「Choose Your Life」の連鎖も始まる。そうなれば、貧困の連鎖も止められるかもしれない。そのムーブメントを起こしていくことが、僕たちの活動において一番重要なことです。

もちろん、イシューやビジョンも重要だけれど、伝道師として「Choose Your Life」というメッセージを社会に発信し続ける。そんなあり方が、ハッシャダイソーシャルの存在意義だと理解した時に、自分の中で腑に落ちました。

「3・5周年 記念報告会」でみなさんにお伝えしたように、ハッシャダイソーシャルの活動は三層構造になっています。

まず、僕たちの存在を10代の若者や学校の先生に広く知ってもらうための場として、「18歳の成人式」や「Teachers' Forum」がある。

次に、アウトリーチとしてのハッシャダイスクール。ここには、学校での講演やワークショップで「Choose Your Life」の重要性を伝えるだけでなく、「何かあれば、気軽に相談してこいよ」ということを高校生に伝える場としての意味もある。

そして、ヤンキーインターンやプロジェクト・ゼンカイ、KAZAANAプロジェクトなどの実際のプロジェクト。これは、「Choose Your Life」を育み、サポートする場です。

こういうふうに整理したことで、ようやく胸の中のモヤモヤが晴れた。新しいビジョンやミッションにも、その部分は反映されています。こう見えて、僕は理屈がないとダメなんですよ。

——僕たちの活動を社会に

ハッシャダイソーシャルを設立して4年近くがたつけれど、若い人に「Choose Your Life」を届けることができているという実感はあります。まだまだ数は少ないけれど、ヤンキーインターンやゼンカイが基点となって、人生がいい方向に変わったという人は増えているから。

今後については、新しいプロジェクトを立ち上げるというより、しばらくはゼンカイやヤンキーインターンといったいまあるアセットの価値を最大化する方向で頑張ろうと思っています。

その中でも、僕個人としてはヤンキーインターンをもう一度、復活させたい。

移動体験と営業体験を通して非大卒の若者に営業職のキャリアを築いてもらうというコンセプトで始めたヤンキーインターンだけど、社会が変わる中、同じようなかたちでやり続けることに社会的な価値があるのかと自問自答してきました。

でも、10代、20代の非大卒の若者に、家でも地元でもない非日常の場所を提供し、実際の職業体験を通して、就職というかたちで社会に接続するヤンキーインターンは、間違いなく社会に求められている機能だと思います。

もちろん、アドウェイズの岡村さんのように営業人材を求めている企業はたくさんいるので営業職のインターンは続けつつ、農林漁業のような一次産業や伝統産業、あるいは人手不足が叫ばれている福祉や宿泊のようなサービス産業と連携できれば、新たな価値も出てくるはず。そう思って、最近はその方面の企業とヤンキーインターンの新しい仕組み作りを議論し始めました。宗ちゃんが言う、ワーホリのような海外での就労体験も選択肢の一つです。

また、現状は18歳から24歳を対象にしているけど、30歳くらいまでを対象にしてもいいと思っています。その属性も、従来のような非大卒のフリーターだけではなく、社会人やシングルマザーなど、いろんな人がいていいと思う。新しい人生をこぎ出すための修業期間と位置付ければ、誰が来たっていいですよね。

ゼンカイについても、現状は年2回の開催だけど、トヨタ以外の企業に入ってもらって、開催頻度を増やしてもいいかもしれない。ただ、ゼンカイについては宗ちゃんやたかみーに任せて、僕はヤンキーインターンを復活させる。ヤンキーインターンは僕の大切なものであり、僕自身でもあるから。


これからのハッシャダイについて、もう一つ考えていることがあります。それは、僕たちが進めている「Choose Your Life」にかかわる仲間を増やすこと。

現状、企業や個人の方々に寄付をいただき、そのお金をベースに僕たちが活動しています。でも、そんなふうに支援する人と支援される人と分けずに、一緒に活動に参加してくれる仲間を増やしていきたい。

それこそ、僕たちと一緒に高校や施設に来てもらい、その人の半生や「Choose Your Life」について話してもらったり、ゼンカイのようなプログラムを一緒に作っていったり。「Choose Your Life」を僕たちのまわりだけでなく社会全体に広げていくために、その御輿を一緒に担いでほしいと思っています。

この「一緒に御輿を担ぐ仲間を増やす」という部分は実現するまでに少し時間がかかるかもしれません。でも、それが実現できれば、「Choose Your Life」はムーブメントになる。これからの10年は、そこに力を入れていきたい。

最後になるけれど、僕と宗ちゃんは偶然の出会いを大切に、自分の人生を自分で選択し、いまここにいる。ハッシャダイソーシャルのメンバーや支援していただいている方々も、それぞれの選択と決断を繰り返したからこそいまがある。

仮にいましんどい思いをしていたとしても、出会いと縁を大切にしていれば、必ず選択肢が現れる。その選択にミスっても、次の選択肢は必ず来る。そのことを忘れずにいてほしい。何かあれば、遠慮なく連絡してくれていいから。

Choose Your Life――。それでも、人生は選べる。

あとがき

勝山さんと三浦さん、そしてハッシャダイソーシャルの物語――。ここまでお読みいただき、誠にありがとうございます。

長さを感じさせないように工夫して書いたつもりですが、分厚い書籍が嫌われる今の時代、450ページ超、20万字超の分量の書籍はなかなかありません。興味を持って読み始めたものの、途中で離脱された方もいたのではないかと推察します。最後までお付き合いいただいた読者のみなさまには、感謝の言葉もありません。

本書の構成を考えた時点で、長くなることは覚悟していました。

普通のノンフィクションのように、「地の文」、つまり私の文章として書けばもっとコンパクトなものになるのはわかっていました。ただ、それでは二人の魅力や活動の意義、ハッシャダイソーシャルが生み出している熱量は伝えきれず、コンテンツの魅力を最大化できないのではないか。そう感じる自分がいました。

そこで、勝山さんや三浦さん、ハッシャダイソーシャルにかかわる人々の言葉を軸に、足りない情報を補うナレーション的なガイドとして、あるいはそれぞれの言葉が別の方向に飛んでいくのを防ぐガードレールとして、自分の文章を添えることにしました。

コメント一つであれば数行で済むものも、「語り」となればある程度のかたまりになります。分量が爆発するのは当然の結末でした。


もう一つは、ハッシャダイソーシャルが手を差し伸べている若い人たち、言い換えれば、彼らの向こう側にいる人々の「叫び」をそのまま伝えたかったから。一般的なノンフィクションのようにコメントとしてつまむのでも、こちらが再構成するのでもなく、そのままの言葉として記録したかったということです。

ハッシャダイソーシャルの周囲には、夢に向かって突き進んでいる人だけでなく、厳しい環境に置かれている、見えない不安の中をさまよっているなど、さまざまな若者がいます。そんな彼らの声を伝えるには、そのままの言葉で書く方がいい――。そう思って、今回はこういうスタイルにしました。

見ず知らずのジャーナリストを前に、自分のことや家族のことを話してくれた方々のことは純粋に尊敬しています。実際に話を聞いた時、そして原稿に書き起こした時は、取材の時のことを思い出してつらい思いになりましたが、その声には社会を動かす力がある。そう思って原稿を書いていました。

うまく伝わっていなければ、それは私の筆力の問題です。

今回の取材で感じたことはたくさんあります。その中でも印象に残っているのは、「楽しく生きている大人の話を聞いて刺激を受けた」と語る人がたくさんいたこと。それだけ親やまわりの大人がつまらなそうに働いているということですが、基本的に仕事が楽しいと思ってきた私には衝撃でした。

高齢化や長年にわたる低成長によって社会は二極化しており、困窮状態に置かれている人も増えています。生活のためにとにかく働かざるを得ない人にとっては仕事は苦役であり、楽しいも何もないかもしれません。ただ、その中でも仕事に喜びを見出し、日々、新しいことに挑戦している大人はたくさんいます。

もちろん、仕事をしている時は責任やプレッシャーを感じる場面も多く、胃が痛くなるようなこともあります。エッセンシャルワークに就いている方々を見ても明らかなように、楽しいばかりが仕事の価値でもない。それでも、自分の仕事に誇りを持ち、与えられた責任を全うしている大人はたくさんいます。

さまざまな大人の姿を子どもたちに見せていくこと、それが社会にとっていかに重要なことかということを本書の取材を通して痛感しました。

私自身、書籍の執筆から原稿の編集、果てはハロウィンの時に飾るカービング用かぼちゃの栽培まで、仕事と趣味の隔てなく生きていますが、こういう生き方をしている大人もいるということは、ぜひ知ってほしいと思います。

また、厳しい環境に置かれている子どもの問題についてもいろいろと考えさせられるものがありました。

拙著『誰も断らない　こちら神奈川県座間市生活援護課』を執筆した時に、生活困窮者や生活保護世帯の支援に付随したかたちで困窮世帯の子どもの問題を見聞きしていたので、状況はある程度理解していました。今回の取材では、その当事者に話を聞くことになりましたが、彼ら、彼女らの語る日常は想像を超えており、どこから手をつければいいのか、正直よくわからないほどです。

第一にすべきは、行政の困窮者支援と困窮世帯をつなぎ、支援に結びつけることですが、生活保護にスティグマを持つ人も少なからずいるうえに、保護者がいる以上、虐待の事実でもない限り、子どもに直接支援の手を差し伸べることは簡単ではありません。

もっとも、貧困の再生産に大きくかかわるのは教育の有無。不登校も含め、困窮世帯の子どもが安心して教育を受けられる体制はどうすれば構築できるのか。日本には、子育ては親の責任という意識が根強いですが、もうすこし社会として子どもを育てる必要があるのではないか。本書の取材を通して、そう感じました。

そして、ハッシャダイソーシャルの取材を通して痛感したのは、社会が確実に変わっているということです。

ハッシャダイソーシャルは「Choose Your Life」を旗印に、10代、20代の若者が自分の人生を良い方向に選択できるように、さまざまな形で働きかけています。そして、彼らと同じように、貧困や格差、教育などの社会課題に取り組む若者はどんどん増えています。

いまの社会がどん詰まりになりつつあるということの裏返しですが、企業や行政などの世界でも十分活躍できるであろう人材が、こういった社会課題の現場に飛び込む姿を見ていると、この国も捨てたものではないと感じています。

彼らのような人が増えれば、より社会はもっといい方に変わる。私も、そういった人々のことを伝えることで何か貢献できればといまは考えています。

最後になりますが、本書の執筆に多大なる協力をいただいた勝山さんと三浦さん、ハッシャダイソーシャルの関係者の方々には感謝の言葉もありません。また、無愛想なおじさんの不躾《ぶしつけ》な取材にも真摯に応じてくれた高校生や大学生のみなさん、彼らを支援している大人の方々にも感謝申し上げます。みなさまが紡ぐ言葉がなければ、本書は完成しませんでした。

併せて、書籍として発表する機会をいただいた朝日新聞出版と、担当編集者の大﨑俊明さんにも御礼申し上げます。

2023年12月11日　篠原匡

篠原匡（しのはら・ただし）
作家・ジャーナリスト・編集者。蛙企画代表。慶應義塾大学商学部卒業後、日経BP入社。日経ビジネス記者や日経ビジネスオンライン記者、日経ビジネスクロスメディア編集長、日経ビジネスニューヨーク支局長、日経ビジネス副編集長を経て、2020年4月にジャーナリスト兼編集者として独立。2023年、『誰も断らない　こちら神奈川県座間市生活援護課』（朝日新聞出版）で第14回生協総研賞特別賞受賞。著書に『TALKING TO THE DEAD イタコのいる風景』（蛙企画）、『神山 地域再生の教科書』（ダイヤモンド社）などがある。

人生《じんせい》は選《えら》べる
Choose Your Life「ハッシャダイソーシャル」1500日の記録

二〇二四年三月三十日　第一刷発行

著　者　篠原匡
発行者　宇都宮健太朗
発行所　朝日新聞出版
〒一〇四-八〇一一　東京都中央区築地五-三-二
電話　〇三-五五四一-八八三二（編集）
〇三-五五四〇-七七九三（販売）

印刷製本　三永印刷株式会社

ISBN978-4-02-251976-4
定価はカバーに表示してあります。
落丁・乱丁の場合は弊社業務部（電話〇三-五五四〇-七八〇〇）へご連絡ください。
送料弊社負担にてお取り替えいたします。